Reichel
Verlag

Lisa Williams

Was geschieht mit uns wenn wir sterben?

Das Wissen von der anderen Welt

Aus dem Amerikanischen von Johanna Ellsworth

Reichel Verlag

Rundfunksendungen unter www.hayhouseradio.com

91365 Weilersbach, Reifenberg 85

Tel: 0049(0)9194-8900, Fax: 0049(0)9194-4262

E-Mail: info@reichel-verlag.de

www.reichel-verlag.de

Umschlaggestaltung: Christian Wolf

Foto: Suze/photocase.com

ISBN 978-3-941435-23-0

Für meinen Sohn Charlie – meine Inspiration, der mir immer das Licht gezeigt hat mit einem Lächeln auf dem Gesicht und mit Liebe im Herzen

Inhalt

Einleitung

Das Buch *Was geschieht mit uns, wenn wir sterben* kommt zu einem Zeitpunkt, an dem sehr viele Menschen verstehen wollen, was geschieht, wenn wir aus dem irdischen Leben scheiden. Die Frage *Was passiert, wenn wir sterben?* wird mir immer wieder gestellt – was nur verständlich ist, da ich ein Medium mit übersinnlichen Fähigkeiten bin, das mit Verstorbenen spricht.

In letzter Zeit werde ich das immer öfter gefragt. Die Frage spiegelt jedoch eher die Neugier der Teilnehmer an meinen Workshops und Live-Sitzungen über das Leben nach dem Tod wider als ihr Verlangen nach Mitteilungen von geliebten Menschen. Aufgrund des starken Interesses an der Antwort habe ich dieses Buch geschrieben.

Zu behaupten, ich hätte die Antwort auf das vielleicht größte Geheimnis des Lebens, mag überheblich klingen, denn es ist mehr als das, was ein gewöhnlicher Sterblicher je zu hoffen wagt. Doch ich halte mich nicht für etwas Besonderes, das man auf ein Podest stellen sollte. Das bin ich nicht. Das, worüber ich in *Was geschieht, wenn wir sterben* schreibe, wurde mir entweder während der Sitzungen, die ich für andere abhalte, von verstorbenen Seelen mitgeteilt oder durch meine vielen Geistführer – energetische Wesen, die mich auf meiner Reise durchs Leben begleiten. (Bitte beachten Sie, dass ich für verstorbene Seelen den Begriff Geister verwende, wenn ich mich kollektiv auf die Seelen beziehe, die ins Jenseits übergegangen sind.) Auch meine eigene direkte Erfahrung ist von Bedeutung: Ja, ich bin schon einmal »gestorben«, jedoch ohne den Übergang vollzogen zu haben. Stattdessen hatte ich ein Nahtoderlebnis und wurde zurückgeschickt, um meine Arbeit auf Erden zu erledigen.

Ich bin nur ein Medium, das Wissen und Informationen mit Interessierten teilen soll. Ich bin nicht die Quelle, denn in Wahrheit besitzen wir *alle* übersinnliche Fähigkeit. Nur ist nicht jeder mit übersinnlichen Fähigkeiten ein Medium. Diese Fähigkeit braucht Übung – so wie man einen Muskel durch wiederholtes Training langsam aufbaut. Aus diesem Grund habe ich meine Gabe als Medium viele Jahre lang weiterentwickelt. Ich habe über die Jahre zahllose Einzelsitzungen und weltweit Sitzungen – sogenannte Readings – vor einem breiten Publikum (auch im Fernsehen) gegeben. Aber was das Wichtigste von allem ist: Ich habe gelernt, immer an *mich* zu glauben.

Die Geschichte, wie ich zu meinem ungewöhnlichen Beruf kam, erzähle ich in meinem ersten Buch, *Life Among the Dead*. Als Kind sah ich häufig Geister und redete mit ihnen, doch ich lernte das zu verbergen, was ich erst viele Jahre später meine »Gabe« nannte. Der Grund war meine Umwelt. Sie hielt mich für seltsam und meine Fähigkeit, Tote zu sehen, machte ihr Angst. Obwohl meine Großmutter Frances Glazebrook auch als Medium arbeitete, hatte ich als Kind nur wenig Kontakt zu ihr. Doch in meiner Jugend sagte sie mir voraus, dass ich eines Tages auf der Bühne stehen und vor Tausenden von Leuten das tun würde, was sie ihre »Arbeit« nannte.

Als ich anfing, professionelle Sitzungen abzuhalten, schockte es mich, wie sich die Leute darum rissen. Ich dachte gar nicht daran, dass ich damit berühmt werden oder im Fernsehen auftreten würde. Mir reichte es, täglich private Readings zu geben und anderen auf ihrem Lebensweg weiterhelfen zu können. Eines Tages vor ungefähr sechs Jahren arbeitete ich gerade als Medium im Wohnzimmer meines Hauses in Redditch, England, als ich die Gelegenheit bekam, für längere Zeit nach Los Angeles zu gehen. Das Angebot kam von einem Freund, für den ich eine Sitzung abgehalten hatte. Er überredete mich, Urlaub zu nehmen und Los Angeles zu erkunden.

Diese Reise hat mein ganzes Leben verändert.

Man sagt, es gibt keine Zufälle. Alles geschieht aus einem bestimmten Grund. Offensichtlich gab es also einen Grund, warum ich während meines Aufenthalts in Los Angeles ernsthaft erkrankte und ins Krankenhaus eingewiesen werden musste. Den Großteil der drei Monate, die ich in Los Angeles verbrachte, kämpfte ich gegen eine schwere Beckenentzündung an, gegen die die gewöhnlichen Antibiotika nicht halfen. Nach der

Operation hielten meine Ärzte den Rückflug nach England für zu riskant, und so verlängerte ich mein Visum um weitere zehn Tage, um mich zu erholen.

Während dieser zehn Tage Genesung machte ich ein Reading für eine Frau, die mich einem Bekannten von ihr vorstellen wollte. Er hieß Merv Griffin. Anscheinend war er in den Vereinigten Staaten ein »Fernsehpromi«, doch als Engländerin hatte ich keine Ahnung, wer er war. Ich lernte Merv kennen, und nach einiger Zeit wurden wir gute Freunde. Ich kehrte nach Amerika zurück, um mit ihm zu arbeiten. Wir drehten einen Pilotfilm fürs Fernsehen, *Lisa Williams: Life Among the Dead.* Aufgrund des großen Erfolgs dieser Fernsehsendung hat meine Karriere mich in alle Ecken der Welt katapultiert, wo ich kleinen Gruppen lehre, ihre übersinnlichen Kräfte und ihre Fähigkeiten als Medium zu entwickeln. Ich stehe vor Tausenden von Menschen auf der Bühne und halte vor einem großen Publikum Sitzungen ab – genau so, wie meine Großmutter es mir vorhergesagt hat!

Wie dieses Buch entstand

Die Geschichte, wie ich dieses – mein zweites – Buch geschrieben habe, zeigt, wie ich arbeite. Gelinde gesagt lief es kein bisschen so, wie ich erwartet hatte. Im Gegenteil: Nachdem ich viele Kapitel des ersten Entwurfs verfasst hatte, zerriss ich das gesamte Manuskript, da mir klar wurde, dass ich mich dem Thema ganz anders annähern musste als bei meinem ersten, durchstrukturierten Versuch. Diese Erkenntnis kam mir nach einem Diktat meines Geistführers, das ich so gut ich konnte aufschrieb, während meine Finger über die Tastatur meines Computers flogen.

Alles begann im April 2009 in Australien. Dort veranstaltete ich vier Shows in Sydney und Melbourne. Das Land war erst vor kurzem von Buschfeuern heimgesucht worden, die im Umland von Melbourne gewütet hatten, und deshalb spendete ich den Erlös aus meinen Veranstaltungen für den Wiederaufbau. Außerdem nahm ich mir noch ein paar Tage Zeit für einen Abstecher nach Uluru/Ayers Rock, einem riesigen Monolithfelsen, der in Zentralaustralien als ein spiritueller Höhepunkt gilt.

Ich saß gerade auf dem Balkon meines Hotelzimmers und war dieser heiligen Stätte ganz nahe, als ich plötzlich von dem Verlangen überwältigt wurde zu schreiben. Mir kam die Idee, ein Buch über das zu schreiben, was passiert, wenn wir sterben. Ich fing mit den Dingen an, die mir bei meinen Sitzungen als Medium übermittelt worden waren – und schon sehr bald spürte ich neben mir eine Präsenz. Ich hatte zwar keine Ahnung, wer das sein könnte, doch ich merkte, dass das Wesen mir regelrecht Informationen diktierte.

Okay, dachte ich, *dann höre ich halt auf, alles geordnet aufzuzeichnen, und schreibe einfach das mit, was ich empfange.* Vorher fragte ich noch: *Wer bist du?* Und bekam die Antwort: *Ich bin Ariel.* Dann gab der Geist Ariel mir das Material, das ich niederschrieb und aus dem eine Unmenge an Informationen entstand, die ich in diesem Buch verwendet habe.

Ein paar Monate nach diesem Erlebnis in Uluru/Ayers Rock war ich in New York. Ich hatte einen Buchvertrag mit Hay House in der Tasche, war gerade von einer Kreuzfahrt zurückgekehrt und meine nächste Tournee stand an. Statt zurück an die Westküste zu fliegen, wo mir nur 36 Stunden Aufenthalt geblieben wären, beschloss ich daher, noch ein paar Tage in New York zu bleiben und mit dem Buch anzufangen.

Man sollte meinen, dass New York nicht unbedingt der richtige Ort ist, um kreative Energien zu channeln, aber genau das war er... Tatsächlich blieb ich drei Tage auf meinem Hotelzimmer. Zum Glück gab es den Zimmerservice, der es mir ermöglichte, mich nicht vom Fleck zu rühren, Yoga zu machen und meinen Kopf zu klären, um für weitere Eingebungen empfänglicher zu werden.

Nach einer Weile spürte ich hinter mir eine Präsenz. Wie ich feststellte, war es mein Geistführer Ben, der mich schon seit vielen Jahren begleitet. *Ich möchte dich jemandem vorstellen,* sagte er, *einem Geist namens Josiah.* Dann zeigte Ben mir eine Vision meiner selbst, während ich in Australien Informationen von Ariel erhalten und niedergeschrieben hatte. Ich entnahm dieser Vision, dass auch Josiah mir Material senden wollte, das ich aufschreiben sollte.

Und wieder wurde ich von der formalen Struktur abgebracht, obwohl ich nach Ariels Channeling schon damit begonnen hatte, das Material in saubere Kapitel zu unterteilen. Jetzt saß ich entspannt da und dachte: *Also gut, ich bin bereit.*

Jede Sitzung, die ich abhalte, beginne ich mit einem Gebet, in dem ich meine Geistführer bitte, mir den Schutz zu gewähren, den ich zur korrekten Wiedergabe der empfangenen Botschaften brauche. Ich bitte sie darum, dass die Informationen klar, richtig und präzise bei mir ankommen, und ich bitte darum, nur die positivsten Informationen zu erhalten. Dann mache ich die Augen zu und spüre eine Energie, die in meinen Körper strömt und sich mit meiner eigenen vermischt. Doch an diesem Tag im Hotelzimmer empfing ich eine ganz andere Energie als die, an die ich gewöhnt bin. Diese neue Energie fühlte sich äußerst stark an, so als wäre ich direkt mit der Quelle des Universums verbunden.

Ich spürte, wie meine Finger über die Tastatur geführt wurden. Durch ein winziges Fenster im Hotelzimmer konnte ich in der Ferne Bäume und den Himmel sehen. Ich befand mich nicht mehr in meinem Körper, sondern war aus ihm hinausgeschwebt und saß nun einige Zeit mit meinen Geistführern zusammen. Allein mein irdischer Körper tippte die Informationen ein, denn meine Seele hatte meinen Körper *verlassen.*

Da ich mich nicht in meinem Körper befand, hatte ich keine Ahnung, worüber ich mit dem Geist sprach. Und dann wurde ich plötzlich wieder in meinen Körper zurückgestoßen. Mein erster Gedanke war: *Ich muss aufs Klo.* Ich fragte Ben, der neben mir stand, ob ich gehen dürfe. Er sagte ja.

Ich muss mir unbedingt ansehen, was ich aufgeschrieben habe, dachte ich auf dem Weg zur Toilette. Mein Gehirn hatte die empfangenen Informationen nicht verarbeitet, und so lief ich mit dem offenen Laptop durch den Hotelflur und las die Worte, die ich eingetippt hatte. Was ich da las, faszinierte mich so, dass ich den Laptop nicht mehr aus der Hand legte. Den Rest las ich auf dem Klo und wusch mir dabei die Hände. Ich war vollkommen überwältigt von dem, was da auf meinem Monitor stand.

Das ist ja unglaublich!, dachte ich. *Ich muss es unbedingt jemand anderem zeigen.* Dann hörte ich: *Du hast noch zwanzig Minuten, dann machen wir weiter.* Ich stellte meinen Laptop wieder auf den Schreibtisch und mailte einen Teil des Textes an meine Mitarbeiterin Caroline und an meine Freundin Jonesy. Beide antworteten sofort und schrieben: *Wow! Wahnsinn! Das ist wirklich unglaublich!*

Als die zwanzig Minuten um waren, spürte ich ein Klopfen im Kopf. *Ist ja gut, ich bin gleich so weit,* antwortete ich und bereitete mich darauf vor, wieder an die Arbeit zu gehen.

Nein. Steh auf.

Aufstehen?, fragte ich.

Ja. Setz dich woanders hin.

Ich setzte mich aufs Bett, und wieder ließ mir derselbe Geist Josiah Informationen zufließen, die ich zwei weitere Stunden lang niederschrieb.

Als Ben mich Josiah vorgestellt hatte, hatte er mir mitgeteilt, dass Josiah ein sehr hoher Geist sei, der direkt mit der Quelle zusammenarbeiten würde, und dass die von ihm übermittelten Informationen richtig wiedergegeben werden müssten. Gegen Ende unserer »Sitzung« kam der Punkt, an dem ich wieder in meinen Körper zurückkehrte und anfing, das Empfangene geistig zu verarbeiten. Der Grund dafür war wohl, die eingehenden Informationen prüfen und klären zu können. *Okay, aber ich habe ein paar Fragen dazu,* sagte ich. Die nächste halbe Stunde lang bat ich um Erklärungen zu Dingen, die ich nicht verstand, während ich die neuen Informationen verdaute.

Anschließend ging ich hinunter in den Serviceraum für Geschäftsleute und druckte alle Aufzeichnungen aus. Es wurde ein dickes Manuskript. Ich kehrte auf mein Zimmer zurück und entsorgte die strukturierten Kapitel, die ich vorher verfasst hatte. Mir war klar, dass mein Buch auf den Informationen basieren musste, die mir vom Geist eingegeben worden waren, und nicht auf meinen eigenen Gedanken.

Über dieses Buch und die Reihe

Was geschieht, wenn wir sterben ist das erste Buch in einer Reihe von Büchern mit dem Titel *Do you want to know everything?*, die ich schreiben werde. Ich habe diesen Titel für die Buchreihe ausgewählt, weil ich diese Frage den Menschen, die bei mir nach Antworten suchen, als Erstes stelle. Die Frage ist meine Bitte um die Erlaubnis, das weiterzugeben, was immer die Geistwesen mir übermitteln. Auch möchte ich, dass die Leute die Informationen, die ich ihnen gebe, als ihre eigenen annehmen und die Verantwortung für das Erhaltene übernehmen. Manchmal ist eine Nachricht nicht sehr angenehm, doch ich filtere sie nie. Ich bemühe mich stets, »schlechte Nachrichten« so diplomatisch und behutsam wie möglich zu übermitteln, aber dazu muss ich wissen, dass der Mensch bereit ist, die Wahrheit zu hören.

Zwar wird jedes Buch der Reihe *Do you want to know everything*? verschiedenen Themen gewidmet sein, mit denen die Menschen zu mir kommen, doch die Informationen und das Wissen stammen letztendlich von den Geistwesen. Die von mir behandelten Sachgebiete schließen unter anderem Themen ein wie Eltern ihre Kinder so unterstützen können, dass diese ihre eigenen übersinnlichen Fähigkeiten entwickeln, wie man seinen Seelengefährten findet – auch Zwillingsseele genannt – und wie man mit ihm zusammenarbeitet.

In diesem ersten Buch, in Teil I, werden Sie darauf vorbereitet, das Leben nach dem Tod näher zu erforschen. Er enthält einen detaillierten Bericht über die Kommunikation, die ich beim Heranwachsen mit Geistwesen geführt habe. Vielleicht fühlen Sie sich davon angesprochen, denn sehr viele Kinder kommen mit übersinnlichen Fähigkeiten auf die Welt und müssen sich und ihre Wahrnehmungen abschotten, um ihre Umwelt nicht zu beunruhigen. Dann greife ich das Thema Glauben auf. Es ist der natürliche nächste Schritt, weil dieses Thema am Anfang behandelt werden sollte. Denn zu viele Leute hegen starke Zweifel und Tabus, was das Leben nach dem Tod angeht – unabhängig davon, ob diese Zweifel die Folge ihrer Glaubenserziehung sind oder ob sie auf akademischen und/oder wissenschaftlichen Erkenntnissen beruhen, die ihnen auf irgendeine Weise übermittelt wurden. Anschließend befasse ich mich mit der menschlichen Tendenz, sich vor dem Tod zu fürchten, und wie ich aufgrund meiner eigenen Erfahrung mit dem Tod meiner Großmutter mit dieser Tendenz umgehe.

In Teil II erzähle ich von meinem eigenen Nahtoderlebnis und wie ich durch den Schleier ins »weiße Licht« und die wartenden Arme meiner Großmutter Frances (die ich »Nan Frances« nenne) ging. Auch befasse ich mich mit anderen Pfaden für diejenigen Seelen, die nach einem Leben, das anderen viel Leid zugefügt hat, durch den Schleier gehen. (Die Hölle ist eher ein geistiger Zustand als ein realer Ort). Anschließend übermittle ich Ihnen viele Erkenntnisse über Ihre »Familie« aus Geistführern und geliebten Seelen, die im Leben nach dem Tod vielleicht auf Sie warten, um dafür zu sorgen, dass Ihre Reise zu einer äußerst heilenden Erfahrung wird. Sie werden erfahren, dass die Reise ins Jenseits eine Reise des Lernens und Wachsens ist. Doch sobald eine Seele hinübergegangen ist, kehrt sie für eine gewisse Zeit zurück, um sich um ihre Lieben zu kümmern, sie zu trösten und, falls nötig, Dinge zu klären.

In Teil III geht es um den Heilungsprozess, den alle nach dem zurückgelassenen Leben durchlaufen. Jedes Kapitel behandelt einen »Raum« oder eine Phase des Prozesses – von der ersten Phase im Empfangsraum, in dem die Aufnahme der neu angekommenen Seelen stattfindet und in dem sie ihren Lebensvertrag ausgehändigt bekommen, bis hin zur letzten Phase im Anleitungsraum, in dem Seelen Hinweise und Ratschläge bekommen, bevor sie ihren Weg im Jenseits aussuchen.

Teil IV beschreibt, wie Seelen, die sich kurz vor der Wiedergeburt befinden, die Gelegenheit erhalten, sich ihre Eltern auszusuchen, indem sie mögliche Kandidaten im Elternraum beobachten können. Als Vorbereitung auf ihre Reinkarnation entwerfen die Seelen einen neuen Lebensvertrag und entscheiden sorgfältig, welche spezifischen Erfahrungen und Bedingungen sie für ihre Weiterentwicklung brauchen werden.

Hier stelle ich Ihnen mein eigenes Team aus Geistführern vor

Im Buch werden Sie immer wieder den Geistführern begegnen, mit denen ich zusammenarbeite. Manchmal werden Sie ihre Worte wortwörtlich lesen, genauso wie ich sie aufgeschrieben habe. Drei von ihnen habe ich schon kurz erwähnt, doch ich möchte sie Ihnen an dieser Stelle näher vorstellen:

Ben, mein Geistführer, begleitet mich schon mein ganzes Leben lang, doch erst als ich anfing, als Medium zu arbeiten, trat er in mein Bewusstsein. In einem früheren Leben war ich mit Ben zusammen, und er rettete mir damals das Leben. Daraufhin haben wir beschlossen, dass er durch mich und meine Mission, Spiritualität zu lehren, anderen helfen kann.

Ben tauchte eines Sonntagabends in Begleitung meiner verstorbenen Großmutter auf. Damals war ich siebenundzwanzig. Sie stellte mir den hochgewachsenen, gut aussehenden dunkelhaarigen Fremden vor und sagte: »Ich habe dich bis hierher gebracht ... weiter kann ich dich nicht bringen. Das ist jetzt Bens Aufgabe.« Seitdem ist er ein Teil meines Lebens, führt mich in vielen persönlichen Lebenssituationen und gibt mir Klarheit. Doch Bens Hauptaufgabe ist es, mich dabei zu unterstützen, die verstorbenen Seelen mit den noch auf Erden lebenden Seelen in Kontakt zu bringen.

Ariel ist ein höher schwingender Geist. Sie hat Anfang 2009 am heiligen Ort Uluru/Ayers Rock in Australien das erste Mal durch mich Informationen gechannelt. Ich meditierte gerade in der untergehenden Sonne, als Ariel mich besuchen kam und mir einige der Informationen übermittelte, auf denen dieses Buch aufbaut. Ich bin ihr dankbar für das Wissen, das sie an mich weitergegeben hat und das so vielen Menschen helfen wird.

Josiah ist ein Geist, der mich über die Jahre häufig aufgesucht hat, doch erst seit kurzem fühle ich mich ihm so eng verbunden wie mit Ben. Josiah ist ein sehr hoher Geist: er steht zwischen einem Geistführer und Gott. Durch tiefgehendes Channeling und Meditieren zeigte sich Josiah mir und schaffte es, mich durch den Prozess des Übergangs vom Leben hindurch zu führen. Er zeigte mir die Passage und die verschiedenen Phasen des

Todes und erklärte mir, wie wir aus unserer Seele heraus wachsen und uns mit unserem höheren Selbst verbinden können.

Dies sind meine drei wichtigsten Geistführer, doch ich habe auch noch andere Führer, mit denen ich zu bestimmten Zwecken täglich zusammenarbeite und die mich in unterschiedlichen Situationen unterstützen, wenn ich ihre Hilfe brauche. Jeder von uns hat ein Team aus Geistführern, dem ein Meisterführer vorsteht. Bei mir ist es Ben. Vielleicht sind Sie sich Ihrer eigenen Geistführer nicht bewusst, aber Sie können sicher sein, dass es sie gibt. Ihr Meisterführer weist andere Helfer oder Führer an, herzukommen und Ihnen beim Überwinden schwieriger Lebenssituationen zu helfen. So hilft mir zum Beispiel Lucinda, Nachrichten zu übermitteln. Sie ist oft anwesend und liefert mir Informationen, während ich unterrichte und vor einem großen Publikum Readings gebe.

Die Informationen, die ich von meinem Team aus Geistführern erhalten habe, haben mir die Augen geöffnet, und ich habe bei diesem Prozess auch vieles über mich selbst gelernt. Ich füge dem Buch mehrere Abschnitte aus Niederschriften bei, die ich gemacht habe. Daraus lässt sich genau ersehen, wie meine Geistführer mir die Informationen übermittelt haben, die ich verwende. Beachten Sie bitte, dass die Kommunikation meiner Geistführer – oder eines anderen Wesens aus der spirituellen Welt – stets kursiv dargestellt wird. Außerdem füge ich mehrere Niederschriften und Berichte über Sitzungen bei, die ich unter der Anleitung meiner Geistführer für andere gehalten habe. (Die Namen und Identitäten wurden geändert, um die Privatsphäre der Betreffenden zu schützen.)

Also: Wollen Sie wirklich alles wissen? Wenn ja, dann finden Sie die Antworten auf viele Ihrer Fragen auf den Seiten dieses Buchs. Wenn Sie wirklich bereit sind, dann lassen Sie uns jetzt zusammen auf diese spannende Reise gehen!

Teil I

Orientierung

Der Zeitpunkt ist alles.
Es gibt keine Zufälle.

Kapitel 1

Die Entdeckung

Was passiert, wenn wir sterben?

Seit ich als Medium arbeite, wurde mir diese Frage schon sehr oft gestellt. Und ich habe sie schon oft beantwortet, während ich Menschen Mitteilungen von ihren geliebten Angehörigen übermittelte, die vom Jenseits zu ihnen sprechen. Diese Botschaften weisen immer ein erstaunliches Wissen über das Leben nach dem Tod auf und bestätigen, dass die Seele tatsächlich weiterlebt.

Doch auch während ich mich in meiner Arbeit als Medium weiterentwickelte, blieben immer noch viele Fragen, auf die ich eine Antwort brauchte. Bei meinen Bemühungen, die ganze Lebensreise zu begreifen, war ich für die verstorbenen Seelen offen und habe Informationen von einer höheren Quelle erhalten. Auf meiner Suche habe ich herausgefunden, dass wir uns alle auf einer vielseitigen und lohnenswerten Reise befinden – im Tod genauso wie im Leben. Der Sinn dieser Reise ist das ständige Lernen und innere Wachstum. Wie ich herausgefunden habe, lebt die Seele nicht nur weiter, sondern entwickelt sich auch weiter. Wie das geschieht – davon handelt dieses Buch.

In unserem Leben fragen wir uns immer wieder, warum wir eigentlich hier sind, welche Aufgabe wir auf Erden erfüllen sollen. Nur wenige von uns kennen die Antworten auf diese Fragen. Es gibt zwar auf der ganzen Welt nur eine Handvoll Menschen, die ihre wahre Berufung und ihr Lebensziel kennen, doch viele Leute sind ständig auf der Suche danach. Sie übersehen dabei aber eine wichtige Tatsache, nämlich dass man die *Antworten nur in sich selbst finden kann.*

Die Antworten, die ich in *Was geschieht mit uns, wenn wir sterben?* gebe, kommen alle von innen, aus der tiefsten Weisheitsquelle, aus der wir Menschen schöpfen können. Ich habe mir schon immer die gewonnenen Erkenntnisse aus meinen vielen Sitzungen, die von meinen Geistführern übermittelten Botschaften und meine eigenen Erfahrungen – wie zum Beispiel ein Nahtoderlebnis, das ich vor mehreren Jahren hatte (und auf das ich im Buch näher eingehen werde) – zunutze gemacht. Seit meiner Kindheit nehme ich oft Verbindung zu den verstorbenen Seelen auf. Für mich war das also schon immer das Natürlichste auf der Welt.

Dieses Buch soll Antworten auf Ihre Fragen über das, was passiert, wenn wir sterben, geben. Ich möchte, dass Sie die Reise, auf die wir alle gehen müssen, und die Lektionen, die wir lernen müssen, voll und ganz verstehen. Werden Sie Ihre Angehörigen, die vor Ihnen gestorben sind, wiedersehen? Werden Sie nach einer gewissen Zeit im Jenseits auf die Erde zurückkehren? Und vor allem – gibt es Gott / das Göttliche *wirklich?*

Das sind nur ein paar der Fragen, mit denen ich mich im Buch beschäftigen werde. Doch eines kann ich voller Überzeugung jetzt schon verraten: Das Leben ist für uns alle eine Reise, die niemals aufhört, noch nicht einmal nach dem Tod. Im Gegenteil: Unser Abschied von der physischen Welt ist erst der Anfang unserer Wiedergeburt in ein ewiges Leben, in dem wir weiter lieben, lernen und reifen. Das wusste ich zwar schon als Kind, doch bevor ich zu meinen Fähigkeiten als Medium stand, habe ich daran gezweifelt.

Meine beiden Welten

Als Erwachsene erinnern wir uns gewöhnlich nicht mehr an die Zeit, die wir zwischen unseren irdischen Leben im Jenseits verbracht haben. Manche Kinder haben jedoch noch Erinnerungen daran; die Gründe dafür werde ich in einem späteren Kapitel erläutern. Als Kind konnte ich mich noch an vieles aus dem spirituellen Reich erinnern und in meiner Kindheit hatte ich auch ganz reale Erlebnisse in der spirituellen Welt. Daher dachte ich manchmal schon, ich sei verrückt.

Erst viel später wurde mir meine Verbindung zu den Geistern von einem Numerologen bestätigt. Er stellte fest: »Sie kommunizieren nicht nur mit der spirituellen Welt – Sie *erinnern* sich sogar daran.« Eine zweite Bestätigung erhielt ich von einer Astrologin, die mir sagte: »Vom Tod fasziniert zu sein, liegt in Ihrem Wesen.« Ich wunderte mich zuerst über ihre Bemerkung, doch dann fügte sie hinzu, dass ich meine Todesfaszination dazu verwende, um anderen zu helfen. Ihre Erkenntnis war absolut richtig. Es war eine große Erleichterung, endlich Menschen zu begegnen, die mich verstanden.

Als ich noch jünger war, bekam ich keine Unterstützung bei der Verarbeitung meiner Erlebnisse, die mich manchmal ziemlich beunruhigten. Heute bin ich Lisa Williams, ein Medium mit einer eigenen Fernsehsendung, das mit verstorbenen Angehörigen anderer Leute kommuniziert. Doch als ich ein Kind war – ein Kind, das Tote sehen konnte –, machte diese Fähigkeit mir Angst.

Genauer gesagt waren es nicht die verstorbenen Seelen, vor denen ich mich fürchtete. Ihr regelmäßiges Kommen und Gehen war für mich ganz normal. Es waren die Reaktionen der Erwachsenen um mich herum, die mich dazu brachten, Angst vor den Stippvisiten verstorbener Seelen zu entwickeln. Ich besuchte eine christliche Schule, obwohl mein Vater überzeugter Atheist war und noch heute ist. Als ich meinen Eltern erzählte, dass ich Geister sah und mit ihnen redete, hieß es nur »das Kind hat zu viel Fantasie«. Nur so konnten sie mit meinen Schilderungen fertig werden, die in ihren Augen eine beunruhigende Verhaltensstörung waren.

So lernte ich, über das zu schweigen, was für mich völlig normal war. Dadurch war ich als Kind ziemlich einsam und bemüht, mich in beiden – so grundverschiedenen – Welten einzurichten. In der einen Welt, in der auch meine Familie und Freunde lebten, passte ich mich den Ansichten anderer über das Leben an. Ich hörte mir ihre Meinungen an und tat, was von mir erwartet wurde, ohne jemals meine eigene Wirklichkeit zu erwähnen. Doch in der anderen Welt, die für mich in vielerlei Hinsicht viel realer war, unterhielten sich meine spirituellen Freunde und Besucher mit mir. Meine ganze Kindheit über fühlte ich mich mit meiner eigenen Welt eng verwurzelt, weit weg von der Welt, die andere für die reale hielten.

Ja, ich sah die Seelen Verstorbener. Ich sprach mit ihnen und sie mit mir. Doch es kam mir vor, als würde ich mit lebendigen Menschen reden – und in meinen Gedanken waren sie das auch. Ich habe das Wort tot nie begriffen. Es klang so verstörend endgültig. Tot zu sein ist etwas, das in meiner Realität gar nicht existiert.

*

Mein frühestes Erlebnis mit einem Geist, der mit mir gesprochen hat, hatte ich im Alter von ungefähr drei Jahren. Ich spielte gern auf meinem Zimmer mit meinen Freunden (die nur ich sehen konnte). Sie waren ein kleiner Junge und ein kleines Mädchen. Beide waren bei einem Brand ums Leben gekommen und besuchten mich oft. Häufig nahm ich auch einen Mann wahr, der im Zimmer saß und uns beim Spielen zuschaute. Da er nie etwas sagte, ignorierte ich ihn. Währenddessen machte meine Mutter den Haushalt, kümmerte sich um meinen jüngeren Bruder Christian und nahm von dem Kichern, das aus meinem Zimmer ertönte, kaum Notiz. Falls sie es doch mitbekam, hielt sie es sicher nur für »Lisa beim Spielen«.

Eines Abends wurde ich zum Essen gerufen. Diesmal begleitete der Mann in meinem Zimmer mich ins Esszimmer – das heißt, er schwebte neben mir her, denn ich konnte keine Beine erkennen – und nahm auf einem Stuhl in der Ecke Platz. Ich setzte mich an den Tisch. Während ich die Erbsen mit der Gabel aufspießte, um sie mir in den Mund zu stecken, passierte etwas Unerwartetes. Der Mann sagte zum ersten Mal etwas zu mir.

»Iss die Erbsen nicht, sonst stirbst du!«, warnte er mich.

Erschrocken legte ich die Gabel hin. Während ich die restliche Mahlzeit aß, passte ich auf, dass keine einzige Erbse auf meiner Gabel landete. Meine Mutter wollte natürlich wissen, warum ich die Erbsen liegen ließ.

»Er hat gesagt, dass ich sterbe, wenn ich sie esse!«, erklärte ich ihr und zeigte auf den Mann in der Ecke.

»Sei nicht albern – da ist doch niemand«, entgegnete meine Mutter und versuchte, mich zu überreden, die Erbsen aufzuessen.

Doch ich weigerte mich beharrlich und blieb mit verschränkten Armen und zusammengepresstem Mund sitzen. Ich war entschlossen, keine einzige Erbse zu verzehren, und selbst der Bestechungsversuch meiner Mutter, dass ich zum Nachtisch Eis bekommen würde, brachte mich nicht dazu, die kleinen runden grünen Dinger zu essen, die mich umbringen konnten. *Nie im Leben!*

Ich weiß noch, dass meine Eltern damals zum ersten Mal meinten, ich hätte zu viel Fantasie. Aber noch heute mag ich keine Erbsen, obwohl ich vor kurzem erfahren habe, dass der Großonkel meines Vaters an einem Mundvoll Erbsen erstickt ist! Es muss jener Großonkel gewesen sein, der mich beim Spielen in meinem Kinderzimmer beschützt hat und der mich vor diesem »tödlichen« Gemüse gewarnt hat.

Nächtliche Abenteuer

Solange meine Geistbesucher tagsüber auftauchten, konnte ich mit ihnen spielen und Spaß haben. Aber nachts sah die Sache ganz anders aus. Alle möglichen Personen – nicht nur Kinder – gingen nachts in meinem Zimmer ein und aus, während ich schlafen sollte. Das machte mir so viel Angst, dass ich gar nicht schlafen konnte. Ich zog mir die Decke über den Kopf, um die Eindringlinge nicht sehen zu müssen, aber nach einer Weile bekam ich keine Luft mehr und musste meine Höhle aufgeben. Oft sah ich dann eine Frau am Fußende meines Betts stehen, die die Hände in die Hüften stemmte und mich zornig anstarrte. Sofort zog ich mir die Decke wieder über den Kopf. Wenn ich nach Luft schnappte, machte ich die Augen fest zu, um die Geister nicht sehen zu müssen, die sich in meinem Zimmer versammelt hatten. Doch das hielt sie nicht davon ab, mich an den Haaren zu ziehen, mich mit dem Finger anzustupsen und mit mir zu reden. Ich vergrub den Kopf unter meinem Kissen und hoffte verzweifelt, sie würden verschwinden. Aber den Gefallen taten sie mir nicht.

Es gab noch weitere beunruhigende nächtliche Erlebnisse. Ich erinnere mich daran, wie ich im Bett lag und aus meinem Körper schlüpfte. Während ich über ihn hinwegschwebte, schaute ich nach unten und sah mich friedlich schlafen. Anfangs war es eine spannende Erfahrung. *Wow – ich kann ja fliegen!,* dachte ich aufgeregt und flog im Haus herum, um zu sehen, wie mein Bruder schlief oder meine Eltern im Wohnzimmer fernsahen.

Doch eines Nachts fand ich mich draußen in der Dunkelheit wieder, allein und etwas weiter weg von unserem Haus. Damals war ich erst vier und mir war sofort klar, dass ich das Haus nicht alleine hätte verlassen sollen. Meine Mutter hatte mir eingetrichtert, nach Einbruch der Dunkelheit nicht mehr aus dem Haus zu gehen, weil da draußen »böse Leute« seien. Und jetzt war ich da draußen und bekam es mit der Angst zu tun. Ich hatte keine Ahnung, was ich tun sollte.

Ich sah mich suchend um und erkannte die Straße, auf der ich mich befand, doch ich kannte den Rückweg nicht. Ich erkannte auch den Hügel wieder, an dem mein Vater Golfbälle in Löcher schlug, und wusste daher, dass ich nicht weit weg von Zuhause war. Aber jetzt geriet ich in Panik und fing an zu weinen. Doch keine Tränen rollten meine Wangen herunter, wie sie es getan hätten, wenn ich in meinem physischen Körper gesteckt hätte.

Ich versuchte zu rufen, aber meine Schreie blieben lautlos. Nun versuchte ich, einen Mann anzusprechen, der den Hügel hinaufging, doch er ignorierte mich, als wäre ich gar nicht anwesend. Dann wurde mir bewusst, dass ich körperlos schwebte und keinen Mund zum Sprechen hatte. In diesem Moment sah ich den Mann, der mich davor gewarnt hatte, die Erbsen zu essen. Im Gegensatz zu dem ersten Mann, der den Hügel hinaufgegangen war, bemerkte er meine panische Angst und bot mir seine Hilfe an.

»Stell dir einfach vor, du würdest in deinem sicheren Bettchen liegen«, sagte er.

Das tat ich. Ich stellte mir vor, dass ich von meinen Plüschtieren umgeben war, und fühlte die Wärme der Bettdecke. Plötzlich spürte ich eine Energie, die mich wie ein Sog zurück in mein Bett holte. Sie schien aus meiner Bauchgegend zu strömen. Diese Sogkraft zog mich an den Straßenlaternen vorbei die Treppe hinauf bis zu unserer Wohnung, durch die Wohnungstür, am Wohnzimmer vorbei, in dem meine Eltern fernsahen, und dann lag ich wieder in meinem Bett.

Weinend wachte ich auf und ging hinunter ins Wohnzimmer, um mich nach dem traumatischen Erlebnis von meinen Eltern trösten zu lassen. Doch auch nachdem sie mich beruhigt hatten, hatte ich immer noch Angst vor dem Einschlafen und weigerte mich, das Wohnzimmer zu verlassen. Eine solche Nacht konnten meine Eltern ertragen – doch als mein Verhalten zur nächtlichen Routine wurde, irritierte sie das. Sie wussten nicht, wie sie mit der neuen Situation umgehen sollten.

Zu meiner Gabe stehen

Als Kind und Jugendliche fühlte ich mich oft ein wenig wie eine Außenseiterin. Ich hatte zwar Freunde, aber ich war nie »beliebt«. Doch vor allem meine Freundin Samantha half mir, mich mit dem anzufreunden, was sie meine »Gabe« nannte. Als sie diesen Begriff verwendete, war ich immer noch ziemlich jung, und auch wenn sich die Vorstellung, eine Gabe zu haben, seltsam anfühlte, war es irgendwie ein gutes Gefühl. Damals hatte ich zwar keine Ahnung, warum sie mir diese besondere Eigenschaft zuschrieb, da ich mich nicht für etwas Besonderes hielt. Aber nachdem ich das demonstriert hatte, was Sam für übersinnliche Fähigkeiten hielt – zum Beispiel zu wissen, dass eine bestimmte Person anrufen würde oder dass irgendein Schüler in der Schule fehlen würde, noch bevor wir dort angekommen waren –, war sie überzeugt davon, dass ich »anders« sei.

Sam war der einzige Mensch, dem ich mein Geheimnis je anvertraut hatte, und allmählich begann ich zu akzeptieren, dass ich tatsächlich etwas Besonderes hatte, das anderen fehlte. Sam und ich hatten Spaß an meiner Gabe. Wir mussten lachen, wenn ein Lehrer etwas bestätigte, was ich längst wusste, so wie zum Beispiel, dass wir einen »Überraschungstest« schreiben würden. Unsere Spielchen waren lustig, und es tat mir gut, meine Erlebnisse mit Sam zu teilen. Sie half mir, zu meiner Fähigkeit zu stehen. Endlich war ein Mensch aus Fleisch und Blut Teil meiner Welt!

*

Das Leben ging weiter – und auch meine täglichen Gespräche mit den Geistern. Ich neigte dazu, Ereignisse vorauszusehen, und spürte die Stimmungen anderer, bevor sie ein Wort zu mir gesagt hatten. Meine Gabe schien aus zwei Dingen zu bestehen: der übersinnlichen Intuition und der Kommunikation mit Verstorbenen. Ich konnte jedoch erst im Alter von siebzehn völlig zu meinen übersinnlichen Fähigkeiten stehen.

Meine Freunde und ich hatten eine Busfahrt nach Blackpool, einem Ferienort am Meer im Norden Englands, geplant. Wir wollten der Schule mal den Rücken kehren und Spaß haben. Auf unserem Ausflug wurde auch kräftig getrunken, doch ich trank nicht mit, da ich noch nie Alkohol gebraucht habe, um Spaß zu haben – obwohl die alten Schulfotos von damals aussehen, als hätte ich einiges gebechert! Aber sie zeigen nur meine ausgelassene Seite. Auf diesem Ausflug geschah ein tiefschürfendes Ereignis, das meine Einstellung zu dem, was Sam meine »Gabe« nannte, für immer änderte.

Blackpool hat drei Schiffskais, die ins Meer hinausragen, und verschiedene Touristenattraktionen zu bieten. Der Nordkai war damals eleganter und traditioneller als die beiden anderen. Er hatte nicht so viele Geschäfte und Vergnügungsstätten wie die anderen, und daher fühlte man sich auf ihm in längst vergangene Zeiten zurückversetzt. Das verlieh ihm eine interessante faszinierende Atmosphäre. Auch war es stiller und ruhiger dort als auf den gut besuchten Nachbarkais.

Als meine Freunde und ich zum Nordkai spazierten, bemerkten wir vor einem Zelt ein Schild mit der Aufschrift WAHRSAGERIN. (Diesen Begriff habe ich noch nie gemocht, auch wenn ich akzeptiere, dass manche Leute ihn anwenden.) Ein paar von uns beschlossen, sich »zum Spaß« die Zukunft vorhersagen zu lassen, doch ich verschwieg, dass mir mehrere Fragen auf der Seele brannten, auf die ich unbedingt eine Antwort brauchte. Ich wollte mehr über einen Jungen erfahren, den ich mochte, und ob ich meine Abschlussprüfungen bestehen würde und was ich in ein paar Monaten tun sollte, wenn ich mit der Schule fertig war. Sie wissen schon: das gewöhnliche Zeug, das einen beschäftigt, wenn man siebzehn ist und das ganze Leben noch vor einem liegt.

Eines der anderen Mädchen ging vor mir ins Zelt. Als es nach einer Viertelstunde wieder herauskam, senkte es den Blick und murmelte: »Also die hat echt eine Schraube locker.« Dann kam ich an die Reihe. Ich ging durch den Vorhang und stand in einem winzigen, stickigen Raum. Darin standen zwei Stühle und ein Tischchen. Auf dem Tisch lag ein Tuch, und auf dem Tuch lag ein Deck Tarotkarten. Wie ich mich noch vage erinnere, sahen sie ganz ähnlich aus wie das Kartendeck, das auf dem Kaminsims meiner Großmutter Nan Frances – der Mutter meiner Mutter – lag. Alles wirkte sehr »hexig«, wie ich meine übersinnlichen Kräfte gerne bezeichne.

Ohne mich anzusehen, deutete die Frau an, ich solle mich setzen. Sie hatte blonde Strähnen, die ihr über die Schulter fielen, lange rosa Fingernägel, die wie eine tödliche Waffe aussahen, und war stark geschminkt. Sie trug ein langes wallendes lila Gewand und klimpernde Ohrringe, genauso wie ich es von einer Handleserin oder Hellseherin erwartet hätte. Ja, sie war eine waschechte Wahrsagerin.

Sie hob langsam den Blick und sah mich mit großen blauen Augen an. Gleichzeitig nahm sie mit einer raschen Handbewegung die Karten vom Tisch. Als unsere Blicke sich trafen, breitete sie die Karten vor mir aus und starrte mich durchdringend an. Ich hatte das Gefühl, als würde sie durch mich hindurchschauen, und das machte mich so unbehaglich, dass ich mich umdrehte, um zu sehen, was sich denn hinter mir befand.

»Interessant – sehr interessant«, bemerkte sie und reichte mir die Karten. Dann bat die Frau mich, sie zu mischen, mit der linken Hand abzuheben und in drei Haufen abzulegen. Mittlerweile war ich richtiggehend nervös, doch da ich sie nicht verärgern wollte, tat ich ihr den Gefallen. Nun forderte sie mich auf, zwei Kartensets auszusuchen.

Aber welche sind die Richtigen?, dachte ich. *Woher soll ich wissen, welche die richtigen Sets sind?* Doch noch bevor ich die Frage zu Ende gedacht hatte, sagte die Frau: »Sie werden sich von den Kartensets angezogen fühlen, die Sie brauchen. Wählen Sie nicht mit dem Kopf, sondern lassen Sie die Karten zu sich kommen.«

Oh, sie hat meine Gedanken gelesen! Also tat ich genau das. Heute weiß ich, dass es vielen Leuten so geht, wenn sie für eine

Sitzung Karten aussuchen sollen: Sie machen sich Sorgen, das falsche Deck oder die falschen Sets auszuwählen. Doch wie ich bald herausfand, ist es eine Chance, auf seine innersten Eingebungen zu hören und das Verlangen loszulassen, das Ergebnis zu beeinflussen.

Die Frau mischte die Karten, die ich ausgesucht hatte. Dann starrte sie mich wieder an, was mir ganz unangenehm war.

»Stimmt irgendwas nicht?«, fragte ich, da ich keine Ahnung hatte, was sie sah – natürlich dachte ich ans Schlimmste.

Sie beugte sich zu mir vor und sagte so leise, als wollte sie verhindern, dass andere es hören könnten: »Du hast eine Gabe. Aber du weißt nicht, was du damit anfangen sollst.« Ich saß mit offenem Mund da und war sprachlos. »Deine Gabe ist extrem stark, viel stärker als meine eigene«, fuhr sie fort. »Jemandem wie dir bin ich seit vielen Jahren nicht mehr begegnet.«

Nun war es heraus. Jetzt war das bestätigt, was meine Klassenkameradin gesagt hatte, als sie aus dem Zelt herausgekommen war – diese Frau hatte wirklich eine Schraube locker. Wie konnte sie einer siebzehnjährigen Schülerin erzählen, dass diese eine größere Gabe hätte als sie, die die Zukunft anderer voraussagte? Sicher war es ein Betrug oder Trick ...

Aber Moment mal – woher weiß sie überhaupt von meiner Gabe? Dieser Gedanke fesselte mich an den Stuhl. Dann forderte sie mich auf, ihr Fragen zu stellen. Natürlich wollte ich zuerst was über Jungs erfahren. (Sie behielt Recht, als sie mir sagte, die Männer in meinem Leben würden nie die »Richtigen« sein.) Außerdem wollte ich wissen, was ich in Zukunft beruflich machen würde. Sie sagte, ich würde eine Berufsausbildung machen, und auch wenn ich verschiedene Berufe ausüben würde, wäre nur eine Tätigkeit von Bedeutung. Wie sie mir sagte, würde ich mich selbst entscheiden müssen. Damals ahnte ich noch nicht, dass sich diese Entscheidung auf meine Gabe bezog und darauf, sie zu meiner Berufung zu machen.

Ich habe die Abschiedsworte der Frau, als ich das Zelt durch den Vorhang verließ und zu meinen Freunden zurückging, nie vergessen. »Du wirst vielen Menschen helfen und ihr Leben verändern. Bleib dran!«

Heute weiß ich, dass die Frau unglaubliche übersinnliche Fähigkeiten hatte und von den Leuten wahrscheinlich wegen ihrer billigen Aufmachung belächelt wurde oder weil sie ihnen nicht das bestätigte, was sie hören wollten. Im Rückblick wird mir klar, dass die Freundin, die als Erste ins Zelt ging, vermutlich nur deshalb sauer wieder herauskam, weil sie nicht das zu hören bekam, was sie erwartet hatte, und weil das, was die Wahrsagerin ihr stattdessen gesagt hatte, den Nagel auf den Kopf traf!

Sobald ich vor dem Zelt auftauchte, kamen meine Freunde angelaufen und wollten unbedingt wissen, was die Frau mir gesagt hatte. Ich dachte mir irgendwas aus, weil ich nicht darauf vorbereitet war, die Worte der Frau als Wahrheit anzunehmen, obwohl meine Gabe für mich ganz normal war (und noch heute ist). Irgendwie war die Bestätigung meiner Gabe durch die Wahrsagerin und ihre Bemerkung, dass ich damit vielen Menschen helfen würde, zu viel für mich und ich wollte es nicht unbedingt brühwarm in die Welt hinausposaunen. Heutzutage erlebe ich ähnliche Reaktionen bei Menschen, denen ich Readings gebe, wenn die gechannelte Information von ihrem gegenwärtigen Selbstbild zu sehr abweicht. Doch damals hatte ich keinen Schimmer, wovon die Wahrsagerin eigentlich redete, und auch wenn ihre Botschaft mich zutiefst beeindruckte, behielt ich sie lieber für mich.

Der Einfluss meiner Großmutter

Nach diesem Erlebnis in Blackpool wurde meine Neugier auf meine Großmutter Nan Frances geweckt. Ich wusste zwar, dass sie zu Hause Konsultationen als Medium abgehalten hatte, doch bisher hatte ich ihre Tätigkeit nicht mit der der Wahrsagerin in Blackpool in Verbindung gebracht – bis ich sah, dass beide die gleichen Tarotkarten verwendeten.

Ich erinnerte mich daran, wie öfters Leute zu meiner Großmutter kamen und geduldig am Treppenabsatz auf ihre Sitzungen warteten. Ich weiß noch, dass sie sich leise darüber unterhielten, was wohl passieren würde, wenn irgendein verstorbener Verwandter oder Bekannter durchkäme und die Verbindung zu ihnen aufnehmen würde. Doch das war der Alltag meiner Großmutter; das tat sie schon, seit ich denken konnte. Ich hatte mir noch nie ernsthafte Gedanken darüber gemacht, selbst dann nicht, als sie mich streng ermahnte, die Karten auf ihrem Kaminsims ja nicht anzurühren.

Eines Tages bekam ich die Chance, bei einer Sitzung meiner Großmutter dabei zu sein. Ich war von Zuhause ausgezogen, um über hundert Meilen weiter weg in Hertfordshire mein eigenes Leben zu beginnen. Meine Freundin Sue, die wie ich in Redditch aufgewachsen war, und ich fuhren gerade auf einen Besuch nach Hause, als wir uns spontan entschlossen, einen Abstecher zu meiner Großmutter zu machen. Nan begrüßte uns herzlich und forderte uns plötzlich auf, an dem runden Tischchen in der Ecke des Zimmers mit Blick auf den Garten Platz zu nehmen. Sobald wir uns alle hingesetzt hatten, sah Nan Sue direkt in die Augen und sagte: »David ist wegen dir hier.« Sie machte eine Pause und las Sue die Karten.

Auch wenn Sue und ich eng befreundet waren, wusste ich nicht viel über ihre Familie. Ich wusste nur, dass sie eine Schwester hatte und mit ihrer Mutter nicht klarkam, was auch einer der Gründe gewesen war, weshalb sie nach Hertfordshire gezogen war. Später verriet Sue mir, dass David ihr Vater war, der vor ein paar Jahren gestorben war. Das hatte ich nicht gewusst. Es war das erste Mal, dass ich sah, zu was Nan Frances fähig war, und ich staunte über die starke Energie, die ich während dieser Erfahrung spürte.

Ein paar Wochen später war ich an der Reihe. Ich besuchte wieder einmal meine Großmutter. Unvermittelt sagte Nan: »Lisa, ich muss dir die Karten lesen.« Natürlich weckte das meine Neugier und so ließ ich es zu. Dann sagte sie etwas, das ich erst viel später verstehen sollte: »Wenn ich meinen eigenen Tod sehe, höre ich auf.«

Wir setzten uns an den runden Tisch. Diesmal ließ Nan mich die Karten mischen. Das verwirrte mich – Sue hatte das nicht getan, warum also forderte Nan nun mich dazu auf?

Heute weiß ich, dass Nan ein Reading die Zukunft betreffend mit mir abhalten wollte und sich alle Informationen, die sie empfing, durch die Tarotkarten bestätigen lassen wollte. Dies ist eine gängige Praxis bei Readings. Sues Sitzung war nicht übersinnlich gewesen, sondern sollte ihr nur eine direkte Nachricht von ihrem verstorbenen Vater übermitteln, bei der meine Großmutter als »Medium« diente (daher kommt der Begriff). Da Nan bei der Sitzung mit Sue mit einer anderen Art von Energie gearbeitet hatte – der eines erscheinenden Geistes –, hatte sie für Sue keine Tarotkarten gebraucht.

Das zeigt den Unterschied zwischen den Arbeitsmethoden der Menschen mit übersinnlichen Fähigkeiten (psychics) und der Medien. Bei einer übersinnlichen Sitzung kann der Hellseher durch Anwendung seiner Intuition und seines inneren Wissens zukünftige Vorfälle und Situationen voraussehen. Wie ich schon erwähnt habe, sind wir alle übersinnlich und haben alle Zugang zu diesem Wissen. Manchmal wird es *»weibliche Intuition«* genannt, manchmal auch *»inneres Wissen«.* Es ist das, was passiert, wenn man mit sich selbst im Gleichgewicht ist und auf sein höheres Selbst hört.

Ein Medium hingegen ist der oder die »Vermittler(in)« zwischen zwei verschiedenen Ebenen. Ein Medium ist so etwas wie ein Radioempfänger, und die Geister sind die DJs, die das Medium dazu benutzen, ihre Nachrichten dem Menschen zu überbringen, für den die Sitzung abgehalten wird. Das Medium muss den Radioempfänger richtig einstellen und sichergehen, dass er mit dem richtigen Sender verbunden ist, damit die Botschaft so klar und korrekt wie nur möglich empfangen wird. Alle Medien neigen zu übersinnlichen Fähigkeiten, während Hellseher nur selten Medien sind. Medien wenden keine Tarotkarten, sondern andere Mittel an – zum Beispiel berühren sie einen persönlichen Gegenstand des Verstorbenen, der ihrer Klientin nahestand, berühren die Hand des Klienten oder etwas anderes.

Meine Großmutter forderte mich also auf, die Karten zu mischen und das Deck in drei Stapel zu teilen. Im Gegensatz zur Kartenleserin in Blackpool war es ihr egal, mit welcher Hand ich das tat, was mich noch mehr verwirrte. Dann sagte Nan Frances mir, ich solle einen Stapel auswählen, den ich mir *nicht* ansehen wollte, und ihn beiseitelegen. Als ich das hörte, überkam mich eine gewisse Panik: *Was ist, wenn ich den falschen Stapel aussuche? Verschenke ich dann meine Zukunft an ein schlechtes Kartenset? Oh Gott, was für eine schwere Entscheidung ...* Diese Verunsicherung gefiel mir gar nicht, doch ich tat, was mir die Kartenlegerin damals in Blackpool geraten hatte. Ich hörte auf mein Gefühl und vertraute meinem Instinkt (auch wenn ich darauf fieberte, mir *alle* Karten anzusehen).

Als Nächstes bat Nan mich, den Stapel auszusuchen, mit dem ich zuerst arbeiten wollte, und den, mit dem ich mich später beschäftigen wollte. Das fiel mir leichter, da ich ja wusste, ich würde beide Kartensets zu sehen kriegen.

Ich fragte Nan, warum ich mir den beiseitegelegten Stapel nicht ansehen sollte. »Das ist deine Vergangenheit, und die kannst du nicht mehr ändern«, antwortete sie. »Die anderen beiden Stapel stehen für Gegenwart und Zukunft. Darauf wollen wir uns konzentrieren.«

Ich kann also die Ereignisse, die in den Karten stehen, noch ändern?, fragte ich mich überrascht.

Anscheinend hatte sie meine Gedanken gelesen, denn sie sagte: »Nein, vorherbestimmte Ereignisse kann man nicht ändern. Diese Ereignisse wurden längst beschlossen, damit du im Leben deine Lektionen lernst, aber du hast trotzdem einen freien Willen. Dieser freie Wille ermöglicht es dir, deine Lektionen entweder zu lernen oder nicht zu lernen. Aber wenn bestimmte Situationen eintreffen sollen, dann wird das auch geschehen.«

Damit begann die Sitzung. Ich musste sofort an meinen Freund denken – war er »der Richtige«? Und ich dachte an die Arbeit, die ich zu der Zeit machte – würde es noch einen anderen Beruf für mich geben? Würde ich jemals als Sängerin Karriere machen? Im Rückblick waren meine Fragen und Sorgen belanglos und egoistisch, doch damals waren diese Dinge mir wichtig. Ich brauchte Antworten auf meine Fragen.

Als die Sitzung zum Ende kam, sah Nan erst mich an und dann über mich hinweg, genauso wie die Kartenleserin aus Blackpool es getan hatte. *Wie kommt es, dass Hellseher mich anstarren und dann auf irgendeinen Punkt hinter mir schauen?,* wunderte ich mich.

»Über deinem Kopf leuchtet das lila-gelbe Licht«, stellte Nan fest.

Ich blickte fragend auf. Was für ein Licht? Es war mir noch nie aufgefallen. Doch sie erklärte es nicht näher, sondern sagte nur, sie wisse, dass ich auf bestimmte Fragen Antworten brauchte. Dann beantwortete sie meine wichtigsten Fragen. Nein, mein Freund sei nicht der Richtige für mich. Und ja, ich würde meinen Beruf wechseln.

Jetzt, da die alltäglichen Fragen beantwortet waren, war der Zeitpunkt gekommen, mir die Dinge zu sagen, die ich *nicht* hören wollte. Doch vorher gab sie mir die sanfte Warnung, dass es sich um Informationen handelte, die ich wissen müsste, und dass ich gut zuhören sollte.

Als Erstes eröffnete sie mir, ich würde berühmt werden. Na ja, wenn wir jung sind, hören wir alle gern, dass wir berühmt werden, weil die Filme und Zeitschriften uns glitzernden Glamour vorgaukeln. Aber ich wollte eigentlich nur singen. Deswegen hoffte ich, sie meinte einen Plattenvertrag in baldiger Zukunft. Doch wie weit war ich von der Wahrheit entfernt! Nan sagte, ich würde für meine Arbeit bekannt werden, und dass ich dasselbe tun würde wie sie. Ich würde ihre Arbeit fortsetzen, aber ich würde dabei auf der Bühne stehen und vor Tausenden von Menschen auf der ganzen Welt als Medium arbeiten.

Damals war ich geschockt zu erfahren, dass meine berufliche Zukunft daraus bestehen sollte. Doch heute kann ich mir nichts anderes mehr vorstellen. Zum Glück verschwand meine Oberflächlichkeit schon bald nach dieser ersten Sitzung. Das geschah durch mehrere Umstände, die mein ganzes Leben veränderten. So erkrankte ich zum Beispiel an Krebs und wurde eine alleinerziehende Mutter. (Diese und zahlreiche andere Erfahrungen, die meinen Weg geformt haben und zu meiner Tätigkeit geführt haben, schildere ich in meinem ersten Buch *Life Among the Dead.)*

Heute bin ich zwar fest »in der Industrie«, wie die Arbeit in Hollywood genannt wird, doch es geht mir dabei immer noch nicht um Glitzer und Glamour. Wie vorausgesagt besteht meine Tätigkeit darin, anderen zu helfen, sich selbst zu heilen, während sie sich mit ihrer Reise durchs Leben und durch den Tod anfreunden.

Der Beginn meiner Arbeit

Erst nach dem Tod meiner Großmutter fing ich als professionelles Medium an zu arbeiten. Da Nan mich nicht in der Weiterentwicklung meiner Gabe trainiert hatte, war ich ganz auf mich gestellt, als ich Sitzungen für andere anbot. Glücklicherweise schlug mir eine Freundin, die einen besseren Geschäftssinn hat als ich, vor, eine Sitzung für sie abzuhalten und als Honorar 20 Pfund zu berechnen, was ungefähr 28 Euro entspricht.

Ein Satz, den meine Großmutter gesagt hatte, ist mir bis heute geblieben: »Vertraue immer auf dein Bauchgefühl – es wird dich nie täuschen.« Die Kartenlegerin aus Blackpool hatte dasselbe gesagt. Es ist ein starkes Mantra, das ich auch meinen Schülern, die ihre eigenen übersinnlichen Fähigkeiten entwickeln wollen, mit auf den Weg gebe.

Als ich erwachsen wurde, akzeptierte ich endlich, dass meine übersinnlichen Fähigkeiten und meine Gabe als Medium ein Teil von mir sind, den ich nicht ändern kann und vor dem ich mich auch nicht verstecken kann. Allmählich begann ich, sie anzunehmen, aber es war kein einfacher Prozess. Ich wurde von Freunden (und in geringerem Maße auch von meinen Verwandten) unterstützt, die mich dazu drängten, endlich hauptberuflich als Medium zu arbeiten – und der Welt zu verkünden, wer ich bin und was ich tue.

Sobald ich als professionelles Medium anfing, stellte ich (zu meinem Erstaunen) fest, dass immer mehr Menschen meine Tätigkeit anerkannten. Der Arbeit als Medium haftete kein negativer Beigeschmack mehr an. Sie war nicht länger etwas, das man in zugehängten Zelten und hinter verschlossenen Türen heimlich tat. Man brauchte auch nicht mehr ein gewisser Typ in einer bestimmten Aufmachung zu sein, um die Gabe zu praktizieren. Und man brauchte sich ihrer auch nicht mehr zu schämen.

Im Rückblick war diese neue Einstellung eine sehr befreiende Erfahrung für mich – zu wissen, dass ich nicht so sein musste, wie die Leute es vielleicht von mir erwarteten, wenn sie wegen einer Sitzung zu mir kamen. Ich war jünger, ich war ein bisschen durchgeknallt, ich war gut drauf und ich sah vollkommen normal aus. Außerdem integrierte ich meine übersinnlichen Fähigkeiten in den Alltag. Da ich ein kleines Kind hatte, erlebten mich die Leute beispielsweise als eine Frau mit den typischen Belangen einer Mutter. Mein Leben und meine Arbeit waren nicht in die Kategorien normal und »hexig« unterteilt, wie es früher der Fall war, als Medien noch einen »Deckmantel« brauchten. Da es vollkommen unnötig war, meine Identität zu verbergen, konnte ich mich einer ganz neuen Form der Integrität erfreuen.

Bei den vielen Sitzungen machte ich noch eine weitere Entdeckung: Je mehr ich mit meiner Gabe arbeitete, umso stärker wurde sie. Genauso wie die Spannbreite der Stimmbänder zunimmt, je mehr man singt, wurden die Informationen klarer und flossen leichter, je mehr Sitzungen ich abhielt. Anfangs machte ich Zukunftsvoraussagungen, doch dann entwickelten sie sich zu Readings, in denen ich als Medium fungierte. Beides machte mir Spaß und tut es auch jetzt noch.

Wie ich herausfand, gibt es unterschiedliche Energien, mit denen ich arbeiten kann, je nachdem, ob ich die Zukunft voraussehe oder eine Nachricht aus dem Jenseits überbringe. Ich sehe beides so, als würde ich zwei verschiedene Treppen hinaufsteigen: Entweder gehe ich die hellseherische Treppe hinauf, um für das Schicksal und die Zukunft eines Menschen offen zu werden, oder ich gehe die Treppe des Mediums hinauf, um mich für die spirituelle Welt zu öffnen. Die Treppe des Mediums erfordert jedes Mal mehr Energie, aber sie ist es wert, da sie die Menschen mit geliebten verstorbenen Mitmenschen kommunizieren lässt. Damit will ich nicht sagen, dass hellseherische Sitzungen nicht hilfreich wären, denn sie können in bestimmten Situationen viel Klarheit schaffen und Hoffnung bringen, doch für mich ist der Weg über das Medium weitaus befriedigender.

Manchmal stelle ich fest, dass ich mitten in einer Sitzung die Treppe wechseln muss, um empfangene Informationen zu überprüfen. Bei manchen Readings nahm ich zuerst die Treppe des

Mediums und erhielt Informationen vom Geist der Verstorbenen, die ich dann auf ihre Richtigkeit hin überprüfen musste, indem ich zur anderen Treppe überwechselte. Das ist ein Vorgang, bei dem ich Informationen aus der spirituellen Welt gegenprüfe und sie mir bestätigen lasse. Es ist etwas kompliziert, aber es macht auch Spaß, vor allem, wenn eine Bestätigung kommt.

Genau das passierte, als eine Klientin namens Claire zu mir kam. Sie wollte Verbindung zu ihrer Großmutter aufnehmen, die hinübergegangen war, während Claire im Urlaub war. Deswegen hatten sie nicht mehr Abschied nehmen können. Sobald ich mit der Sitzung begann, meldete sich Claires Großmutter und bestätigte ihre Gegenwart, indem sie meiner Klientin persönliche Informationen gab, die nur sie wissen konnte. Es war eine wundervolle und sehr starke Verbindung.

Dann begann die Großmutter, Claire einige Dinge über ihr Privatleben mitzuteilen. Wie sie ihrer Enkelin sagte, war Claires Freund nicht der Richtige für sie. Sie würde ihn eines Morgens nach dem Aufwachen ansehen und nur sagen: »Ich liebe dich nicht mehr. Wir sollten uns trennen.« Es müssten dann zwar noch ein paar Dinge geordnet werden, doch nach der Trennung würde sich Claire viel glücklicher fühlen.

Als ihre Großmutter die Verbindung beendet hatte und auch unsere Sitzung sich ihrem Ende näherte, gestand Claire mir, dass die Botschaft sie etwas verwirrte. Wie sie sagte, entsprach eine Trennung, wie ihre Großmutter sie vorausgesagt hatte, eigentlich nicht ihrem Wesen. Ihre Bemerkung veranlasste mich, mir ihr Leben näher anzusehen und die Fakten mithilfe einer hellseherischen Sitzung abzuklären. Ich bat meinen Geistführer, mich mit Claires Geistführer in Kontakt zu bringen und mir nähere Informationen zu übermitteln. Die Energie veränderte sich und ich spürte jenes leichtere Gefühl, das sich oft bei einer hellseherischen Sitzung einstellt. Und dann strömten die Informationen.

Mein Geistführer zeigte mir eine Vision, in der Claire Koffer und Kisten packte, doch es waren eindeutig nicht Claires Koffer. Wie sich herausstellte, sah ich die Szene, in der Claires Freund auf ihre Aufforderung hin auszog und sie ihm beim

Packen half. Ich konnte auch einen Zeitrahmen erkennen, in dem all das geschehen würde. Die Vision entsprach genau dem, was ihre Großmutter vorausgesagt hatte.

Achtzehn Monate später begegnete ich Claire zufällig beim Einkaufen. Sie erzählte mir, was sich seit unserer Sitzung in ihrem Leben verändert hatte. Was ihre Großmutter und mein Geistführer vorausgesagt hatten, war eingetreten: Claire hatte ihren Freund gebeten auszuziehen und war jetzt viel glücklicher, genau so, wie ihre Großmutter es vorausgesehen hatte.

Wie ich meine Gabe heute nutze

Mittlerweile arbeite ich seit vielen Jahren als Medium und kommuniziere beinahe täglich mit dem Jenseits. Im Gegensatz zu damals, als ich noch ein Kind war, ist es heute meine freie Entscheidung, offen dafür zu sein und es zuzulassen, dass Geister durch mich Nachrichten an geliebte noch lebende Menschen übermitteln. Klipp und klar ausgedrückt: *Ich spreche mit den Toten!*

Das ist nichts anderes als das, was schon in vielen Filmen und Fernsehsendungen über Hellseher und Medien berichtet wurde – darunter *Ghost Whisperer, Medium, Der sechste Sinn* und *Ghost – Nachricht von Sam* und viele andere. Der einzige Unterschied ist, dass ich es wirklich tue. Ich kommuniziere und gebe Botschaften der Liebe, des Trostes, der Hoffnung und der Heilung von geliebten Menschen weiter, die ins Jenseits übergegangen sind.

Mein Weg war kein einfacher. Selbst heute noch kommen mir manchmal Zweifel, aber ich liebe das, was ich tue. Unterwegs musste ich viele Lektionen des Lebens lernen und ich habe immer noch nicht ausgelernt. Es ist ein Lernprozess, den Sie besser verstehen werden, wenn Sie das Buch gelesen haben. Während ich mich weiterentwickle, erstaunen mich die verstorbenen Seelen immer wieder aufs Neue und lockern das Ganze auf, indem sie irgendetwas Unerwartetes bringen. So weiß ich nie, was dabei herauskommt. Das ist auch der Grund, warum ich meine Klienten vor jeder Sitzung frage: »Wollen Sie (wirklich) alles wissen?«

Für mich ist die Arbeit als Hellseherin und Medium ein Traumjob. Ich finde es wundervoll, die Gelegenheit zu bekommen, Menschen zu helfen, den Verlust eines geliebten Angehörigen zu verarbeiten, ihnen die Chance geben zu können, Abschied zu nehmen, bei der Lösung eines Rätsels oder der Aufklärung eines Mordes zu helfen oder auch einfach nur zwei Seelen miteinander in Verbindung zu bringen und ein Gespräch zwischen ihnen zu ermöglichen. Häufig werde ich gefragt: »Empfinden Sie Ihre Fähigkeit als Geschenk oder als Fluch?« Dann muss ich lachen. Für mich ist sie immer ein Geschenk – ein Geschenk, ohne das ich mir mein Leben gar nicht mehr vorstellen kann.

Kapitel 2

Skeptiker und Zyniker

Vielleicht haben Sie schon mal einen Menschen mit übersinnlichen Fähigkeiten oder ein Medium aufgesucht. Vielleicht haben Sie eine solche Erfahrung auch noch nie gemacht. Wie auch immer – es kann Ihnen so gehen wie vielen Menschen, die die Echtheit des Kontakts mit der spirituellen Welt anzweifeln und sich fragen, was es bringt, dieses Buch zu lesen. Dazu sage ich: Lassen Sie sich durch Ihre Überzeugung oder Meinung nicht davon abhalten, sich mit den Chancen auf Wachstum und Heilung zu befassen. Eine offene Einstellung kann sich unendlich lohnen.

Die unterschiedlichen Reaktionen

Jeder hat andere Gründe, warum er Verbindung mit dem Jenseits aufnimmt, und die Reaktion des Einzelnen fällt je nach der Botschaft, die er empfängt, anders aus. Die meisten Leute holen sich das aus der Kommunikation, was sie gerade brauchen. Sie nehmen nur das auf, was ihnen zum jetzigen Zeitpunkt hilft. Es kann sein, dass sie die ganze Botschaft erst später begreifen oder sich irgendwann wieder daran erinnern und sie erst dann für ihren Heilungs- und Entwicklungsprozess nutzen können. Andere nehmen die gesamte Information bereitwillig an und verstehen, dass sie einen tieferen Sinn hat.

Wiederum andere kommen wegen eines Readings zu mir und sind unsicher, was sie von der erhaltenen Mitteilung halten sollen. Sie sind skeptisch oder haben möglicherweise sogar eine zynische Einstellung, die es ihnen schwermacht, das anzunehmen, was ich als Tatsache akzeptiere. Dieses Kapitel befasst sich mit ihren Reaktionen, denn ich halte es für wichtig, ohne Umwege auf die realen Reaktionen der Leute einzugehen und den Lesern meine Sicht verständlich zu machen.

Skeptiker und Zyniker unterscheiden sich von anderen durch die Frage »Woher wissen Sie das?« oder etwas in dieser Art. Manchmal halte ich ein Reading für jemanden, der nur gekommen ist, um mit eigenen Augen zu sehen, ob meine Tätigkeit echt ist.

Ich erinnere mich vor allem an einen bestimmten Klienten, der mich verwirrt ansah, als ich sagte: »Ihr Großvater Arthur ist hier.« Er fragte prompt in herausforderndem Ton: »Woher wissen Sie, dass mein Großvater Arthur hieß?« Statt zu akzeptieren, dass sein Großvater tatsächlich da war und ihm eine Nachricht übermitteln wollte, hinterfragte der Mann mein Wissen. Er war misstrauisch und dachte, ich hätte die Information von jemand anderem als seinem Großvater erhalten. Dieser Klient war mehr daran interessiert, mich auszufragen, als die Gelegenheit der Sitzung zu nutzen.

Obwohl Skeptiker ihre Zweifel haben, trauen sie ihren Zweifeln nicht ganz und sind daher zumindest offen – im Gegensatz zu Zynikern, die eine festgefahrene Meinung haben. Selbst wenn ich einem Zyniker beweisen würde, dass meine Arbeit ganz real ist, könnte ich seine Meinung nicht ändern. Die Zyniker, mit denen ich bisher zu tun hatte, wollen den absoluten Beweis, wie zum Beispiel Vor- und Nachnamen, Adressen und Telefonnummern, so als würden diese Daten die Botschaften, die ich für sie empfange, auf irgendeine Weise »real« machen. Wenn ich ihnen dann die Info gegeben habe, die sie wollen, versuchen sie zu beweisen, dass ich mir vor ihrem Reading die Informationen aus dem Internet geholt habe!

Zum Glück sind die meisten Leute, die von mir ein Reading wollen, offen dafür, darunter auch Menschen mit einer anderen Überzeugung (einem Thema, mit dem ich mich im nächsten Kapitel befassen werde). Auch wenn sie anfangs ein wenig ungläubig sind, macht mir das nichts aus ... solange die Informationen, die sie erhalten, ihnen auf ihrer Reise durchs Leben weiterhelfen. Das ist der Hauptzweck meiner Sitzungen: Den Menschen zu helfen, innerlich zu wachsen und weiterzukommen. Die Wahrheit ist: ich kommuniziere mit dem Jenseits und gebe das Wissen weiter, das ich von den verstorbenen Seelen erhalte – nicht meine eigenen Überzeugungen oder Interessen.

Ich halte es für wichtig, das Thema Zweifel und Glaube jetzt anzusprechen, bevor Sie weiterlesen, denn es gibt viele Skeptiker, Zyniker und Nichtgläubige, die dieses Buch oder meine Fähigkeiten im Handumdrehen kritisieren werden. Ich hatte mein ganzes Leben lang mit ihnen zu tun. Tatsache ist, ich habe sogar mit ihnen gelebt.

Doch vorher möchte ich untersuchen, wie wir überhaupt unsere Meinung über das Leben nach dem Tod und alles Spirituelle bilden.

Kindheit und Glaube

Wir alle werden von den Meinungen unserer Mitmenschen beeinflusst. Das fängt schon in einem sehr frühen Alter an. Als Mutter will ich, dass mein Sohn mit seinen eigenen Überzeugungen aufwächst, doch mir ist klar, dass meine Handlungen und die Dinge, die ich mag oder ablehne, ihn beeinflussen. Das lässt sich unmöglich verhindern.

Als Kleinkinder wurden wir alle von unseren Eltern und anderen Menschen in unserer Umgebung geformt. Sie hatten feste Meinungen und sprachen sie auch aus, oft mit starken Emotionen verbunden. Folglich lernten wir, was »richtig« und was »falsch« ist. Wir glaubten, was die Erwachsenen sagten, sei richtig, weil sie uns umsorgten und weil wir keinen Grund hatten, es *nicht* zu glauben.

Ich weiß noch, wie ich meinem Vater und Großvater zuhörte, die sich jeden Sonntagnachmittag über Politik stritten. Und auch wenn ich ihren hitzigen Diskussionen darüber, welche Partei das Land besser regieren könnte, nicht wirklich zuhörte, übernahm ich ihre Sichtweisen. Wenn ich dann andere Leute über Politik reden hörte, stellte ich fest, dass ich schon eine Meinung hatte, die auf dem beruhte, was ich die Woche davor während einer dieser Familiendiskussionen gehört hatte.

Was das Thema Leben nach dem Tod betrifft, so haben Erwachsene häufig ihre feste Meinung darüber. Das kann bei Kindern zu Verwirrung führen. Da kleine Kinder die reinsten Schwingungen haben und noch nicht von den Wertvorstellungen anderer Menschen voreingenommen sind, sind sie naturgemäß offen für die Welt der Geister und des Jenseits. Sie müssen ihre eigene Meinung erst noch entwickeln und sind noch unschuldig und rein. Sie suchen sich ihren Weg in dieser Welt und können sich noch wundern – eine Fähigkeit, die Erwachsenen abhandengekommen ist.

Da ihre Wahrnehmung noch so unverzerrt ist, erinnern sich Kinder häufig an ihre früheren Leben und an Dinge, die sich vor ihrer Wiedergeburt im Jenseits ereignet haben. Es kann sogar sein, dass sie sich noch an ihre Gespräche mit Gott und an andere Unterhaltungen erinnern, die vor ihrer Geburt stattgefunden haben. Kleinkinder weisen häufig Wissen und Weisheiten auf, die wirklich tiefgründig sind und über deren Ursprung wir uns wundern. Der Grund dafür: Kinder sind noch sehr stark mit ihrer Seele im Einklang, und die Seele hat das Wissen, das wir alle brauchen.

Auch betrachten Kinder Situationen aus einem eindeutigen Blickwinkel. Sie sehen keine Grauzonen, weil sie über nichts urteilen. Erst wenn wir urteilen, drücken wir anderen unsere eigene Sichtweise auf. Beispielsweise fragte mein Sohn Charlie vor kurzem, warum eine Freundin von mir traurig war. Also sagte ich ihm die Wahrheit: Dass meine Freundin mit einem Mann verheiratet ist, der sie sehr traurig macht, und dass sie nicht weiß, was sie tun soll.

»Das ist doch ganz einfach«, meinte Charlie. »Sie sollte ihn verlassen und jemanden finden, der sie wieder glücklich macht.« Ich sagte ihm, dass es nicht so einfach ist, weil meine Freundin und ihr Mann Kinder haben. Doch für meinen Sohn war das kein Hindernis.

»Mommy, wir leben doch auch zusammen. Dann können ihre Kinder doch auch bei ihr leben«, entgegnete er, ohne ein Urteil zu fällen oder sich Sorgen um finanzielle Probleme oder das Auseinanderbrechen der Familie zu machen. Für ihn gab es bei der Lösung keine Grauzonen; die einfache Entscheidung lautete so oder so. Manche mögen das als eine unverantwortliche Einstellung für einen Erwachsenen ansehen, aber nach der Trennung von meinem Partner schlugen Charlie und ich genau den Weg ein, den mein Sohn vorausgesagt hatte – letztendlich waren alle anderen Sorgen nicht annähernd so wichtig wie der Wunsch, in unserem jetzigen Leben glücklich zu sein.

Jedes Kind wird uns direkt von der Quelle geschickt, die im Jenseits ist, an dem Ort, von dem wir alle stammen. Auch wenn die menschliche Hülle neu ist, ist die Seele, die in diesem Körper wiedergeboren wird, häufig uralt. Unsere Kinder haben schon früher auf der Erde gelebt und bringen aus der spirituellen Welt das Wissen mit, das wir brauchen, um viele Situationen – wie zum Beispiel aufgebrachte Provokationen oder Gefühlsausbrüche und sogar Streitigkeiten und körperliche Gewalt – zu überwinden.

Jeder von uns kommt mit einer Aufgabe oder Lektionen, die er lernen muss (und auf die ich in späteren Kapiteln näher eingehen werde), auf die Erde, aber es gibt auch Kinder, die die wundervolle Gabe der Spiritualität und des Heilens mitbringen. In letzter Zeit wurden mehrere Bücher über solche Kinder geschrieben. Sie werden »Indigokinder« oder »Kristallkinder« genannt und ihnen wird die besondere Fähigkeit zugesprochen, die Evolution der Menschheit auf unserem Planeten Erde zu fördern. Solche Seelen haben ihr Wissen aus der Zeit im Jenseits im Bewusstsein behalten und wissen, welche Lektionen sie hier auf Erden lernen sollen. Doch sogar diese Kinder sind manchmal nicht in der Lage, ihr Wissen anderen mitzuteilen, da sie noch zu jung sind, um die richtigen Worte dafür zu kennen.

Aufgrund ihrer Nähe zur Quelle sind die Schwingungen der Kinder höher als bei Erwachsenen. Säuglinge haben auf der Schädeldecke eine weiche Stelle, an der die Knochen noch nicht zusammengewachsen sind. Dadurch liegt das Scheitelchakra noch offen. Es ist das Chakra der Intuition und des spirituellen Wissens und zugleich eine direkte Verbindung zur spirituellen Welt. Deshalb können viele Babys, Kleinkinder und jüngere Kinder Geister spüren und sehen. Manchmal haben sie auch Fantasiefreunde, bei denen es sich um Seelen handeln kann, die sie im Jenseits kannten und die noch mit ihnen in Kontakt stehen.

Wie Mütter beobachten können, schauen ihre Säuglinge manchmal auf eine bestimmte Ecke im Raum, so als würden sie mit jemandem kommunizieren, den niemand sonst sehen kann.

Wenn die Mutter dann zur Stelle geht, auf die ihr Kind gestarrt hat, spürt sie möglicherweise einen kalten Lufthauch, der sie schaudern lässt. Das ist ein Zeichen dafür, dass der Säugling einen Geist gesehen hat, dessen Gegenwart eine unerwartete Abkühlung der Luft hervorruft, ähnlich wie wenn man die Kühlschranktür öffnet.

Ein weiteres Mittel, mit dem Kinder uns ihre Verbindung zum Jenseits zeigen, ist, wenn sie sich einen anderen Namen als ihren Taufnamen geben. Im Jenseits haben wir alle einen Namen, unter dem unsere Seele bekannt ist. Es ist daher nicht ungewöhnlich für ein Kind, auf seinem ursprünglichen Seelennamen zu bestehen. Im Alter zwischen drei und fünf Jahren beharrte mein Sohn Charlie zum Beispiel darauf, Sam genannt zu werden. Ich hatte zwar keine Ahnung, warum ausgerechnet Sam, doch ich konnte es nachvollziehen, da ich als Kind immer Victoria gerufen werden wollte.

Eines Tages, als Charlie so offen für eine Unterhaltung war, wie es seinem normalen Typus entspricht, fragte ich ihn, warum er Sam genannt werden wollte. »Mommy, das war doch mein Name im Himmel«, antwortete er, was mich regelrecht umhaute. »Charlie klingt komisch«, eröffnete er mir. »Ich will lieber Sam heißen.«

Im selben Gespräch fragte ich meinen Sohn, ob er sich noch an irgendwas anderes im Himmel erinnern könne, und er sagte: »Ja, Mommy. Gott hat mir gesagt, ich soll zu dir kommen und mich um dich kümmern, weil Daddy dich nicht geliebt hat und du mehr Liebe brauchst.« Das überraschte mich noch mehr. Durch seine Worte wurde mir klar, dass ich dazu bestimmt war, als alleinerziehende Mutter zu leben und Probleme mit Männern durchzumachen ... aber das ist eine ganz andere Geschichte!

Ich konnte der Namenswahl meines Kindes nichts entgegensetzen, und so ließ ich ihn zwei Jahre lang seinen anderen Namen behalten. Er unterschrieb die Karten zum Muttertag und zum Geburtstag immer mit »In Liebe Dein Sam«. Irgendwann nahm er seinen Taufnamen Charlie von alleine wieder an, wahrscheinlich weil er sich mittlerweile daran gewöhnt hatte.

*

Spiritualität kann Kinder stark verwirren, wenn die Erwachsenen um sie herum sie nicht bestätigen. Die Jungen und Mädchen tun sich oft schwer mit ihrem Wissen und ihren Überzeugungen, vor allem, wenn diese im Widerspruch zu dem stehen, was ihre Eltern oder andere Autoritätspersonen ihnen erzählen. Häufig werden Kinder gar nicht gehört, wenn sie etwas aus ihrem angeborenen spirituellen Wissen heraus sagen. Genau das ist mir passiert, als ich klein war. Deswegen kenne ich die seelischen Qualen, die dadurch entstehen können.

Egal wie Sie über dieses Thema denken – es ist unheimlich wichtig, Kindern mit Respekt zu begegnen, wenn sie ihre Überzeugungen zum Ausdruck bringen. Schließlich sind Kinder noch näher an der Quelle als wir Erwachsene; es lohnt sich daher wirklich, auf ihre Gedanken und Erfahrungen zu hören. Vergessen Sie dabei jedoch nicht, dass Kinder möglicherweise ihre Empfindungen abblocken, um jegliche Verbindung zum Geist abzuschneiden, aus Angst vor negativen Reaktionen und um die Erwachsenen um sich herum nicht zu beunruhigen. Es kann daher eine Weile dauern, bis sie über ihre Erlebnisse sprechen. Deshalb ist es so wichtig, den Kommunikationsweg offenzuhalten und ihnen zuzuhören, ohne sie anzuzweifeln oder in eine Schublade zu stecken.

Wenn wir heranwachsen, ändert sich unsere Meinung über vieles, weil die Gesellschaft uns beeinflusst. Andererseits bleiben manche trotz der gesellschaftlichen Einflüsse offen für den Geist, und wenn ein Kind die ersten acht Jahre lang dafür offen bleibt, besteht eine gute Chance, dass es zu einem spirituell sehr begabten Erwachsenen heranwächst.

Mein Bruder Christian hörte als Kind ständig Geister und redete mit ihnen. Er war extrem offen dafür und hätte diese Gabe weiterentwickeln können, wenn er es zugelassen hätte. Doch heute ist er einer der stärksten Skeptiker, die ich kenne.

Am Morgen nach dem Tod unseres Großvaters stand mein Bruder völlig aufgelöst vor dem Haus der Großeltern. Ich beruhigte ihn und fragte ihn, was mit ihm los sei, abgesehen von der Trauer über den Verlust. Er antwortete ängstlich und verwirrt: »Ich habe ihn gerade gehört. Er hat mit mir gesprochen und das macht mich total fertig.«

Ich verstand, was Christian meinte: Großvater war gekommen, um sich zu verabschieden, was ganz typisch für ihn war. Mich überraschte dabei nur, wie mein Bruder darauf reagierte. Es machte ihm große Angst, von unserem Großvater beim Übergang eine Abschiedsbotschaft bekommen zu haben. Ich weiß nicht, ob mein Bruder jemals bereit sein wird zu akzeptieren, dass es wirklich passiert ist. Aber es ist passiert.

Die Zyniker unter uns

Trotz des Blickwinkels, den wir als Kinder haben, können viele Erwachsene die Realität der Kommunikation mit dem Jenseits nicht mehr annehmen. Leider verdrängen sie das Thema allzu gern und verneinen die Tatsache bis zum Gehtnichtmehr. Solche Leute sind nicht bereit, die unbegrenzten Möglichkeiten des Universums zu erkennen, und dadurch werden sie dem Leben gegenüber zynisch.

Zyniker glauben alles Mögliche nicht. Ich bin bei meiner Tätigkeit als Hellseherin und Medium schon vielen Zynikern begegnet und habe sogar Sitzungen für sie abgehalten. Manchmal frage ich mich hinterher, warum ich mir überhaupt die Mühe gemacht habe. Leute wie sie wollen sich auf keinen Fall auf ihr Reading einlassen. Sie wollen nur eine Bestätigung für ihre eigene Meinung, nämlich, dass ich auf gar keinen Fall »echt« sein kann.

Einmal passierte das während einer landesweiten Fernsehsendung. Ich war zusammen mit zwei anderen Medien, John Edward und Allison DuBois, in die Oprah Winfrey Show eingeladen worden, um über Spiritualität zu sprechen und zu zeigen, dass Menschen tatsächlich mit »der anderen Seite« kommunizieren können. Jeder von uns sollte für drei Leute (aus dem Publikum) Readings abhalten. Bei meinem letzten Reading hatte ich es mit einer Frau zu tun, die eindeutig nicht daran glaubte.

Kurz vor Beginn des Readings wandte ich mich an meine Visagistin und meine Publizistin und sagte zu ihnen: »Die nächste Person möchte mit einer Vaterfigur in Kontakt treten.« Die beiden sind enge Freundinnen von mir und waren schon oft bei meiner Arbeit dabei. Sie haben meine Fähigkeiten noch nie angezweifelt und bemerkten nur: »Na ja, du musst es ja wissen!« Sie behielten Recht – und ich auch. Aber auf das, was jetzt kam, war ich nicht vorbereitet.

Ich betrat das Studio, wo mir Laura, Wissenschaftlerin und Zynikerin, vorgestellt wurde. Ich fing mit dem Reading an, und die gechannelten Informationen wurden deutlich – und nach meiner Beurteilung auch korrekt – übermittelt.

Ich ließ die Frau wissen, dass eine Vaterfigur mit ihr sprechen wolle. Sie erwiderte: »Na ja, jeder hat schließlich einen Vater. Also kann ich ebenso gut mit einer Vaterfigur reden.« An diesem Punkt unterbrach ich das Reading und fragte sie direkt, ob ihr Vater verstorben sei. Ich erklärte, dass mein eigener Vater noch lebe und dass eben nicht jeder eine Vaterfigur im Geist der Verstorbenen habe. Wie sie mir bestätigte, war ihr Vater gestorben.

Also machte ich weiter und sagte Laura, ihr Vater habe die Worte *»kleines Mädchen«* verwendet. »Mein Vater hat mich nie sein ›kleines Mädchen‹ genannt, obwohl ich die Jüngste von uns vier Kindern war«, gab sie verächtlich zurück. »Aber natürlich können Sie bei jeder Vater-Tochter-Beziehung von so was ausgehen. Es ist einfach gut geraten.«

Auch wenn Millionen von Zuschauern die Live-Sendung sahen und ich riskierte, zu hart zu klingen, fragte ich sie unverblümt, warum sie sich überhaupt für ein Reading gemeldet hatte, wenn sie die Informationen, die ich an sie weitergab, nicht annehmen wollte. Sie wandte sich an die Produzenten, die seitlich von der Bühne saßen, und fragte genervt: »Bin ich etwa zu skeptisch?« Natürlich beantworteten sie die Frage nicht, doch es war eindeutig, dass Laura bei ihrer Einstellung blieb.

Das Reading ging weiter. Als ich erwähnte, dass ihr Vater mir den Namen »John« durchgab, korrigierte sie mich rasch und sagte, ihr Vater habe nicht John geheißen. Stattdessen hatten ihn alle mit seinem vollständigen Vornamen angesprochen, der zwar mit John anfing, aber noch einen zweiten Vornamen enthielt, so was wie John-Roger oder John-Michael. Es klang, als würde sie sich an einen Strohhalm klammern, um ja nicht nachgeben zu müssen.

Dann sagte ich ihr, dass ihr Vater mir eine Vision von sich schickte, in der er tanzte. Es sah so aus, als würde er mit ihr tanzen. Sie verzog verächtlich das Gesicht und winkte ab. »Ich hab nie mit meinem Vater getanzt. Er war zwar ein professioneller Tänzer, aber *mit mir* hat er nie getanzt.«

Mittlerweile war klar, dass die Wissenschaftlerin Laura keine Informationen von mir annehmen würde – für sie stand längst fest, dass ich nicht mit dem Geist ihres verstorbenen Vaters sprach.

Leider verpassen Leute wie Laura oft die Riesenchance, Verbindung zu geliebten Familienmitgliedern aufzunehmen. Wenn sie für eine andere Sichtweise als die wissenschaftliche offen wären, könnten sie von einem Reading viele kostbare Informationen mit nach Hause nehmen. Aber stattdessen blocken sie lieber ab, indem sie krampfhaft Recht behalten und beweisen wollen, dass ich Unrecht habe!

*

Über die Jahre habe ich festgestellt, dass ich die Meinung von Zynikern nicht ändern kann. Sie beharren auf Beweisen wie zum Beispiel harten Fakten, die sie überzeugen sollen. Doch wenn Geister aus dem Jenseits mit uns kommunizieren, tun sie es meistens durch Gedankenprozesse und Visionen statt durch Fakten. Sie haben noch nicht einmal einen Mund, mit dem sie die Worte formen können. Daher klingt das, was sie uns mitteilen, dumpf und ist nur schwer zu verstehen. Ich bekomme auch nicht immer alle Wörter eines Satzes mit und kann deswegen nur die Informationen weitergeben, die ich empfange. Das ist natürlich ein gefundenes Fressen für einen Zyniker, der nur darauf wartet, undeutliche oder falsche Informationen zu erhalten.

Manchmal machen die übermittelten Informationen auf Anhieb keinen Sinn, doch wenn die Klientin und ich dranbleiben, wird die Bedeutung allmählich klar. Es gab zum Beispiel Readings, bei denen ein Geist mir einen Namen nannte, zu dem nur ich einen Bezug hatte und durch den ich daher eine Information übermitteln konnte. Ich erinnere mich an eine Frau, die zu mir kam, weil sie ihren Sohn verloren hatte und mit ihm kommunizieren wollte. Ich bekam zwar eine Verbindung zum Geist ihres verstorbenen Sohnes, aber die Vision, die ich erhielt, war das Gesicht meines Exfreunds Colin. Ich hatte keine Ahnung, warum ausgerechnet er mir plötzlich in den Sinn kam.

Während der Sitzung erhielt ich die eindeutigen Informationen, dass der Sohn bei einem Autounfall ums Leben gekommen war, und gab ihr detaillierte Fakten, die nur ihr Sohn wissen konnte. Trotzdem wollte sie noch eine weitere Bestätigung, dass es wirklich ihr Sohn war.

»Ich sehe meinen Exfreund und weiß nicht genau warum, aber ich beschreibe ihn einfach mal, um zu sehen, ob Sie einen Bezug zu Ihrem Sohn feststellen können«, erklärte ich ihr. Dann beschrieb ich ihr, wie Colin aussah, was für ein Auto er fuhr und welche Orte er gern aufsuchte. Doch sie konnte nichts davon mit ihrem Sohn in Verbindung bringen.

Plötzlich stieß der Geist ihres Sohns mich regelrecht an und sprach das Wort »Name« aus.

»Ach so, ja, mein Exfreund heißt Colin«, sagte ich hastig.

Sofort leuchtete ihr Gesicht auf. *»Er* hieß auch Colin!«, rief sie glücklich und aufgeregt aus. Ihr Sohn hatte den Bezug auf meinen Exfreund dazu benutzt, um mir diese wichtige Information zu liefern, die die Frau als Bestätigung brauchte, dass er wirklich da war. Tatsache ist, dass der Geist der Verstorbenen nicht immer gleich mit Logik oder Fakten ankommt. Um eine Kommunikation sinnvoll zu machen, muss man bereit sein, die gewöhnliche Erwartungshaltung aufzugeben, dass alles »eine Bedeutung haben« muss.

Skepsis: Eine gesunde und kritische Haltung

Während Zynismus ein echtes Problem sein kann, weil der Betroffene in einer starren Haltung verharrt und nicht über den Tellerrand hinaussieht, kann eine skeptische Einstellung gesund und positiv sein. Tatsächlich war ich früher (und bin es manchmal immer noch) selbst skeptisch. Ich zweifle zwar nicht daran, dass meine Kommunikation mit dem Geist der Verstorbenen real ist, denn das weiß ich – sonst würde ich meine Leser und mich selbst belügen. Aber anfangs zweifle ich immer an den Gaben, die andere zu haben behaupten. Ich weiß, es gibt da draußen Leute, die vorgeben, mit dem Jenseits verbunden zu sein, und die nur allzu gerne das schwer verdiente Geld anderer kassieren. Ich war sogar schon selbst bei ein paar dieser sogenannten Medien und habe mich während der Sitzung gefragt: Warum bin ich eigentlich hier, obwohl diese Person die Gabe ganz offensichtlich nicht hat?

Wenn ich an Skeptiker denke, fällt mir automatisch mein Vater ein. Es ist schwer zu glauben, dass er fast zwanzig Jahre lang mit mir zusammengelebt hat und schon vorher eine Frau geheiratet hatte, deren Mutter eine bekannte Hellseherin war – und trotzdem nicht an unsere Gabe glaubte. Als ich anfing, Readings abzuhalten, schüttelte mein Vater nur den Kopf und wandte sich ab. Er kam zu keiner meiner Fernsehsendungen in England und ließ sich auch nicht bei den spirituellen Kirchenversammlungen blicken, bei denen ich als Medium des Abends teilnahm.

Noch Jahre, nachdem ich meine Tätigkeit als Medium zu meinem Vollzeitberuf gemacht hatte, fragte er mich: »Wann suchst du dir endlich einen richtigen Job?« Darauf gab ich immer zurück: »Was ist denn ein richtiger Job?« Und dabei beließ ich es, da es sinnlos war, sich darüber mit ihm zu streiten.

Das erste Mal, dass er zu einem meiner öffentlichen Readings kam, war im April 2008, und das auch nur, weil er sich nicht davor drücken konnte. Wir befanden uns auf einer Kreuzfahrt auf hoher See, bei der sich alles um das Thema »spirituelle Verbindungen« drehte. Sie war von meinem Verlag Hay House organisiert worden. Wenn Dad also nicht an Land schwimmen wollte, dann musste er wohl oder übel meiner Veranstaltung beiwohnen.

Normalerweise habe ich kein bisschen Lampenfieber, doch diesmal war ich nervös, weil mein Vater unter den Zuschauern saß. Ich machte den Anfang, indem ich fragte, ob es im Saal Skeptiker gebe, und auch wenn sich viele suchend umsahen, hob keiner die Hand. Ich wartete ab. Dann zeigte ich auf meinen Vater und sagte: »Ich weiß aber, dass wir mindestens einen

Skeptiker unter uns haben, und das ist mein Vater!« Alle waren schockiert, aber Dad winkte nur souverän, der Gute.

Ich zeigte nicht etwa auf meinen Vater, um ihn zu blamieren, sondern um den Leuten zu zeigen, dass es in Ordnung ist, skeptisch zu sein, nach Antworten zu suchen und sie zu hinterfragen. Wie ich den Zuschauern erklärte, hat die Skepsis meines Vaters mir beim Erwachsenwerden gutgetan. Er hatte mich immer wieder herausgefordert, als ich anfing, meine Gabe zu entwickeln, und dadurch war mir klar geworden, dass ich daran arbeiten musste, die anderen Zweifler da draußen zu überzeugen. Er brachte mich dazu, mich stärker zu bemühen, akkurate Informationen zu empfangen, statt der Banalitäten, die jeder erhalten könnte. Ich habe hart daran gearbeitet, andere zu verstehen, mit ihnen mitzufühlen, und deswegen bin ich meinem Vater für seinen unerschütterlichen Standpunkt dankbar.

Heute freue ich mich über jeden Skeptiker, der meine Vorstellung besucht oder zu einem Reading kommt, da ich weiß, dass er mich dazu bringen wird, mein Bestes zu geben. Wenn mir Menschen sagen, dass sie voller Skepsis zu meiner Veranstaltung kamen und sie voller Überzeugung wieder verlassen haben, dann frage ich immer, an welchem Punkt sie ihre Meinung geändert haben. Meistens berichten sie, dass es ein Reading war, das sie nachvollziehen konnten, oder dass sie gehört hatten, wie jemand, für den ich ein Reading abgehalten hatte, hinterher sagte, wie genau alles gestimmt hätte. Oft bestätigen die Leute erst hinterher den Wahrheitsgehalt einer Botschaft und geben erst dann zu, wie tief die erhaltenen Antworten sie beeindruckt haben.

Erst nachdem sich mein Vater meine Fernsehsendungen angesehen hatte und zu vielen Live-Veranstaltungen mitgekommen war, ließ er sich von der Echtheit meiner Tätigkeit überzeugen. Die Woche auf der Kreuzfahrt meines Verlags, in der er jeden meiner Vorträge besuchte und sogar bei mehreren Gruppenübungen mitmachte, hatte ihn noch nicht überzeugt. Er nahm dann auch an zahlreichen spirituellen Workshops anderer teil. Er machte zwar seine Hausaufgaben, blieb aber weiterhin reserviert.

Dann starb meine Großmutter – Vaters Mutter – im April 2009. Nach ihrer Beerdigung kehrten wir nachmittags zu meinem Elternhaus zurück, um etwas zur Ruhe zu kommen. Mein Bruder Christian und seine Frau Claire hatten sich hingelegt, meine Mutter ruhte sich im Wohnzimmer aus und Dad im Schlafzimmer meiner Eltern. Plötzlich stand er auf und rief: »Einen Augenblick, Mom!«

Meine Mutter ging ins Schlafzimmer und fragte ihn, was los sei. Er schüttelte verwundert den Kopf und sagte, ihm sei, als hätte seine Mutter ihn beim Einschlafen gerufen. Ihre Stimme hatte ihn geweckt. Dann merkte er, was er gerade gesagt hatte, und versuchte es zurückzunehmen: »Ach nein, das war wohl etwas, was ich im Radio gehört habe.« Meine Eltern besitzen gar kein Radio und der Fernseher war ausgeschaltet – im ganzen Haus war es vollkommen still. Anscheinend war Dads Mutter zurückgekommen, um ihn noch einmal zu sehen, und hatte im Traum Verbindung mit ihm aufgenommen, was sehr häufig vorkommt.

Ehrlich gesagt hat die Skepsis meines Vaters mich nie ernsthaft gestört. Erst im September 2009 kam er nach meiner Veranstaltung in Wellington, Neuseeland zu mir und sagte: »Jetzt glaube ich dir.« Ich war so perplex, dass mich eine Feder umgehauen hätte!

Mein Vater war bei neun Live-Veranstaltungen dabei gewesen. Er hatte die Reaktion der Zuschauer gesehen. Und er hatte Bemerkungen gemacht wie beispielsweise: »Die Sitzung, die du abgehalten hast ... die Frau hatte dir doch nichts verraten, stimmt's? Aber du hast es trotzdem geschafft. Du hast den Kontakt zu ihrer Mutter zustande gebracht, und am Ende war die Frau richtig glücklich.« Also wusste ich, dass ich bei ihm Fortschritte machte. Als Dad sich dann endlich seine eigene Meinung über meine Arbeit bildete, nahm er sie mit offenem Herzen an.

Wie mein Vater mir erst später gestand, machte meine Gabe ihm im Grunde Angst, weil es für sie keine logische Erklärung gibt. »Du bist zwar meine Tochter und ich weiß, dass du nicht lügst«, sagte er. »Aber verstehen tue ich es trotzdem nicht. Ich weiß nur, dass du den Leuten Trost und Hoffnung schenkst, und das ist ein kostbares Geschenk. Also machst du deinen Job richtig.«

Der Umgang mit Skeptikern – einschließlich mit mir selbst!

Mit einem Skeptiker zusammenzuleben, war als Kind schwer für mich, vor allem, da ich meine Gabe und Fähigkeiten selbst nicht verstand. Dennoch halte ich es für gut, wenn jeder von uns hinterfragt, was wahr ist und was nicht, und ich glaube, wir müssen uns jeder unsere eigene Meinung darüber bilden, was wir glauben sollten und was nicht. Das trifft sogar auf mich zu – auch wenn ich ein professionelles Medium bin, behalte ich mir eine gewisse Skepsis vor, wenn ich von jemand anderem auf meinem Gebiet ein Reading erhalte.

Am Anfang meiner beruflichen Karriere suchte ich eine Frau auf, die mir statt wirklich nützlicher Auskünfte das erzählte, was sie für meine Zukunftswünsche hielt. Ich fühlte mich um mein Geld betrogen und diese Erfahrung machte mich misstrauisch. Irgendwann kam ich jedoch darüber hinweg und ging zu einem anderen Medium, das mir besser weiterhelfen konnte. Diese Frau nannte mir Details aus meinem damaligen Leben und aus meiner Vergangenheit. Die Dinge trafen alle absolut zu, so dass ich ihren Auskünften trauen konnte. Als sie mir dann meine Zukunft voraussagte, war ich offen für ihre Informationen.

Manchmal weiß man schon vorher, was in seinem Leben eintreffen wird, da die Ereignisse sich schon abzeichnen und man die weitere Entwicklung erkennen kann. Zu dem Zeitpunkt, an dem ich das zweite Medium aufsuchte, hatte ich eine solche Vision von meiner Zukunft gehabt und staunte, als sie das aufgriff, was ich schon selbst wusste.

Meine eigene Vision war, dass ich auf der Bühne stehen und mit einer großen Zuschauermenge kommunizieren würde. Ich liebe Musik und hatte auch schon professionell gesungen, doch ich hatte noch keine Karriere als Sängerin eingeschlagen. In meiner Vision sang ich nicht, sondern stand auf einer Bühne, redete mit den Zuschauern, brachte sie zum Lachen und sogar zum Weinen. Und dennoch war ich nicht davon überzeugt, ein professionelles Medium zu werden.

Außerdem hatte ich damals noch eine Zukunftsvision, in der ich meinen Namen auf einem Buch sah, das auf einem Regal stand. Das kam mir ziemlich seltsam vor, da ich mich in der Schule nicht für kreatives Schreiben interessiert hatte – auch wenn ich mich zu einem Leistungskurs in Englisch durchgerungen hatte, da ich dachte, er könnte mir später irgendwann nützen.

Als ich das zweite Medium aufsuchte, sagte es, ich würde auf der Bühne stehen, aber nicht so, wie ich mir das vielleicht vorstellte. Obwohl damals alle davon ausgingen, dass ich singen würde, sagte mir die Frau, ich würde etwas ganz anderes auf der Bühne machen und ich würde auch Bücher über meine Arbeit schreiben. Wirklich unglaublich, denn das ist genau das, was ich jetzt tue!

Dieses Medium vermittelte mir noch weitere Informationen, die sich mit der Zeit bewahrheiteten und mein Vertrauen in Hellseher vollkommen wiederherstellte. Nach dieser Erfahrung nahm meine eigene Skepsis ab. Und nachdem ich mein erstes Reading abgehalten hatte – das ich in meinem ersten Buch Life Among the Dead schildere –, wurde ich noch überzeugter.

Mein erstes echtes Reading fand spontan statt, während ich mit einer Freundin telefonierte. Sie fragte mich, was ich von ihrem Freund hielte, und ich sagte ihr die Wahrheit: Dass er sie betrog. Ich gab ihr eine Menge an Details, darunter auch den Namen der anderen Frau und wo sie arbeitete. Es verblüffte mich total, als sich in den folgenden Wochen herausstellte, dass die Dinge, die ich ihr auf den Kopf zugesagt hatte, absolut zutrafen. Danach nahm meine Skepsis noch mehr ab und meine Überzeugung wurde immer stärker, bis ich meine Gabe nicht länger anzweifeln konnte. Irgendwann gab ich meine restlichen Zweifel völlig auf und glaubte wieder so fest daran wie schon in meiner Kindheit.

Skeptiker müssen ihren eigenen Weg und ihre eigenen Überzeugungen finden. Früher hielt ich es für meine Aufgabe, die Meinung anderer zu ändern. Doch nachdem ich mich viele Jahre darum bemüht habe, entschied ich, dass es keinen Wert hat.

Es war mir wichtiger, mich auf die Menschen zu konzentrieren, die Unterstützung beim Loslassen und Heilen brauchen und die dafür offen sind. Sobald ich diese Entscheidung getroffen hatte, kamen immer mehr Skeptiker aus ihren Verstecken und sagten mir, dass sie eher bereit seien, es zu glauben, seit ich ihnen meine Überzeugung nicht mehr aufdrängte. Wie ich heute weiß, bin ich nicht dazu da, die Meinung anderer Leute zu ändern. Einen Skeptiker zu überzeugen ist zwar ein tolles Gefühl, aber im Endeffekt tue ich das, wofür ich hier bin, wenn meine Sitzungen den Menschen oder ihrem Umfeld helfen.

*

Auf der ganzen Welt begegne ich Menschen, die meinen Live-Vorstellungen gegenüber skeptisch eingestellt sind. Wenn ich diesen Leuten dann ein Reading anbiete, sagen sie mir offen und ehrlich, dass sie skeptisch sind. Ich antworte dann immer: »Mir reicht es, wenn Sie offen dafür sind und bereit sind, die Informationen, die ich Ihnen gebe, anzunehmen.«

Ein Reading während meiner Fernsehsendung *Lisa Williams: Life Among the Dead* zeigt, wie es sich für einen Skeptiker anfühlt, wenn er seine Einstellung ändert und es endlich glauben kann. In der Sendung hörte ein Mann meinem Gespräch mit seiner Mutter zu, die mir sagte, ihr Sohn sei äußerst skeptisch. Nach dem Reading hatte sich seine Meinung jedoch drastisch geändert. Die erhaltenen Informationen waren richtig und konnten so seiner ganzen Familie helfen, über eine schreckliche Tragödie hinwegzukommen.

Hier ist die Abschrift dieses Readings:

LISA: Eine Bruderfigur im Geist ist hier. Sie sagt: Ich bin der Bruder. Ich bin der Bruder. Sie und Ihr Bruder waren einander sehr verbunden.

DER MANN: Ja, das stimmt. Als wir noch jünger waren, haben wir alles zusammen gemacht.

LISA: Er möchte Ihrer Mutter Hallo sagen.

DER MANN: Mutter sitzt da vorne. [Er zeigt auf die gegenüberliegende Zuschauerreihe]

LISA: Ihr Bruder hat Sie sehr lieb und er ist sehr schnell hinübergegangen. Er sagt: Dad ist bei mir. Ihr Bruder bestätigt, dass er gewarnt wurde, und ich habe das Gefühl, als hätte er sich selbst in eine gefährliche Situation begeben, als wäre er unvorsichtig gewesen.

DIE MUTTER: Ja, das hat er, das hat er.

LISA: Ich hätte darauf hören sollen. Ich hätte darauf hören sollen ... Wurde er in den Kopf geschossen? Ich fühle hier so etwas ... [Sie zeigt auf ihren Kopf]

DER MANN: Er wurde aus einem vorbeifahrenden Auto heraus erschossen. Und ja, er hat einen Kopfschuss bekommen. Sein halber Kopf war weggeschossen.

LISA: Oh, das tut mir so leid. [Sie seufzt und hält inne] Kennen Sie einen Jim?

DIE MUTTER: Oh Gott! [Sie schüttelt den Kopf]

DER MANN: Jim ist weggegangen, gleich nachdem es passiert ist. Er ist weggezogen.

DIE MUTTER: Ich möchte etwas fragen: Ist mein Sohn mit meiner Tochter zusammen? Sie ist auch tot.

LISA: Ihre Tochter hatte blondes Haar. Hier kommt sie. Ach, hallo!

DIE ZUSCHAUER UND DIE MUTTER: [Gelächter]

LISA: Ach, sie ist zierlich! Sie ist gerade heruntergeschwebt und strahlt. Ich kann sie oben auf der Treppe sehen. Ist sie seit zwei ...? Ich bin nicht sicher, ob es zwei Wochen oder zwei Monate sind.

DER MANN: Es ist ungefähr zwei Monate her.

LISA: [springt auf und ab] Sie lacht und sie ist glücklich. Die beiden sind zusammen.

DIE MUTTER: [glücklich, aber immer noch nachdenklich] Was Jim angeht ... Also, der war noch vor uns im Krankenhaus und dann ist er verschwunden und aus der Stadt weggezogen.

Vielleicht weiß er, wer es getan hat, und hatte einfach Angst, den Täter zu verraten ...

DER MANN: Ich muss ganz ehrlich sagen, dass ich nicht dran geglaubt habe. Ich habe nur für meine Mutter gehofft, dass sich etwas daraus ergeben würde. Aber alles, was Sie gesagt haben, ist hundertprozentig richtig. Dieses Erlebnis verändert mein ganzes Leben – Sie haben das Leben von uns allen verändert.

Auch wenn der Mord an ihrem Sohn und Bruder immer noch nicht aufgeklärt war, konnte die Familie nun Abschied nehmen und an die Informationen glauben, weil sie so akkurat waren. Sie konnten sich jetzt damit trösten, dass ihre geliebten Verstorbenen es gemeinsam ins Jenseits geschafft hatten und nun glücklich waren. Das ist das beste Ergebnis, das eine Sitzung haben kann.

Das macht meine Arbeit so lohnenswert.

Kapitel 3

Religion und Spiritualität

Außer Skepsis und Zynismus gibt es noch einen Grund, warum die Leute die Arbeit der Hellseher und Medien anzweifeln. Wegen ihres religiösen Glaubens können viele Männer und Frauen nicht akzeptieren, dass irgendetwas, das ein Hellseher oder ein Medium zu sagen hat, wahr sein könnte. Ich habe selbst erlebt, dass der Glaube an Gott – oder auch der fehlende Glaube – die Sichtweise auf die spirituelle Welt trüben kann. Trotzdem überrascht es mich zu sehen, dass meine Tätigkeit mit den Ansichten einiger der tiefgläubigsten Menschen, denen ich je begegnet bin, übereinstimmt.

Obwohl mein Vater Atheist war, besuchte ich eine christliche Schule. Bei der täglichen Versammlung erzählten verschiedene Lehrer uns aus der Bibel. Dann erhoben wir uns von unseren Plätzen und sangen Kirchenlieder. Außerdem kam der örtliche Pfarrer der St. Peter's Church einmal im Monat zu uns. Manchmal besuchten uns auch Mitglieder der Gideons, einer Gruppe, die weltweit über die Bibel sprechen und jedem von uns eine Bibelausgabe schenkten.

Damals begann ich, mich für den christlichen Glauben zu interessieren. Nicht etwa, weil er mir in der Schule aufgezwungen worden wäre, sondern weil ich von mir aus mehr darüber wissen wollte. Doch als ich dreizehn wurde, war es in den Augen meiner Freundinnen nicht unbedingt cool, sich für Religion zu interessieren. So behielt ich es lieber für mich. Wie ich schon sagte, gehörte ich nie zu den Beliebtesten in der Schule, und die Tatsache, dass ich manchmal Dinge richtig voraussagte, war schon ohne meine Bemerkungen über Gott und Jesus komisch genug.

Dennoch machte ich es mir zur Mission, die Bibel von Anfang bis Ende zu lesen, und ich träumte davon, Nonne zu werden.

Nachts lag ich mit meiner kleinen roten Bibel, die ich von den Gideons geschenkt bekommen hatte, im Bett und tauchte in die archaische Sprache ein. Die Bibelgeschichten klangen immer so interessant, wenn die Lehrer in der Schule darüber redeten. Doch nur zu bald wurde mir klar, dass die Lehrer die Geschichten abänderten, um sie unserer Altersgruppe nahezubringen, und dass die Originalgeschichten alles andere als trocken waren.

Ich habe mein Interesse an der Bibel und meinen Traum, Nonne zu werden, meiner Familie nie erzählt. Mein Vater hätte starke Schwierigkeiten gehabt, eine derartige Eröffnung zu schlucken. Und was die Verwandtschaft auf der mütterlichen Seite betraf, so redete die Mutter meiner Mutter mit Toten und ihr verstorbener Vater war ein Skeptiker gewesen. Meine Familie hatte also schon genug Drama erlebt. Die Sache wurde noch komplizierter durch die Tatsache, dass ich in der Bibel gelesen hatte, Medien wären bei Gott nicht besonders angesehen. Die Arbeit meiner Großmutter als Medium war also eindeutig etwas »Schlechtes«.

Und nun wollte ich, die Visionen und Träume hatte und die von verstorbenen Geistern heimgesucht wurde, ausgerechnet Nonne werden. Irgendwie passte alles nicht wirklich zusammen. Ich passte nicht ins Bild. Oft wünschte ich mir, nicht weiterzuleben, um einfach »nach Hause« gehen zu können. Ich konnte zwar nicht verstehen, warum das Jenseits mir so vertraut war, aber ich wusste, dass es ein Jenseits gibt, an das ich mich eindeutig erinnern konnte, und es fühlte sich so tröstlich an. Dort würde ich ungehemmt mit dem Geist der Verstorbenen kommunizieren können, so frei, wie ich weder mit meinen Verwandten noch mit meinen Gleichaltrigen reden konnte.

Gott in beiden Welten

Als Erwachsene wurde mir dann klar, dass Religion für andere – vor allem für Menschen, die fest an die Bibel und alles, wofür sie steht, glauben – ein äußerst sensibles Thema ist. Als Folge meiner Arbeit hinterfrage ich die Bibel immer stärker, wenn es um das übersinnliche Bewusstsein und die Kommunikation mit dem Jenseits geht.

Etwas, das viele Religionen gemein haben, ist die Überzeugung, dass es ein Jenseits gibt. Auch sind sich alle Glaubensrichtungen anscheinend einig, dass man mit dem ewigen Leben gesegnet wird, wenn man sein Leben nach ihren Regeln lebt. Wenn es also das »ewige Leben« gibt, deutet das dann nicht auch auf menschliche Wesen hin, die in einer Art Leben nach dem Tod weiterexistieren? Und wenn das der Fall ist, warum ist es dann so unmöglich zu glauben, dass sie mit den Lebenden kommunizieren wollen?

Nichtsdestotrotz ist die Arbeit von Medien, Hellsehern und dem Okkult laut Bibel das Werk Satans, das uns vom richtigen Weg abkommen lässt. Wir sollten die Wahrheit bei Gott suchen, und wenn wir bei einem Medium oder Hellseher nach Antworten suchen, wenden wir uns vom wahren Glauben an Jesus ab und missachten die Gesetze der Bibel. Wie ich mit der Zeit jedoch feststellte, hat die übersinnliche Welt viel mit der Glaubenswelt gemein.

Während eines Readings, das ich für den Leiter eines Kirchenchors abhielt, wurde mir klar, dass Spiritualität und der christliche Glaube gar keine so starken Gegensätze sind. Als der Chorleiter mich anrief und einen Termin vereinbarte, war er sehr höflich und offen zu mir. Er sagte mir unverblümt, er sei wegen seines Glaubens nicht sicher, ob er zur Sitzung kommen sollte. Ich konnte ihn gut verstehen und respektierte seine Offenheit – ich würde ihn nicht zu einem Reading zwingen. Ich bot ihm sogar an, sich erst am vereinbarten Tag zu entscheiden, und bat ihn, mir nur kurz telefonisch Bescheid zu geben, falls er den Termin absagen wolle. Er bestand darauf, mir mein Honorar im Voraus zu bezahlen, für den Fall, dass er sich gegen das Reading entscheiden sollte. Er wohnte über 400 Kilometer weit weg, und deshalb war mir klar, dass er die Entscheidung nicht auf die leichte Schulter nahm.

Als der Mann zu seinem Termin kam, merkte ich, dass er sehr nervös war. Daher bot ich ihm eine Tasse Tee an – wie alle Engländer bin ich überzeugt, eine Tasse Tee kann alle Probleme dieser Welt lösen. Er lächelte und nahm mein Angebot an.

Dann begann ich mit dem Reading, das sich für mich ziemlich überraschend gestaltete. Der Chorleiter gab seine Distanz auf und öffnete sich, als wir Kontakt zu seiner Mutter aufnahmen. Er hatte starke Schuldgefühle ihr gegenüber, weil er glaubte, er hätte sie in vielen Dingen enttäuscht. Während der Sitzung konnte er das abschließende Gespräch mit ihr führen, das er brauchte. Nun, da er Abschied von ihr genommen hatte – und etwas Trost und Frieden gefunden hatte –, konnte sein innerer Heilungsprozess endlich anfangen.

Am Ende des Readings fragte der Mann mich, ob ich mich noch an unser erstes Telefonat erinnerte, in dem er mir gesagt hatte, dass sein Glaube die Kommunikation mit dem Jenseits durch Medien nicht zuließ. Ich bejahte. Nun sagte er etwas, das mich schockte: An diesem Morgen war er früh aufgestanden, um zu beten, und hatte Gott um ein Zeichen gebeten, ob er mich aufsuchen sollte oder nicht. Wie er mir erzählte, hatte Gott ihm tatsächlich ein Zeichen geschickt (ich habe nicht gefragt, was es war) und ihm dadurch bestätigt, dass er herkommen sollte, da er nur durch ein Reading mit mir zu dem Abschluss mit seiner Mutter kommen könnte, den er seit Jahren suchte.

Beim Abschied umarmte der Chorleiter mich herzlich und sagte: »Verleugnen Sie nie Ihre Gabe. Gott hat sie Ihnen nicht grundlos gegeben – erfüllen Sie seinen Wunsch.«

Während der vielen Meditationen und Übungen, die ich als Vorbereitung auf meine Arbeit und auf dieses Buch gemacht habe, wurde mir immer wieder bestätigt, dass es einen Gott gibt. Darüber werde ich in einem späteren Kapitel näher eingehen. Ich glaube, dass meine Gabe ein Geschenk Gottes ist und dass sie mir aus einem bestimmten Grund geschenkt wurde, so wie uns allen eine einzigartige Gabe mitgegeben wurde. Sie zu nutzen, liegt an uns. Manche von uns mögen Heiler, Künstler oder Sänger sein – die Liste der Möglichkeiten ist endlos. Wir haben unsere Gabe bekommen, um anderen zu helfen. Warum sollten wir also mit ihr gesegnet sein, wenn wir sie nicht auch anwenden dürften? Wichtig ist jedoch, wie wir sie umsetzen: Wenn wir sie mit guten Absichten nutzen, werden wir dazu geführt, sie richtig anzuwenden.

Das Zusammenwachsen von Spiritualität und Religion

Auf der ganzen Welt fangen die Menschen an, eigenständig zu denken, wenn es darum geht, ihre persönlichen Überzeugungen zu entwickeln. Dabei suchen wir die Antworten und die Richtungsweisung immer mehr in uns selbst. Deshalb fangen auch so viele Menschen an, ihre individuelle Gabe zu entwickeln. Die Skeptiker da draußen nehmen ab, während es immer mehr Überzeugte gibt. Selbst tiefreligiöse Menschen beginnen allmählich zu begreifen, dass Spiritualität und übersinnliche Fähigkeiten mit den traditionelleren Religionen Hand in Hand zusammenarbeiten können.

Obwohl die Spiritualität schon seit vielen Jahren mit Religion in Bezug gebracht wird, erweitern wir jetzt unseren Blickwinkel auf diese Verbindung. Wir fangen an, beides – die Religion und die Spiritualität – mit der persönlichen Weiterentwicklung und Erkenntnis durch Meditation, Gebet und Sinnieren in Zusammenhang zu bringen, während wir uns immer mehr von den festen Strukturen und Dogmen der Religionen entfernen.

Ich kann mich noch an die erste offene Unterhaltung mit meiner Friseurin, einer »wiedergeborenen« Christin, erinnern. Es machte mich nervös, so offen mit ihr zu reden, da sie eine Christin ist und ich ein Medium. Ich befürchtete Meinungsverschiedenheiten, doch zu meinem Erstaunen gab es gar keine. Inzwischen haben wir schon viele lange Diskussionen über Spiritualität geführt und auch darüber, warum sie von der Kirche abgekommen ist (sie empfand die Struktur als zu bevormundend). Sie glaubt, solange man Gott im Herzen hat und ihm treu bleibt, kann man den Rest auch selbst bewältigen. Wie sie mir gesagt hat, ist Gott ein Geist – anders ausgedrückt: Sie glaubt an die spirituelle Welt und zweifelt nicht an dem, was ich tue. Im Endeffekt haben wir ganz ähnliche Überzeugungen.

Neulich fragte ich sie nach ihrer Meinung über meine Tätigkeit. Sie erklärte, dass sie im Gegensatz zu einem Medium prophetisch mit Gott in Verbindung steht. Statt durch eine andere Person spricht sie direkt mit ihm. Sie akzeptiert somit meine Gabe und meine Arbeit, auch wenn ich von meiner Verbindung zum Geist der verstorbenen Seelen statt zu Gott spreche. Nach unserer Unterhaltung hatte ich das Gefühl, ein Zeichen erhalten zu haben, dass meine Gabe wirklich von Gott kommt.

*

Andere haben die »Reinheit« meiner Gabe schon oft angezweifelt. Das geschieht vor allem dann, wenn sich religiöse Demonstranten vor den Gebäuden versammeln, in denen ich ein Reading veranstalte. Sie glauben, ich wolle eine Sekte gründen. Zugegeben: Insgeheim muss ich darüber lachen, doch ich kann ihre Sichtweise verstehen. Diesen Menschen ist ihr Anliegen wichtig genug, um herzukommen und für die Seelen der Leute zu beten, die auf dem Weg zu meiner Vorstellung an ihnen vorbeigehen. Das rührt mich, und einmal dankte ich ihnen auf der Bühne dafür, für die Seelen von uns allen zu beten. Ich wollte ihnen meine Anerkennung dafür, dass sie für etwas einstehen, an das sie so fest glauben, ausdrücken, weil ich ein Lied davon singen kann, wie viel Mut so etwas kostet.

Ich habe den Widerstand von religiösen Gegnern meiner Arbeit schon oft zu spüren bekommen. Das erste Mal war, als zwei Zeugen Jehovas auf meiner Türschwelle auftauchten, um mit mir über den Glauben zu sprechen. Eine der beiden Frauen wurde richtiggehend ausfallend, als ich ihr höflich erklärte, dass wir nun einmal unterschiedliche Meinungen hätten. Als sie weiterhin auf ihrer Meinung beharrte, erwähnte ich, dass ich als Medium arbeite. Dieser Hinweis wirkte wie ein rotes Tuch auf sie.

Ihre Begleiterin blieb jedoch ruhig und freundlich. Ich konnte sogar etwas von ihr lernen. »Wäre ich nicht dazu erzogen, an meine Religion zu glauben, dann würde ich vielleicht sogar an das glauben, was Sie tun«, sagte sie. »Aber was mich angeht, so zählt es nur, dass man überhaupt an irgendetwas glaubt.« Das sagte sie mit einem Lächeln auf den Lippen, und dann fragte sie mich, ob sie mir einen Bibelabschnitt vorlesen dürfe. Ich sagte ja, und es wurde ein sehr schöner Abschluss.

Dieses Erlebnis hat mich gelehrt, dass wir alle ein Recht auf den eigenen Glauben haben. Das ist auch der Grund, warum ich die religiösen Demonstranten bei meinen Veranstaltungen wohlwollend zur Kenntnis nehme. Ich nehme die Tatsache hin, dass ich nichts tun kann, um andere zu überzeugen. Ich will es noch nicht einmal. Wie die Zeugin Jehovas gesagt hat: Solange die Leute an etwas glauben, wird ihnen das helfen, auch an sich selbst und an andere zu glauben.

Skepsis, Zynismus, Fundamentalismus – dies alles kann die Kommunikation mit dem Geist erschweren. Doch es ist wichtig, selbst zu entscheiden, an was wir glauben, und uns entsprechend zu verhalten. Wir dürfen uns nicht von äußeren Einflüssen lenken lassen – egal, ob von der Gesellschaft, unseren Eltern oder den Institutionen, in die wir hineingeboren wurden –, denn dann bleiben wir uns nicht treu und werden ständig das Gefühl haben, als würden wir unseren eigenen Weg nicht gehen und unsere Reise durchs Leben nicht vollenden.

Daher ist es Ihre Aufgabe, beim Weiterlesen Ihre eigenen Überzeugungen und Vorurteile sowie deren Ursprung zu hinterfragen, damit Sie sich eine eigene klare Meinung über die Realität der Kommunikation mit den Seelen bilden können. Das können nur Sie allein und ich lade Sie dazu ein, es nun zu tun.

Kapitel 4

Warum wir den Tod fürchten – und es nicht tun müssen

Wie mir jemand einmal gesagt hat, sind Menschen, die mit irgendeiner wichtigen Frage über das Leben kommen, auch offen für die Antwort. Dies entspricht meiner Überzeugung, dass wir die Antworten auf unsere wichtigen Fragen bereits kennen – wir fragen nur noch einmal nach, um die Bestätigung zu erhalten, dass unsere Intuition richtig ist und wir auf dem richtigen Weg sind.

Wenn Leute mit Fragen über verstorbene Angehörige zu mir kommen, weiß ich, dass sie in den übermittelten Botschaften Bestätigung und Trost suchen, auch wenn sie die Antworten schon intuitiv ahnen. Die Hinterbliebenen möchten wissen, ob ihre Angehörigen bewusst oder unter Schmerzen gestorben sind. Manchmal haben sie auch persönliche Fragen wie zum Beispiel: »Hat er mitbekommen, dass ich bei ihm im Sterbezimmer war?« oder »Weiß sie, dass ich nur fünf Minuten zu spät gekommen bin?« Vor allem hinterfragen Angehörige häufig ihre eigenen Handlungen: »Habe ich das Richtige getan? Muss ich ein schlechtes Gewissen haben, weil ich es nicht zur Trauerfeier oder zum Begräbnis geschafft habe?«

Durch die vielen Sitzungen in all den Jahren erkenne ich heute mehr Ähnlichkeiten als Unterschiede. Hinter den meisten Fragen, die mir gestellt werden, steckt die Sorge: *Geht es meinem Angehörigen gut?* Doch sobald dieses Thema beantwortet worden ist, möchten die Klienten häufig mehr über das wissen, was uns nach dem Übergang aus dem Leben erwartet. Sie machen sich Sorgen, wie etwa: *Geht mein Leben dann weiter oder war's das? Werde ich dann nicht mehr existieren? Überlebt nichts von mir?* Doch solche Fragen weisen nur auf die eine große

Frage hin, die so ungefähr jeder lebendige Mensch hat, und die lautet: *Muss ich Angst vor dem Tod haben?*

Eine ganz natürliche Angst der Menschheit

Es ist völlig normal, sich vor dem Tod zu fürchten, vor allem, wenn ein geliebter Mensch gestorben ist oder wenn man selbst vor dem Übergang steht. Sicher kennen Sie den Spruch, dass im Leben nur zwei Dinge sicher sind – Steuern und der Tod. Das stimmt, und die meisten von uns möchten weder an das eine noch das andere denken. Doch genauso wie wir alle auf die Welt gekommen sind, müssen wir sie auch wieder verlassen. Die Wunschvorstellung, von einem Vampir gebissen zu werden und ewig mit seinem Seelengefährten zusammen weiterzuleben ist zwar äußerst romantisch, aber Unsterblichkeit ist nicht die einzige Möglichkeit, an einem geliebten Menschen festzuhalten. Sie werden Ihre Familie und Freunde im Jenseits wiedersehen und die Gelegenheit bekommen, sie auch weiter zu lieben.

Auch Medien und Menschen mit übersinnlichen Fähigkeiten sind gegen die Angst vor dem Tod nicht immun. Als meine Großmutter Nan Frances im Sterben lag, wurde sie ins Krankenhaus gebracht, wo sie in ein tagelanges Koma fiel. In dieser Zeit saß ich an ihrem Bett und bekam irgendwie Zugang zu ihrer Seele. Zu wissen, was meine Großmutter dachte – und dass sie Angst vor dem Übergang hatte –, fühlte sich merkwürdig an, da ich mit meinen eigenen Fähigkeiten immer noch ein bisschen hinter dem Berg hielt. Mir war zwar klar, dass es meine Gabe war, die mich mit Nan kommunizieren ließ, aber ich hatte mich mit den anderen Möglichkeiten, die diese Gabe mir bot, noch gar nicht befasst und verschwieg sie im Allgemeinen. Mir war klar, dass meine Mutter sich aufregen würde, wenn ich ihr die Informationen mitteilte, die ich von Nan empfing ... vor allem, da schon jede Menge Familiendrama im Krankenhaus stattfand.

Mich wundert, warum beim Sterbevorgang eines Menschen so viel Unruhe und Aufregung entsteht. Meine persönlichen Erfahrungen bei Readings und aus meinem eigenen Leben haben mir natürlich geholfen, einige Gründe zu erkennen, weshalb gerade in dieser Zeit Konflikte ausbrechen können. Ein Grund ist der

Stress. Es ist schon schwer genug, mitansehen zu müssen, wie ein geliebter Mensch leidet und vor dem Übergang auf die andere Seite steht. Aber Familienangehörige und gute Freunde müssen außerdem mit der Tatsache fertig werden, dass sie jemanden verlieren werden, der ihnen sehr viel bedeutet. Unglücklicherweise verkrampfen sich die Leute, verlieren die Fassung und streiten sich – was alles vollkommen normal ist. Natürlich denkt jeder daran, wie das Leben in Zukunft aussehen wird, und jeder geht auf seine Weise mit der Situation um.

Auch haben Angehörige unterschiedliche Meinungen darüber, wie rechtliche, medizinische und finanzielle Probleme gehandhabt werden sollten. Oft glauben sie, im Interesse anderer zu handeln, ohne zu merken, dass sie anderen ihre Entscheidungen aufzwingen. Das führt natürlich häufig zu Streitigkeiten, in die ein immer größerer Kreis aus Verwandten verwickelt wird. Dieses Szenario ist sehr häufig, und wenn man es von außen betrachtet, sieht die Sache ganz anders aus.

Dann ergeben sich Situationen, in denen die Angehörigen nicht im Sinne anderer, sondern nur im eigenen Interesse agieren. Manche denken nur ans Familienerbe, an Schmuck und andere Wertstücke, auf die sie ein Auge geworfen haben. Leider passiert das ziemlich oft und führt zu Verhaltensweisen und Handlungen, die Streit hervorrufen.

Um all das zu vermeiden, sollte man allein der Liebe verbunden bleiben. Wenn man mit Liebe im Sinne des Sterbenden handelt, gewinnen alle, egal, ob Ihre Entscheidungen sich als richtig oder falsch erweisen.

*

Während der Zeit, in der Nan im Koma lag und ich mit ihrer Seele kommunizierte, kam ich mir allein und verlassen vor – ähnlich wie in meiner Kindheit. Wieder einmal war mir klar, dass ich mich niemandem mitteilen könnte, um mein Umfeld nicht zu beunruhigen. Ich hatte damals keine Ahnung, dass es Jahre dauern würde, bis ich endlich verstand, was meine Großmutter vor dem Verlassen der irdischen Ebene erlebte.

Sechs Jahre nach Nan Frances' Tod hielt ich eine Sitzung für eine Frau namens Jill ab, die die ganze Zeit über nervös auf ihr

Handy schaute. Wie sie mir sagte, erwartete sie einen dringenden Anruf. Falls sie während des Readings angerufen würde, müsste sie sofort gehen. Ich verstand ihre Situation. Es war nicht das erste Mal, dass ein Klient mit dem Handy in der Hand zu mir kam, und so versicherte ich ihr, dass sie das Reading jederzeit verlassen könnte.

Während ich mich auf eine Nachricht für Jill konzentrierte, strömte mir auf der linken Seite meines Körpers Energie zu. Normalerweise empfange ich die Botschaften der Verstorbenen auf meiner rechten Seite, und daher wunderte ich mich. Ich berichtete Jill, dass ihr Schwiegervater bei mir sei und ihr mitteilen wolle, dass es ihm gut gehe, dass er für eine gewisse Zeit seinen Körper verlassen habe und alle von weitem sehen könne. Sie solle den anderen sagen, dass es ihm gut gehe und es nur »eine Frage der Zeit« sei, bevor er hinübergehen werde.

Bisher hatte Jill geweint und alle paar Minuten auf ihr Handy geschaut. Doch als ich ihr diese Informationen übermittelte, hörte sie auf zu weinen und sah sich suchend um. »Bist du wirklich hier?«, fragte sie. Ihr Schwiegervater antwortete: *Ja, aber mir gefällt dieser Schlafanzug nicht.* Jill stieß einen tiefen Seufzer aus und erklärte mir, der erwartete Anruf würde eingehen, wenn ihr Schwiegervater, der im Koma lag, gestorben war. Wie sie wusste, konnte er den Schlafanzug, den er im Krankenhaus anhatte, nicht ausstehen, doch seine Frau hatte in der Eile keinen anderen finden können. Während unserer Sitzung klingelte Jills Handy nicht, doch ein paar Tage später rief sie an und teilte mir mit, dass er verstorben sei.

Wie ich aus diesem Reading lernte, kann sich im Koma die Seele aus dem Körper befreien und frei überallhin bewegen. Diese Befreiung erfüllt zwei Zwecke: entweder, damit der Körper in Ruhe heilen und sich regenerieren kann (in diesem Fall kehrt die Seele zurück, sobald der Körper geheilt ist), oder weil die Seele kurz vor ihrer Reise ins Jenseits steht. Die Silberschnur, die Körper und Seele zusammenhält, kann zu diesem Zeitpunkt schon gerissen sein, aber die Seele verlässt den Körper erst dann völlig, wenn er seinen letzten Atemzug gemacht hat und das Herz stehen geblieben ist.

Als meine Großmutter im Koma und im Sterben lag, wusste ich nicht, dass ihre Seele die Reise schon angetreten hatte und dass sie nun mit ihrer Angst vor dem, was während des Übergangsprozesses passieren würde, umgehen musste. Wie ich während eines ihrer Readings für mich aus ihren Worten »Wenn ich meinen eigenen Tod sehe, höre ich auf« entnehmen konnte, fürchtete sie sich vor dem unausweichlichen Tod. Damals hatte ich nicht weiter darüber nachgedacht. Doch als ich später an ihrem Sterbebett saß, war mir klar, dass sie aus Angst vor dem Übergang ins Jenseits nun darum bat, nicht sterben zu müssen.

Nans Reaktion während des Sterbens kam mir merkwürdig vor, da sie schließlich bei ihren vielen Sitzungen täglich Verbindung zu den Seelen im Jenseits gehabt hatte. Sie hatte vor so vielen Zuschauern in so vielen spirituellen Kirchen auf der Bühne gestanden und Fakten und Beweise geliefert, dass das Leben nach dem Tod weitergeht. Und jetzt hatte sie selbst Angst vor dem Tod!

Damals konnte ich das nicht begreifen, aber wie mir im Nachhinein klar wurde, lag das an meiner eigenen Unreife. Als ich älter wurde und mein Nahtoderlebnis (NDE) hatte, wurde mir klar, dass der reale Übergang Angst machen kann – obwohl Medien wie ich genau wissen, dass das Leben danach weitergeht. Es ist nur menschlich und natürlich, sich vor etwas Unbekanntem zu fürchten.

Wir alle müssen der Realität ins Auge blicken, dass wir es irgendwann im Leben mit dem Tod zu tun bekommen werden – entweder, weil jemand aus unserem Umfeld von uns geht oder weil wir selbst kurz vor dem Übergang stehen. Das ist einer der Gründe für dieses Buch. Ich möchte Ihnen damit die Angst vor dem Unbekannten nehmen, die in fast allen von uns steckt. Ich will Ihnen allen vermitteln, dass es nicht nur ein Leben nach dem Tod gibt, sondern dass es am Tod auch nichts gibt, wovor wir uns fürchten müssten. Machen Sie sich bewusst, dass der Zeitpunkt Ihres Übergangs von Ihrer Seele und den bereitwillig erlernten Lektionen wie auch von den Lektionen, die Ihr Umfeld durch Ihren Tod lernen muss, abhängt.

Nan lag eine ganze Weile im Koma. Leider blieb ihre starke Angst trotz der jahrelangen täglichen Kommunikation mit verstorbenen Seelen. Als ich sie so in ihrem Krankenhausbett liegen sah, ließ mich das über den Tod und die Möglichkeit eines Lebens nach dem Tod nachdenken – vor allem auf den langen Rückfahrten. Ich hatte dieselben Fragen wie jeder: *Werde ich meine Familie im Jenseits wiedersehen? Gibt es das weiße Licht wirklich? Wird der Tod wehtun? Was macht man eigentlich den ganzen Tag im Jenseits? Gibt es wirklich ein Leben nach dem Tod oder ist das hier alles?*

Irgendwann erhielt ich die Antworten auf diese Fragen ... und deshalb möchte ich sie auf diesen Seiten mit Ihnen teilen.

Nan lässt los

Wie Nan Frances mir gezeigt hat, ist es nicht das eigentliche Sterben, das den Leuten Angst macht – es ist vielmehr der Sprung ins Ungewisse, den unser Übergang von der irdischen Existenz ins Jenseits bedeutet. Seitdem hat Nan mir geholfen, das ganze Bild dessen, was ich vor ihrem Übergang mit ihr erlebt habe, zu sehen. Es ist ein faszinierendes und berührendes Bild, das für mich erst dann erkennbar wurde, als ich ihr während meines Nahtoderlebnisses (das in einem späteren Kapitel näher beschrieben wird) und bei Readings begegnete, in denen sie direkt zu mir sprach.

Um die Angst meiner Großmutter verstehen zu können, muss man ein bisschen mehr über sie wissen. Nan war unglaublich offen und lebendig und so voller Lebenslust, wie ich es nur selten bei anderen erlebt habe. Im Alter bereiste sie die Welt, und sogar ein Herzinfarkt auf einer mexikanischen Kreuzfahrt konnte sie nicht bremsen! Ihr Lachen und ihre Lebensfreude waren ansteckend, und sie strahlte Liebe, Herzlichkeit, Stärke und Leidenschaft aus. Diese positiven Eigenschaften behielt sie bis zum Schluss.

Wie auch das Trinken. Sie trank zwar nicht übermäßig, doch häufig fanden sich kleine Fläschchen Alkohol in ihrer Handtasche. Wenn sie mit meiner Mutter zum Bingospiel ging, mixte sie sich aus ihrem mitgebrachten Vorrat einen Gin Tonic. Und sie ging furchtbar gern am Samstagabend aus, zum Tanzen und um Spaß zu haben ... bis zu dem schicksalhaften Tag, an dem sie ins Krankenhaus gebracht werden musste und ich den Anruf bekam, dass sie in ein Koma gefallen war.

Auch wenn Nan eine außergewöhnliche Frau war, standen wir uns in meiner Kindheit und Jugend nicht sonderlich nahe. Das war aber nur, weil meine Mutter nicht Auto fuhr und Großmutter ziemlich weit weg von uns wohnte. Doch als ich den Führerschein gemacht und mein eigenes Auto hatte, besuchte ich sie öfter. Wie ich feststellte, war Nan eine schicke Frau mit einem beneidenswert geselligen Lebensstil, die oft von einer scheinbar endlosen Liste von Freunden zu interessanten Versammlungen eingeladen wurde. In einem Satz: Sie liebte das Leben, und das Leben liebte sie.

Da sie seit vielen Jahren als Medium arbeitete, kamen ihre Klienten aus ganz England zu ihr und sie flog in der ganzen Welt umher, um ihre Klienten aufzusuchen. Sie glaubte so sehr an ihre Arbeit, dass ihr ganzes Leben darin bestand. Und sie war auf diesem Gebiet so bekannt, dass die Leute noch heute von ihr und ihren Sitzungen sprechen.

Nan Frances besaß nicht nur die Gabe eines Mediums, sondern auch ein sehr feines übersinnliches Bewusstsein. Sie sagte oft Dinge über die Zukunft voraus. Auch kamen regelmäßig Geistheiler zu ihr, um sie dabei zu unterstützen, die vielen körperlichen Beschwerden loszuwerden, die sie von ihren Klienten übernommen hatte. Das kam daher, weil sie es bei ihrer Tätigkeit vernachlässigte, die Bodenhaftung zu bewahren und sich wirksam zu schützen.

Eines Abends besuchten Nans Geistheiler sie und offenbarten ihr, dass sie nur noch 18 Monate zu leben hätte und dass sie nichts dagegen tun könnten. Wenn man so etwas von seinem Arzt gesagt bekommt, ist das so eine Sache – aber es von den Geistheilern zu vernehmen, die den eigenen Lebensweg kennen, ist noch was ganz anderes! Ärzte können sich irren, aber Geistheiler irren sich nicht.

Die Information über ihren bevorstehenden Tod machte meiner Großmutter schreckliche Angst, da sie nicht darauf vorbereitet war, schon so bald zu sterben. Sicher musste sie dauernd daran denken, und der Gedanke machte ihr das Herz schwer. Das war auch der Grund, weshalb sie mir während unserer Sitzung gesagt hatte, sie würde aufhören, wenn sie ihren eigenen Tod sehen würde. Sie wusste, sie hatte nur noch eine bestimmte Zeit zu leben und wollte die Einzelheiten lieber nicht wissen.

Plötzlich musste Nan Frances ihr unbeschwertes Leben voller Begeisterung, das sie mit vielen anderen Leuten geteilt hatte, aufgeben und dem Unbekannten ins Auge sehen. Das war eine große Veränderung. Sie wollte nicht aus dem Leben scheiden; sie lebte viel zu gern. Selbst als ihr Körper am Ende immer schwächer wurde, hörte sie immer noch gerne das Gelächter auf der Krankenhausstation und die Stimmen ihrer Familie an ihrem Bett. Sie verlor nie ihre Lebensfreude.

Als ich sie zum letzten Mal besuchte, war sie bewusstlos. Ich fragte die Krankenschwester, wie groß die Chance war, dass meine Großmutter noch einmal aus dem Koma aufwachen würde. Wie die Schwester mir sagte, standen die Chancen schlecht. Ich musste mich mit der Vorstellung befassen, meine geliebte Großmutter zu verlieren.

Bei unserer Seelenkommunikation fragte ich Nan, warum sie noch am Leben festhalte, und hörte ihre Antwort: Weil ich große Angst habe. Ich legte meine Hand auf ihre und fing an, ihren Handrücken zu streicheln. Ich wusste nicht, ob sie meine Gedanken hören konnte, und so sprach ich sie laut aus, ohne mich um die Leute um uns herum zu scheren. Es hatte schon genug Theater an Nans Krankenbett gegeben, und deswegen glaubte ich nicht, dass es noch einen Unterschied machte, wenn ich mit Nan sprach, obwohl sie nicht mehr bei Bewusstsein war.

Während ich ihre Hand streichelte, sagte ich ihr, sie solle keine Angst haben – sie könne ruhig loslassen und ins Jenseits hinübergehen, wo ihre Freunde und Verwandten sich um sie kümmern und ihr alles zeigen würden. Ich wusste zwar nicht, ob ich das Richtige sagte, aber ich kann mich daran erinnern, die leichte Andeutung eines Lächelns auf ihrem Gesicht zu sehen und ein zartes Zucken ihrer Hand zu spüren. Vielleicht war das ein Zeichen, dass sie mich gehört hatte. Dann kam meine Mutter ans Sterbebett, und ich hatte das Gefühl, jetzt gehen zu müssen. Die Energie war sehr, sehr schwer und ich musste für mich sein.

Das war das letzte Mal, dass ich meine Großmutter lebend gesehen habe. Zwei Tage später starb sie.

Durch ihre lange Erfahrung als Medium wusste Nan, dass es ein Jenseits gibt und dass es ihr gut gehen würde. Wovor sie jedoch Angst hatte, war die Phase des Übergangs.

Wie ich schon sagte, war ihre Reaktion völlig menschlich. Fast alle von uns reagieren so. Stellen Sie sich vor, Sie müssten zum ersten Mal von einem hohen Sprungbrett ins Wasser springen, ohne zu wissen, ob das Wasser kalt ist oder Sie eine harte Bauchlandung machen. Der Sprung ins Ungewisse reicht schon, um einem Menschen große Angst zu machen.

Es liegt zwar in der Natur des Menschen, das Unbekannte zu fürchten, aber wenn wir uns mit den Dingen im Leben beschäftigen, über die wir nur wenig wissen, bekommen wir das gute Gefühl, etwas erreicht zu haben. Meistens sagen wir dann im Rückblick: »Na ja, so schlimm war es gar nicht.« Was den Übergang ins Jenseits betrifft, so gilt dasselbe: Wir werden weitergehen und wir werden es mit Freude tun. Seit meinem eigenen Nahtoderlebnis kann ich eines mit Gewissheit sagen: Der Übergang ins Leben nach dem Tod ist eine unglaubliche berauschende und sogar freudige Reise – einer Reise voller Schönheit, Sicherheit und reiner Liebe.

Das Wissen, wann man hinübergehen wird

Häufig weiß man schon vorher, dass der Übergang der Seele aus dem irdischen Körper kurz bevorsteht. Im Grunde wissen wir es sogar alle. Denn bevor wir auf die irdische Ebene kamen, haben wir beschlossen, bestimmte Situationen und Umstände zu erleben. Dazu gehört auch, wann und wie wir sterben werden. Doch wenn wir dann hier sind, finden die meisten von uns keinen Zugang zu ihrem Unbewussten, um herauszufinden, wann der Übergang aus diesem Leben stattfinden wird. Man muss schon sehr stark sein, um schlucken zu können, wann und wie der eigene Übergang geschehen wird.

Eine Warnung: Falls *Sie* beschließen, sich diese Information zu beschaffen – was ich getan habe – kann es passieren, dass Sie Kritik einstecken müssen, wenn Sie Ihr Wissen anderen mitteilen. Seit das Buch *The Secret* den Glauben verbreitet hat, dass sich alles umsetzt, was wir visualisieren und ins Universum projizieren, scheuen die Leute vor radikalen Aussagen zurück, die eintreffen könnten. Der alte Spruch »Pass auf, was du dir wünschst – es könnte wahr werden« drückt die Angst aus, wenn man anderen erzählt, wann und wie man sterben wird, würden sie glauben, dass man es projiziert und es sich dadurch umsetzen wird. Doch diese Sorge ist überflüssig, da Sie auf einer tieferen Ebene längst alles über Ihren Übergang wissen.

Mein Meisterführer Ben sagt: *Wenn wir wollen, können wir an alle Informationen herankommen, wenn wir das Wissen unserer eigenen Seele anzapfen.*

Und so hat er die Wahrheit über das, was wir alle längst wissen, und wie wir dieses Wissen anzapfen können, ausgedrückt:

> *Auf unsere eigene Weise kennen wir alle die Antworten, die wir auf unsere Fragen suchen ... Es ist ganz einfach. Wir hatten das Wissen, bevor unser Leben hier auf Erden begann. Der Weg und die Antworten, die wir brauchen, wurden uns vorgegeben. Wir müssen nur tief in uns hineinsehen und wissen, dass sie da zu finden sind. Ähnlich wie das Deuten von verschlüsselten Botschaften brauchen wir nur den Code zu entschlüsseln, um eine riesige Menge an Informationen und Wissen anzuzapfen.*

Ben beschrieb auch, wie wir den Code knacken können:

> *Meditation ist der Schlüssel, mit dem sich die Tür zu sämtlichem Wissen und Begreifen des Lebens öffnen lässt – vor allem das jetzige Leben und darüber hinaus unsere vielen früheren Leben.*

Hier bezieht sich Ben auf die Vereinbarung – den »Lebensvertrag« –, die Ihre Seele im Jenseits getroffen hat, bevor Sie in Ihre derzeitige irdische Existenz geschlüpft sind. Deswegen kennen Sie längst alle Antworten auf alles, was Sie im Leben erreichen und erleben. Meditation ist der Schlüssel dazu.

Den Zeitpunkt Ihres Übergangs bewusst zu kennen kann ein Segen und ein Fluch sein. Ich habe schon Menschen entweder persönlich oder auf einem neueren Foto betrachtet und wusste, wann sie sterben werden. Selbst wenn der Betroffene diese Information schon kennt, ist diese Nachricht nie leicht zu überbringen oder zu erhalten.

Meine Schüler, die ihre eigenen Fähigkeiten als Hellseher oder Medium weiterentwickeln möchten, beklagen sich häufig, sie würden nur negative Botschaften – wie Krankheit oder einen bevorstehenden Tod – empfangen. Doch obwohl sie lieber positivere Nachrichten erhalten würden, sind wir alle mit unterschiedlichen Gaben gesegnet. Manche von uns können anderen negative Nachrichten einfach leichter mitteilen und bekommen daher nur diese Informationen übermittelt. Das bedeutet nicht, dass man sich nicht weiterentwickeln kann, sondern dass jeder nur solche Informationen empfängt, die er braucht und die nützlich sind.

Ich werde oft gefragt: »Bekommen wir vor unserem Tod eine Warnung, dass wir sterben werden?« Um diese Frage zu beantworten, wollen wir uns die eigentliche Zeit vor der Übergangsphase näher ansehen. Manche Leute bekommen von ihrem Arzt gesagt, wie viel Zeit sie noch zu leben haben. Dieses Todesurteil hängt dann über ihnen wie eine tickende Zeitbombe. Andere erhalten keine Vorwarnung; ihr Tod tritt ganz plötzlich ein. Fragen Sie sich selbst: Wollen Sie das Datum Ihres Übergangs wissen und sich von Ihren Lieben verabschieden oder würden Sie lieber einfach gehen, ohne den Zeitpunkt und die Ursachen zu kennen?

Auch wenn wir alle wissen, dass wir irgendwann sterben müssen, wollen die meisten von uns die Details letztendlich nicht wissen. Trotzdem lässt sich manchmal vorausspüren, dass etwas geschehen wird. Gewöhnlicherweise kündigt sich das durch eine gespürte Veränderung oder das vage Gefühl, es zu wissen, an. Es gibt dafür viele Beispiele; eines war ein Reading, das ich für die Eltern eines Jungen abhielt, der bei einem schrecklichen Bootsunfall ums Leben kam.

An diesem Tag hatte Jordan nicht auf das Boot seiner Familie mitkommen wollen. Doch seine Eltern hatten darauf bestanden. Er hatte offensichtlich Angst und spürte, dass irgendwas passieren würde. Als ich mit seinen Eltern sprach, hatten sie starke Schuldgefühle, weil sie ihr Kind gezwungen hatten, auf den

Bootsausflug mitzukommen. Doch wenn man es in einem größeren Zusammenhang betrachtet, dann sollte Jordans Leben zu diesem Zeitpunkt und an diesem Ort zu Ende gehen, da dies schon vor seiner Geburt in seinem Lebensvertrag vorgesehen war. Wäre er an jenem Tag nicht bei diesem Bootsunfall gestorben, wäre sein Übergang auf andere Weise erfolgt.

Die Abschrift des Readings zeigt Jordans Gespür dafür, dass er durch einen Unfall sterben würde:

> **LISA**: Er nennt es einen »Freakunfall« und möchte seinem Vater mitteilen: *Bitte glaubt nicht, ihr wärt daran schuld, denn ich wusste, dass es so kommen würde.* Er zeigt mir, dass er Sie beide wochenlang auf das Ereignis vorbereitet hatte.
>
> **MUTTER**: Nach seinem Tod haben wir etwas gefunden, das er in MySpace geschrieben hat und worüber ich mich gewundert habe.
>
> **LISA**: Er wusste, er würde sterben.
>
> MUTTER: Hat er das wirklich gewusst? Hat er es vorausgeahnt?
>
> **LISA:** Er hat es gewusst.
>
> **VATER**: In der Nachricht in MySpace hat er geschrieben, wer sein Held sei. Eigentlich sollte mein Name da stehen [lacht kurz], aber stattdessen hat er den Namen Jesus geschrieben.
>
> **MUTTER**: Und darunter hat er geschrieben: *Wir sehen uns bald.* Nicht: *Wir werden uns eines Tages wiedersehen,* was zu erwarten gewesen wäre, wenn er von einem langen Leben ausgegangen wäre. Und sein Abschiedsgruß lautete: *Bis dann in Liebe.* Das kam uns irgendwie seltsam vor.

Jordan hatte tatsächlich schon eine ganze Weile geahnt, dass er bald sterben würde. Er hatte es zwar nicht bewusst gewusst, aber er hatte sein Unbewusstes angezapft. Die Informationen, die dadurch an die Oberfläche tauchten, veranlassten ihn, seine verschlüsselte Nachricht in MySpace zu schreiben.

Es gibt noch andere Wege, wie Sie Informationen über Ihren bevorstehenden Tod empfangen können – beispielsweise durch Ihre Intuition. Auch könnten Ihr Geistführer und Ihre verstorbenen Angehörigen es Ihnen direkt durch Träume mitteilen. Diese Art von Träumen ist besonders klar und lebendig, und sie vermitteln das Gefühl, als hätten die Angehörigen einen tatsächlich aufgesucht. (Solche plastischen Traumbesuche müssen aber nicht bedeuten, dass Sie bald sterben werden; machen Sie sich daher keine Sorgen, falls Sie so etwas träumen.) Vielleicht sehen Sie auch im Wachzustand den Geist eines Verstorbenen, der Ihnen sehr nahestand und der wie ein Mensch aus Fleisch und Blut aussieht. Viele von uns sehen Geister auf diese Weise; glauben Sie also nicht, Sie würden bald sterben, nur weil Sie einen Geist gesehen haben. Meine Sitzung mit Amanda zeigt den Unterschied.

Nur ein Jahr zuvor hatte sie ihre Großmutter verloren. Die alte Frau war ziemlich plötzlich im Krankenhaus gestorben und Amanda hatte das Bedürfnis, sich von ihr zu verabschieden. Obwohl sie unbedingt Verbindung zur Großmutter und noch ein paar weiteren Angehörigen aufnehmen wollte, wusste sie nicht, was sie erwartete, und war nervös.

Wie meine neue Klientin mir erklärte, hatte ihre Großmutter direkt vor ihrem Tod noch im Krankenhausbett gesessen und gesund und munter gewirkt. Amanda war gekommen, um sie abzuholen. Doch sie mussten noch auf die unterschriebenen Entlassungsformulare warten. Die beiden unterhielten sich, bis ihre Großmutter plötzlich ausrief: »Ach, sieh doch nur! Da ist ja dein Großvater! Und hinter ihm ist dieses weiße Licht, das leuchten soll, wenn jemand stirbt.«

Da Amandas Großvater schon vor 15 Jahren verstorben war, wollte sie von ihrer Großmutter wissen, was sie genau sah. »Kannst du ihn denn nicht sehen, Liebes?«, fragte die alte Frau. »Also ich kann ihn deutlich sehen. Was macht er denn hier?«

Amandas Großmutter starrte auf die Ecke des Zimmers, in der sie ihren verstorbenen Mann sah. Die junge Frau spürte zwar, dass es im Raum etwas kühler geworden war, aber sie machte sich deswegen keine weiteren Gedanken. Sie konnte nichts sehen und hielt es nur für das Wunschdenken ihrer Großmutter.

Plötzlich verkündete die Großmutter: »Ach so, er will, dass ich mit ihm mitgehe! Ich glaube, ich muss dich bald verlassen.«

Amanda hörte das gar nicht gern. Schließlich war sie hier, um die alte Frau nach einer harmlosen Operation nach Hause zu bringen. »Du gehst nirgendwo hin«, befahl sie der Großmutter. »Wenn du bald sterben müsstest, dann würden die Ärzte dich doch nicht entlassen!«

Ein oder zwei Stunden vergingen. Großmutter und Enkelin lachten und redeten über die neuesten Skandale in ihren Lieblingsseifenopern. Dann wurde Amanda ins Zimmer des Pflegepersonals gerufen, um die Entlassungspapiere ihrer Großmutter zu unterschreiben. Sie ließ die alte Frau, die nun angezogen mit ihrem Strickzeug auf einem Stuhl saß, nur für fünf Minuten allein. Als sie zurückkam, saß ihre Großmutter zwar immer noch im Stuhl, doch die Stricknadeln lagen auf dem Boden, sie hatte die Augen geschlossen und auf ihren Lippen lag ein Lächeln. Sie war in den fünf Minuten, in denen Amanda weg gewesen war, ins Jenseits übergegangen ...

Wie ich Amanda während des Readings bestätigen konnte, war ihre Großmutter tatsächlich aufgefordert worden, mit ihrem Mann mitzugehen, und hatte es nur zu gern getan. Sie erschien und sagte: *Er hat mir zugewinkt, zu ihm zu gehen, und die Arme nach mir ausgestreckt. Es war eine so herzliche Geste. Er sah gut aus, nicht so wie damals, als ich ihn das letzte Mal gesehen hatte. Er wirkte wie fünfunddreißig, ein gutaussehender, fescher Mann.* Wie sie mir erzählte, hatte sie die Augen geschlossen, als sie allein im Krankenzimmer saß, und gehofft, dass sie ihren Mann näher zu sich heranholen könnte. Als sie merkte, dass sie in seinen Armen lag, hatte sie das zum Lächeln gebracht. Auch wenn auf ihrem Totenschein stand, sie sei eines natürlichen Todes gestorben, war in Wahrheit nur ihre Zeit gekommen – und sie war bewusst und willig gegangen, um wieder mit ihrem Mann vereint zu sein.

Der Übergang meines Großvaters

Ähnlich wie Amandas Großmutter starb mein Großvater väterlicherseits mit dem Wissen, dass seine Zeit bald kommen würde. Auch ich hatte das Gefühl, als würde er uns verlassen – und im Rückblick stelle ich fest, dass bestimmte Verhaltensweisen und Handlungen, die mich damals verwirrt haben, jetzt einen Sinn ergeben.

Kurz vor seinem Übergang hatte ich meinen Großvater wochenlang dazu gedrängt, endlich mal die Ecke im Esszimmer aufzuräumen, in der er stapelweise alte Zeitungen aufbewahrte. Großvater liebte Pferderennen, auch wenn er nur selten wettete. Er war kein großer Spieler und setzte höchstens 75 Cent auf ein Pferd. Doch er konnte stundenlang die Wettlisten durchgehen und sammelte alle möglichen Zeitungen für seine Recherchen.

Eines Tages rief er mich schließlich an und sagte: »He, Lisa, rate mal, was ich gemacht habe? Ich habe das Esszimmer aufgeräumt, damit du und deine Großmutter endlich aufhört, mich zu nerven.« Er lachte. Am Wochenende kam ich zu Besuch. Er hatte tatsächlich alle Zeitungen weggeräumt – das Esszimmer war wie neu! Meine Großmutter geriet über sein plötzlich verändertes Verhalten ganz aus dem Häuschen und freute sich riesig, weil im Esszimmer jetzt mehr Platz war.

Eine Woche später musste mein Großvater wegen einer leichten Entzündung in der Brust ins Krankenhaus. Das war schon öfter passiert und noch nie etwas Ernstes gewesen. An einem Freitagnachmittag erhielt ich einen Anruf auf meinem Handy. Ohne einen Blick auf das Display zu werfen, sagte ich zu einer Kollegin: »Ach, das ist meine Großmutter, um mich wissen zu lassen, dass mein Großvater wieder mal wegen seiner Brustinfektion in die Klinik musste.« Und genau das war es auch. Als ich ans Handy ging, sagte mir meine Großmutter, ich solle mir keine Sorgen machen, es gehe ihm gut. Großvater brauche bloß intravenös seine Antibiotika und komme am Montag wieder nach Hause.

Am Samstagnachmittag besuchte ich ihn im Krankenhaus. Als ich vom Parkplatz zum Eingang ging, spürte ich eine seltsame schwere Energie um mich herum und wusste, dass irgendetwas passieren würde. Ich betrat sein Zimmer, in dem er im Bett saß. Die Familie und Freunde von ihm hatten sich um ihn herum versammelt, und er unterhielt sie mit seinen Endloswitzen und zwinkerte sogar den Krankenschwestern zu. All das zeigte mir, dass er wieder ganz der Alte war.

Und dennoch ... irgendetwas fühlte sich anders an als sonst, und jedes Mal, wenn Großvater mich ansah, verstärkte sich dieses Gefühl nur noch mehr. Sein Blick war durchdringend, so als würde er durch meinen Körper hindurch direkt in meine Seele schauen. Es war ein unglaublich intensives Gefühl. Ich erinnere mich noch an den Moment, wo ich Abschied von ihm nahm und ihm ein letztes Mal in die Augen sah. Es war, als wäre sein menschliches Bewusstsein zum Stillstand gekommen und als hätte seine Seele, seine wahre Essenz, nur für den Bruchteil einer Sekunde das Ruder übernommen – doch lang genug, um zu erkennen, was los war.

In diesem Moment war ich mit Großvaters Seele verbunden. Seine Augen waren leuchtend blau und sein Blick war glasklar. Die Redewendung »Die Augen sind die Fenster zur Seele« ist absolut richtig. Wir sahen uns in vollkommener Verbundenheit an. Er wusste, dass er mich zum allerletzten Mal sah, und er schaute mir länger als sonst in die Augen und erfreute sich an dem Anblick. Auch ich wandte den Blick nicht ab, da mir war, als würde ich auf einer tieferen Ebene, die keiner Worte bedarf, mit ihm kommunizieren.

Plötzlich hatte ich den spontanen Wunsch, ihm zu sagen: »Ich hab dich lieb«. Aber da es in unserer Familie nicht üblich ist, seine Gefühle zu zeigen, hätten meine Worte alle um uns herum alarmiert. Und da sie mittlerweile alle über meine übersinnlichen Fähigkeiten Bescheid wussten, hätten sie sich gefragt, ob etwas nicht stimmte. Stattdessen dachte ich die Worte und merkte an seiner stummen Bestätigung, dass er die Botschaft erhalten hatte.

Eine so tiefe Verbundenheit zu einer anderen Seele habe ich weder vorher noch später je erlebt und ich glaube kaum, dass ich so etwas je wieder spüren werde. Es war einfach unbeschreiblich. Die Energie, die ich um meinen Großvater herum fühlte, war so rein, so schimmernd und strahlend. Da begriff ich auf einer tieferen Ebene, was los war – und es wurde das letzte Mal, dass ich ihn lebend sah.

Während ich mit meiner Großmutter die Station verließ, sagte sie mir, dass Großvater am nächsten Tag entlassen werde und schon wieder so viel besser aussehe. Ich habe keine Ahnung, woher die Worte kamen, die spontan aus mir heraussprudelten: »Nein, da kommt noch mehr.«

Meine Großmutter sah mich verwirrt an. »Nein, er sieht doch schon wieder viel besser aus«, widersprach sie mir. Wie ich später erfuhr, hatte Großvater auf dem Weg in den Krankenwagen versucht, Großmutter mitzuteilen, wo er die wichtigen Unterlagen über das Haus und andere finanzielle Dinge aufbewahrte. Sie wollte es nicht hören und sagte nur beharrlich: »Ach, Jack, sei doch nicht albern! Du kommst doch in ein paar Tagen wieder nach Hause!«

Am Tag nach meinem Besuch starb Großvater an einer Magenembolie. Sie wurde durch eine Umstellung der Medikamente verursacht, die ihm im Krankenhaus verabreicht worden waren. Als ich später alle wichtigen Unterlagen durchsah, fielen mir einige Schriftstücke in die Hände, die er gebündelt und mit einem Datum versehen hatte. Sie waren auf den Tag datiert, an dem er mich angerufen hatte, um mir zu sagen, dass er das Esszimmer aufgeräumt habe. Auf einem der Dokumente hatte er die Worte *Verständigt im Falle meines Todes bitte* ... farbig markiert. Offensichtlich hatte er gewusst, dass seine Zeit bald kommen würde.

Häufig fangen die Leute damit an, »die Dinge zu ordnen«, wenn sich der Zeitpunkt ihres Übergangs nähert. Dann überprüfen sie ihre Lebensversicherungen, bringen ihre finanziellen Unterlagen in Ordnung oder kümmern sich um ihr Testament. Der Grund dafür ist ein unbewusstes Wissen, was passieren wird, so wie auch mein Großvater es gewusst hat.

Wie der Geist der verstorbenen Seelen uns darauf vorbereitet

Um mehr Informationen darüber zu erhalten, wie wir erfahren können, dass die Zeit des Übergangs naht, habe ich meditiert und von Ben die folgende Mitteilung empfangen. Meine Finger flogen über die Tastatur, um so viel wie irgend möglich aufzuzeichnen. Ich bin Ben und dem Rest meiner Gruppe zutiefst dankbar für diese Informationen, die ich mit Ihnen teilen möchte:

Vor eurem Übergang bereiten wir euch auf eure Reise vor. Im Schlaf reist ihr auf astrale Weise außerhalb des Körpers umher und besucht in euren Träumen andere, um euch an den Prozess zu gewöhnen. Ihr schaut euch Situationen und geliebte Menschen an und sucht die Orte auf, zu denen es euch schon immer hingezogen hat. Wir führen euch bei dieser Vorbereitung. Das ist auch der Grund, weshalb so viele Menschen kurz vor ihrem Tod von besonders eindrucksvollen und lebhaften Träumen berichten.

Ungefähr einen Monat oder so vor eurem Übergang bereiten wir euch ganz sanft darauf vor. Dafür schaffen wir Situationen um euch herum, die euch bei dem Prozess helfen. Egal ob ihr eines natürlichen Todes oder durch einen Unfall oder Mord sterbt – ihr werdet eure Aufgabe auf der Erde und euren Lebensvertrag erfüllt haben. Trotzdem muss die Vorbereitung langsam und sachte erfolgen. Außerdem müssen wir eure Angehörigen auf der anderen Seite darauf vorbereiten, euch zu empfangen. Eine Seele zu empfangen bedarf einer gründlichen Vorbereitung, da wir dafür sorgen müssen, dass alle hier auf ihre Rolle vorbereitet sind. Aber ihr könnt sicher sein, dass wir euch begleiten und lenken und genau wissen, wann der Zeitpunkt eures Übergangs sein wird.

Manche von euch werden nicht gehen wollen, obwohl ihre Zeit gekommen ist. Andere wählen einen zu frühen Übergang. Wenn ihr beschließt zu gehen, bevor eure Zeit gekommen ist, schicken wir euch zurück, wie zum Beispiel durch ein »Nahtoderlebnis«, weil ihr dann eure irdische Aufgabe noch nicht erfüllt habt. Es gibt auch Seelen, die Entscheidungen über ihren Tod treffen, die wir nicht lenken können. Darauf werden wir später eingehen.

In den meisten Fällen werden wir euch zwei Wochen vor eurem Übergang noch näher kommen und aktiver werden. In dieser Zeit unterstützen wir auch eure Freunde und Verwandten. Das tun wir beispielsweise, indem wir euch dazu bringen, eure Lieben anzurufen und ihnen Briefe zu schicken und die materiellen Dinge des Lebens zu ordnen, damit ihr euch keine Sorgen machen müsst, Unordnung zu hinterlassen.

Wir tun also alles, um euch zu lenken und vorzubereiten, aber zwingen können wir euch nicht. Manche Menschen wollen unsere Führung nicht annehmen, und das akzeptieren wir. Aber wenn sie dann hier ankommen, wird es umso schwerer für sie. Denn wenn sie zu wenig – oder gar nicht – auf den Übergang vorbereitet sind, können sie einen Schock erleiden, wenn sie merken, wo sie sind.

Wenn euch bewusst ist, dass ihr bald hinübergehen werdet, dann werdet ihr uns höchstwahrscheinlich bei unseren Vorbereitungen in eurem Umfeld wahrnehmen können. Wenn ihr kurz vor dem Übergang steht, wird der Schleier zwischen den beiden Welten dünn und wir machen ihn sogar noch dünner, indem wir euch zeigen, wie ihr eure Schwingungen erhöhen könnt. Wenn ihr eure Schwingungen erhöht, könnt ihr euren irdischen Körper leichter loslassen. Auch das gehört zum Übergangsprozess und dazu, wie wir euch auf euren Übergang vorbereiten.

Falls man euch gesagt hat, dass ihr bald sterben müsst, können wir euch leichter darauf vorbereiten, weil ihr dann eher bereit seid, das Unausweichliche zu akzeptieren. Vielleicht hat euer Arzt euch gesagt, wie lange ihr noch ungefähr zu leben habt, und ihr müsst daher der harten Tatsache, dass es geschehen wird, ins Auge sehen. Aber wenn ihr keine Informationen über den Zeitpunkt habt, an dem ihr möglicherweise sterben werdet, wird es ein bisschen schwerer, euch darauf vorzubereiten. Dann seid ihr vielleicht ein wenig dickköpfiger, und deswegen bereiten wir euch im Schlaf darauf vor.

Wir helfen euren Seelen, mit der Tatsache fertig zu werden, dass ihr bald sterben werdet. Wir sagen euch, was los ist, und wir lassen euch an die Orte gehen und die Menschen besuchen, die ihr aufsuchen müsst. Weil wir euch bei diesem Prozess helfen, wisst ihr, dass ihr gehen werdet, wenn ihr bereit seid zu gehen. Das tun eure Geistführer für euch. Weil sie seit Beginn eures irdischen Lebens eine Beziehung zu euch haben, wissen sie, was ihr braucht und was ihr nicht braucht.

Drei Tage vor eurem Übergang wird der Prozess noch intensiver. Dann begleiten wir euch Tag und Nacht, dann bleiben wir in der Nähe des Schleiers und sind euch bei allem, was ihr tut, nahe. Insbesondere achten wir auf euren Gemütszustand und helfen euch, so friedlich wie nur möglich zu werden. Denn wenn ihr keine Ruhe und keinen Frieden findet, lauft ihr Gefahr, während eures Übergangs zwischen den Welten gefangen zu werden. Es gibt viele Gründe, warum wir diesen Zustand für euch anstreben, aber darauf komme ich später zurück, um euch jetzt nicht zu verwirren.

Wir müssen euch dabei unterstützen, ruhig und friedlich zu werden, um sicherzustellen, dass ihr vor eurem Übergang alles Notwendige erledigt. Das ist die Zeit, in der eure Freunde und Verwandten unerwartete Anrufe von euch erhalten und ihr anfangt, ihnen gegenüber Gedanken und Gefühle zu offenbaren, die ihr bisher immer für euch behalten habt. Durch solche Ereignisse wird eure Umwelt die Veränderung und den Übergang spüren, wenn auch nur auf der unbewussten Ebene. Darum haben die Leute häufig das Gefühl, als würde bald irgendetwas passieren, ohne genau sagen zu können, was das ist.

Zu diesem Zeitpunkt bemühen wir uns auch darum, eure Seele von all dem schweren Gewicht zu befreien, damit ihr das Gefühl bekommt, wie neugeboren zu sein – denn genau so werdet ihr euch fühlen, wenn ihr wisst, dass ihr hinübergehen werdet. Ihr werdet euch frei und unbeschwert fühlen, weil ihr eure irdischen Fesseln und Pflichten abgelegt habt. Auch durch die Reinigung eurer Seele sorgen wir dafür, dass der Übergang ein leichter wird. Wir versuchen, euch alle Schuld, Hass, Angst, Wut – alles Negative – abzunehmen. Das ist nicht immer ganz leicht und deshalb tun wir es oft nachts, wenn euer Ich nicht im Weg ist und wir Zugang zu eurer Seele bekommen. Das Ich ist für uns alle eine hohe Hürde, die überwunden werden muss. Wenn wir auf der anderen Seite ankommen, verlieren wir das Ich, aber auf der Erde ist es ein harter Kampf. Nachts im Schlaf regeneriert sich euer Körper von selbst und wir reinigen und regenerieren eure Seele.

Normalerweise werdet ihr 24 Stunden vor eurem Übergang anfangen, weiße Lichtblitze zu sehen. Das ist der Zeitpunkt im Übergangsprozess, bei dem sich alle Geister, die euch abholen werden, zu einer Gruppe versammeln. Auf diese Weise können wir als Geist der verstorbenen Seelen durch den Schleier hindurch Verbindung zu euch aufnehmen, indem wir unsere gesamte Energie als geballte Masse nutzen können. Eine so konzentrierte Energiemasse braucht viele Quellen. Vielleicht spürt ihr uns in eurer Nähe oder könnt uns sehen und sagt anderen, dass wir im Raum sind. In manchen Fällen nutzt ein Mensch im Übergang unsere Energie, um das Bild einer anderen Person, die er wiedererkennt und möglicherweise in seinem Leben gekannt hat, zu projizieren. Wir alle helfen, das Bild zu formen. Das bedarf zwar einer Menge Energie, doch wir bereiten uns lange darauf vor, um jemandem zu helfen, der sich im Übergang befindet und unsere Unterstützung braucht.

Kurz vor dem Übergang entscheiden die Menschen, die krank sind und im Sterben liegen – und es wissen –, wann genau sie sterben werden. Das geschah bei Lisas Großmutter Frances, die sich anfangs heftig gegen den Tod wehrte. Sie kämpfte sogar gegen mich – Ben – an, bis sie mich endlich aus einem früheren Leben wiedererkannte. Und selbst dann wollte sie nicht akzeptieren, dass sie ihren Körper schon verlassen hatte.

»Ich gehe mal davon aus, dass du es bist«, sagte sie schließlich, als sie mich sah und erkannte. Wir mussten beide lachen und umarmten uns. Es war ein sehr schöner Augenblick, weil sie endlich losgelassen hatte. Wenn je-

mand sich gegen den Übergang wehrt und sich weigert zu sterben, müssen wir warten, bis die Körperfunktionen zum völligen Stillstand gekommen sind, wie es bei Lisas Großmutter der Fall war. Dann können wir die Seele aus dem Körper herausheben und zu uns herüberholen.

Die meisten Seelen lassen sich leicht dazu bewegen und machen die Sache einfach, aber es gibt Seelen, bei denen es schwieriger als gewöhnlich ist. Die Leichten suchen sich ihren Zeitpunkt aus und kommen bereitwillig zu uns. Sie entschließen sich, uns zu sehen, wenn wir in ihrer Nähe sind. Während sie zwischen Bewusstsein und Bewusstlosigkeit wechseln, sprechen wir mit ihnen. Sie sagen uns, ob sie schon bereit sind, und wenn ja, helfen wir der Seele, sich aus dem Körper zu erheben und die Schnur zu trennen, die Körper und Seele verbindet. Meist sucht sich die Seele den Zeitpunkt aus, nachdem sie die Erlaubnis bekommen hat zu gehen, zum Beispiel von einem Kind, das dabei ist, oder wenn alle Lieben schon am Sterbebett erschienen sind. Es kann auch sein, dass man einen Zeitpunkt auswählt, an dem keine Freunde oder Verwandten dabei sind, weil das eigene Ich noch stark ist und der Sterbende niemanden erschrecken will. Diese Möglichkeiten hängen von der jeweiligen Persönlichkeit und dem Wesen des Sterbenden ab.

Bis zu dem Moment, in dem man durch den Schleier tritt, hat man noch eine Wahl. Deswegen kann man selbst entscheiden, wann man gehen will und auf wen man noch warten möchte, bevor man geht. In manchen Fällen bekommt man nicht mehr alle Menschen zu sehen, die einem wichtig sind, weil der Körper schon vorher versagt. Das ist zwar schade, aber die Seele kann gut noch im Raum bleiben, bis diejenigen erscheinen, die man noch einmal sehen will.

Wenn jemand unter gewaltsamen Umständen plötzlich stirbt, wissen wir im Geist, wann das passieren wird, auch wenn wir nicht den genauen Augenblick kennen und daher vorbereitet sein müssen. Das ist, wie wenn man auf einen Ball wartet, der einem jederzeit zugeworfen werden könnte. So können wir die Seele auffangen, wenn sie aus dem Körper entweicht, noch bevor ein Trauma oder Schock den Körper erreicht. Deswegen sagen so viele auf dieser Seite des Schleiers, sie hätten im Augenblick eines tödlichen Unfalls nichts gespürt. Es ist schwer zu verstehen, wie der Betroffene keine Schmerzen gefühlt haben kann, vor allem, wenn der Tod durch eine Schießerei oder einen besonders schlimmen Unfall eingetreten ist. Doch immer wenn der Körper beim Übergang eine Form von Trauma oder Schock erleidet, entweicht die Seele. So stellt sie sicher, dass sie unversehrt und intakt bleibt. Der Grund dafür ist nicht, weil eine Seele beschädigt werden könnte, sondern weil sie sich vor Schmerzen schützt.

Bei einem Selbstmord ist die Sache ein wenig komplizierter. In so einem Fall tun wir alles, was in unserer Macht steht, um die Seele vorher zu trösten und zu verstehen. Wenn der Suizid schon länger geplant ist, können wir die Seele ausreichend auf den Übergang vorbereiten. Doch ein ungeplanter Selbstmord kann für uns überraschend kommen. Dann müssen wir rasch Geister versammeln, um der Seele beim Übergang zu helfen. Das ist nicht einfach, aber wir tun es – und wir tun es schnell. Manche Suizide sind vorherbestimmt – dann hat der Betroffene ihn schon lange vorher beschlossen. Das hängt oft von dem ab, was im vorherigen Leben geschehen ist. Dann tut man es, weil die Seele eine bestimmte Erfahrung machen muss oder um den Menschen, die man zurücklässt, eine bestimmte Lektion zu erteilen. Es ist schwer zu glauben, ich weiß, aber wir werden es später näher beleuchten, dann wird es klarer.

Ein aufschlussreiches Reading

Das folgende Reading, das ich für eine Frau abgehalten habe, deren Sohn bei einem tragischen Motorradunfall ums Leben kam, demonstriert Bens Erläuterungen deutlich.

Kay kam kurz nach dem Übergang ihres Sohns Chris zu mir. Chris zeigte sich mir genauso lebenslustig und charmant, wie er im Leben gewesen war. Natürlich freute sich seine Mutter darüber. Er fing an, über sein Leben und das, was er darin erreicht hatte, zu reden, um ihr zu beweisen, dass wirklich er es war.

Da Chris auf schreckliche Weise tödlich verunglückt war, hatte Kay die Einzelheiten der Todesumstände nicht wissen wollen. Aber jetzt wollte sie sie hören. Nach seinem Tod hatte sie sich geweigert, sich den Polizeibericht anzusehen. Da sie nicht wusste, wie es genau passiert war, fühlte sie sich nun unbefriedigt und konnte ihren Sohn nicht loslassen.

Während der Sitzung schilderte Chris im Detail, wie sich der Unfall zugetragen hatte. Später wurde das von den Polizeibeamten bestätigt, die an der Unfallstelle gewesen waren. Wie sich herausstellte, war der junge Mann beim Motorradfahren zu schnell in eine Kurve eingebogen. Dabei hatte er eine Ölspur erwischt, die durch ein anderes Fahrzeug verursacht worden war und die Kontrolle über sein Motorrad verloren. Glücklicherweise war niemand sonst am Unfall beteiligt.

Chris beschrieb, was er fühlte, als er auf seinem Bike durch die Ölspur rutschte:

> ***CHRIS*** *Da wusste ich Bescheid, Mom. Ich wusste es einfach. Mir war klar, dass ich es verlieren würde. Ich konnte das Bike nicht halten. Ich hab es versucht, aber ich konnte es einfach nicht. Du wolltest ja nie, dass ich Motorrad fahre, und es tut mir so leid. Aber ich bin immer vorsichtig gefahren.*
>
> [Kay nickt und weint leise]
>
> ***CHRIS***: *Es war ein komisches Gefühl. Ich habe die Kontrolle verloren. Es ist alles ganz langsam passiert, wie in einem langsamen Film. Ich begann zu fallen und mein Bein geriet unter das Bike. Ich flog auf die Betonmauer in der Kurve zu und dachte »Ach Shit, das wird gleich weh tun«. Ich versuchte, meinen Kopf zu schützen, aber als Nächstes spürte ich, wie ich aus meinem Körper herausgezogen wurde ... und dann schwebte ich und konnte alles sehen, was unten mit meinem Körper passierte.*
>
> **KAY**: [keuchend/erschüttert] Ich weiß gar nicht, was ich sagen soll. Ich bin geschockt!

CHRIS: *Ich befand mich schon vor dem Aufprall außerhalb meines Körpers, Mom, und deswegen habe ich nichts davon mitgekriegt. Ganz im Ernst. Das läuft immer so. Die Geistführer wissen schon vorher, wann sie dich holen und dir aus dem Körper heraushelfen müssen, und deswegen spürt man auch nichts. Ich hatte Glück. Du brauchst nicht zu weinen, Mom. Ich hab dich lieb und du kannst dich darauf verlassen, dass es mir gut geht.*

Zu wissen, dass der eigene Übergang ins Jenseits schmerzlos und mit der vollen Unterstützung des Geists erfolgt, ist sicher sehr beruhigend und sollte einem die Angst vor dem Tod nehmen. Doch es muss noch geklärt werden, wie der Übergang genau stattfindet – wer einen bei der Ankunft empfängt, ob es einen Himmel und eine Hölle gibt, und wie und wann man diejenigen auf der Erde, denen man nahesteht, besuchen kann.

In Teil II erfahren Sie, was Sie erwartet, wenn Sie von der irdischen Existenz Abschied nehmen und die Reise auf die andere Seite antreten – einen Prozess, der nicht nur sicher und schmerzlos ist, sondern auch der schöne Anfang Ihres »Lebens nach dem Leben«.

Teil II

Das Hinübergehen

Kapitel 5

Durch den Schleier

Durch den Schleier zwischen dieser Welt und der nächsten zu gehen, kann ein wunderschöner Prozess sein, der uns allen bevorsteht und den wir mit Freude annehmen sollten. Wie schon gesagt: Es gibt nichts, wovor man Angst zu haben braucht, wenn man von dieser Welt in die nächste geht. Im Gegenteil – der Übergang kann richtig spannend sein. Mein Geistführer Ariel sagt dazu:

> *Der Tod ist wie eine Reise ins All: Man weiß nie, was einem begegnen wird. Man muss diese Reise von ganzem Herzen annehmen. Macht euch klar, dass sie kommt, ganz egal, was ihr im Leben tut.*

Dank meines eigenen Nahtoderlebnisses weiß ich, wie es sich anfühlt, über die Schwelle zum Jenseits zu gehen. Diese Erfahrung zeigte mir, was passiert, wenn wir sterben, und ich möchte sie in diesem Kapitel mit Ihnen teilen.

Meine Reise hinüber – und zurück

Im April 2004 verließ ich während der Behandlung einer schweren Eileiterentzündung meinen Körper als Seele im Übergang. Ich ging durch den Schleier hindurch und wurde durch das weiße Licht in das hineingezogen, was uns alle auf der anderen Seite erwartet.

Viele haben schon von einem Nahtoderlebnis berichtet, als ihr Herz auf dem Operationstisch zu schlagen aufhörte oder während sie nach einem Unfall auf den Notarzt oder Wiederbelebungsversuche warteten. Es ist bemerkenswert, dass sich die geschilderten Erfahrungen außer ein paar wenigen Ausnahmen stark ähneln.

In meinem Fall gab es keine medizinischen Nachweise dafür, dass ich »gestorben« war, da ich an keinen Herzmonitor angeschlossen war. Ich erinnere mich jedoch daran, in meinen Körper zurückgekehrt zu sein – nachdem ich eindeutig und in allen Details den Übergang einer Seele ins Jenseits erlebt hatte – und meinen damaligen Partner Kevin zu hören, der in Panik einen Arzt holte.

Am Tag, bevor ich ins Krankenhaus kam, fühlte ich mich irgendwie komisch und benahm mich auch seltsam. Ich spürte meinen Geistführer Ben, der mich beschützte und nicht von meiner Seite wich. Nachmittags rief eine Freundin an und fragte, ob ich Lust hätte, irgendwohin mitzugehen. Normalerweise hätte ich spontan nach dem Mantel gegriffen und gefragt: »Klar, wo wollen wir hin?« Aber als ich diesmal »Klar« sagen wollte, kam das Wort »Nein« heraus. Es war, als hätte ich die Kontrolle über meinen eigenen Mund verloren. Ich dachte kurz darüber nach, was ich da gesagt hatte. Dann merkte ich, dass ich zu starke Schmerzen hatte, um auszugehen. Stattdessen legte ich mich ins Bett.

In dieser Nacht hatte ich einen Traum, in dem all meine Angehörigen vorkamen, darunter auch mein Großvater und Nan Frances. Ihre Gegenwart zu spüren war fantastisch. Wir hatten uns zu einer Hochzeit versammelt – zu meiner Hochzeit. Auch wenn ich mit einem mir unbekannten Mann tanzte, war ich von Menschen umgeben, die ich kannte und innig liebte: meiner Familie, meinen Geistführern, meinen Helfern ... alle im Geist.

Mitten auf dem Fest stach mir jemand in den Rücken. Der Schmerz fühlte sich ganz echt an, aber ich wusste nicht, wer mich angegriffen hatte. Ich stand unter Schock. Es war meine Hochzeit und jemand hatte mir in den Rücken gestochen! Während der bohrende Schmerz sich von der Wunde ausbreitete, machte ich mir Sorgen, dass mein Hochzeitskleid mit Blut durchtränkt würde, wenn ich nicht versuchen würde, es zu retten.

Ich wachte mit starken bohrenden Schmerzen im unteren linken Rückenbereich auf. Wie die Wunde in meinem Traum breitete sich der Schmerz über meinen Körper aus. Mein ganzer Oberkörper brannte. Es war unerträglich. Ich wurde ins nächste

Krankenhaus gebracht, das sich zufällig auf dem Campus der University of California in Los Angeles (UCLA) befand.

Obwohl ich vor Schmerzen halbblind war, merkte ich, dass Ben, meine Großmutter und mein Großvater im Auto mitfuhren, während ich ins Krankenhaus gebracht wurde. Es war nicht nur eine Energie, die ich spürte – ich konnte sie deutlich auf dem Rücksitz erkennen. Ich sah ihre Umrisse, ihre Gesichter, die Haarfarbe, die Augen und sogar ihre Bewegungen. Jedes Mal, wenn ich mich nach einem von ihnen umdrehte, war es, als würde ich einen Menschen aus Fleisch und Blut sehen, auch wenn mir klar war, dass es ein Geist war.

Außerdem hörte ich ein leises Summen im Kopf. Als ich mich trotz der Schmerzen darauf konzentrierte, hörte ich den Klang von Stimmen, die miteinander redeten – so als würden sich ganze Gruppen von Leuten leise flüsternd unterhalten, um nicht gehört zu werden. Es war seltsam und in gewisser Weise sogar tröstlich. Irgendwie wusste ich, dass mir nichts zustoßen würde.

Als ich in die Notaufnahme gebracht wurde, sah ich, wie meine drei Geistbesucher neben dem Rollstuhl, in dem ich transportiert wurde, hergingen. Auch wenn ich mich wunderte, was los war, dachte ich mir, dass sie auf mich aufpassen wollten. Es war für mich nichts Ungewöhnliches, Geister zu sehen, wenn ich krank war. Tatsächlich habe ich festgestellt, dass meine Fähigkeiten als Hellseherin und Medium in solchen Zeiten noch stärker ausgeprägt sind.

Ich ahnte jedoch nicht, dass meine Besucher aus einem ganz bestimmten Grund gekommen waren: um es meiner Seele zu erleichtern, sich aus meinem Körper zu lösen, damit ich das Trauma ertragen konnte, das ich gleich erleben würde.

*

Im Krankenhausbett bekam ich die schlimmsten Schmerzen, die ich je erlebt habe. Sie kamen in Wellen und wurden immer stärker. Der Schmerz wurde so intensiv, dass ich nicht mehr auf die Geister an meiner Seite achten konnte. Stattdessen musste ich mich darauf konzentrieren, mir selbst Heilenergie zu schicken, um die quälenden Schmerzen auszuhalten. Zwar konnte ich mich nicht rühren und meine Hände nicht auflegen, um die heilende Energie hindurchströmen zu lassen, doch ich konzentrierte mich in Gedanken darauf, so gut ich konnte.

Während ich Heilenergie in meinen Körper strömen ließ, überkam mich ein Gefühl völliger Ruhe. Meine Panik war wie weggeblasen und ich akzeptierte alles so, wie es kam. Ich atmete tief und wusste, mir würde nichts passieren. Dennoch wurden die Schmerzen trotz der immer höheren Morphiumdosen, die man mir gab, immer intensiver. Das Medikament wirkte nur eine Viertelstunde statt der erwarteten 45 Minuten. Jedes Mal, wenn mich der Schmerz wie eine Welle überrollte, steigerte er sich. Ich lag fast drei Stunden lang mit brennenden Schmerzen im Unterleib da. Bei jeder heftigen, schnellen Schmerzwelle bekam ich Krämpfe.

Ich weiß noch, dass ich dachte: *Bitte holt mich hier raus; ich halte das nicht mehr aus.* Dann machte ich die Augen zu und hörte auf, dagegen anzukämpfen. Ich gab auf und ließ den Schmerz durch mich hindurchfließen. Plötzlich wurde ich weggetrieben, als wäre ich von einem Anker losgemacht worden, der mich mit meinem Körper und den Schmerzen verbunden hatte. Ich trieb nicht unbedingt nach oben, wie man erwarten könnte, sondern eher weg. Dabei bewegte ich mich so mühelos, als würde ich von einer unsichtbaren, aber starken Strömung weggetragen. Meine Seele war nicht länger in meinem Körper gefangen. Ich war frei!

Wie ich nun merkte, waren die Schmerzen weg. Als Seele fühlte ich mich wohl, ja sogar pudelwohl. Mir war klar, wenn ich zurückschaute, würde ich meinen Körper im Bett liegen sehen – regungslos, leblos und mit gequältem Gesichtsausdruck – und so tat ich es nicht. Ich spürte, dass ich nur für eine kurze Zeit von den Schmerzen befreit sein würde, auch wenn es schien, als könnte es für immer sein. Ich flog wie ein Vogel am Himmel und schwebte mit Leichtigkeit über den Planeten Erde. Meine Seele war befreit.

Ich hatte das Gefühl, durch einen schimmernden Vorhang zu gleiten, und erkannte ihn als den Schleier, der die Erde vom Jenseits trennt. Mir war, als würde ich von einem Magneten hinter dem Schleier angezogen. Als ich auf der anderen Seite war, sah ich eine riesige Lichtkugel, die so hell war, dass sie das menschliche Auge geblendet hätte. Aber als Seele hatte ich keine physischen Augen, und so »sah« ich das Licht warm leuchten statt blendend grell.

Dann bewegte ich mich offensichtlich durch eine Art Tunnel, der schimmernd und lebendig war. Und am Ende des Tunnels war das weiße Licht, das jede meiner Zellen mit bedingungsloser, reiner Liebe erfüllte. Die Liebe, die ich fühlte, als ich ins weiße Licht hineinging, lässt sich nicht mit irdischen Begriffen beschreiben, da sie weitaus stärker war als jede Form der menschlichen Liebe, die man für einen Partner oder selbst ein Kind empfinden kann.

Immer noch schwebend und gleitend begegnete ich Nan Frances, mit der ich meine Gabe zu Lebzeiten geteilt hatte und deren Geist mir während meiner gegenwärtigen Qualen auf der irdischen Ebene zur Seite gestanden hatte. Jetzt stand sie lächelnd vor mir und breitete die Arme aus. Als ich auf sie zuging, fühlte ich mich von ihrer Liebe und derer aller anderen in unserer Nähe eingehüllt. Die Gesichter der anderen, die bei ihr waren, konnte ich nicht erkennen – ich sah nur sie. Nun schaute ich mich suchend nach meinem geliebten Großvater um, aber leider konnte ich ihn nicht finden.

Nan sagte: *Du bist noch nicht so weit, ihn zu sehen.* Es erschreckte mich, dass sie meine Gedanken lesen konnte, aber dann wurde mir klar, dass Seelen durch Gedanken und nicht durch ausgesprochene Worte miteinander verbunden sind.

Meine Großmutter lächelte immer noch, und wie ich feststellte, sah sie viel jünger und gesünder aus als beim letzten Mal, wo ich sie gesehen hatte. Sie war eine strahlende Erscheinung, und allein ihre Gegenwart fühlte sich unbeschreiblich schön an. Ich wollte mit ihr reden, aber während ich noch nach Worten suchte, sagte sie: Psst, versuche nicht zu sprechen. Hör mir zu.

Eine ganze Weile blickten wir uns an. Nan sah durch mich hindurch, als würde sie mir in den Kopf schauen und meine Gedanken lesen. Während wir uns so ansahen, überlegte ich fieberhaft: *Wo bin ich? Was mache ich hier eigentlich? Bin ich tot? Wer sind diese Leute? Warum höre ich ein Summen?* Während mir all diese Fragen durch den Kopf schwirrten, wurde ich von Nan unterbrochen.

Deine Zeit ist noch nicht gekommen, sagte sie. *Du musst zurück.*

Ich verstand zwar, was sie da sagte, aber ich wollte es nicht hören. Meine Schmerzen waren weg, und in meinen Körper zurückzukehren bedeutete, wieder diese schrecklichen Qualen ertragen zu müssen. Ich wollte hierbleiben. Ich wusste, dass mein Sohn versorgt sein würde, dass er bei meinen Eltern und seinem Vater sicher und geborgen leben könnte. Tatsächlich war für alles in meinem Leben gesorgt und alles würde auch ohne mich weitergehen. Und schließlich war ich schon im Jenseits – bedeutete das denn nicht, dass ich bleiben sollte?

Wieder antwortete Nan auf meine stillen Gedanken: *Es gibt für dich noch viel zu tun. Du bist eine Lehrerin und du wirst in deinem Leben noch vielen Menschen helfen.* Und plötzlich tauchte vor mir eine große Leinwand auf, auf der all das gezeigt wurde, was ich in meinem Leben noch zu erledigen habe. Ich betrachtete es und begriff, was sie meinte: Es war noch nicht der richtige Zeitpunkt für mich, um im Jenseits zu bleiben, und vor mir lagen noch wichtige Aufgaben.

Nan Frances sprach weiter, über den Sinn des Lebens und wie meine Gabe anderen helfen würde. Manchmal konnte ich sie unterbrechen, um etwas zu fragen. Sie zeigte mir mehrere Ereignisse und Situationen, die sich auf mich auswirken würden, und viele Entscheidungen, die ich noch treffen würde. Damals verstand ich alles, aber bei meiner Rückkehr vergaß ich es wieder. Trotzdem speicherte ich die Informationen in meinem Unbewussten ab – und wenn ich jetzt einen dieser mir gezeigten Momente erreiche, erkenne ich ihn wieder. Dann fühlt er sich wie ein deutliches Déjà-vu-Erlebnis an, so als hätte ich ihn schon einmal erlebt. Und das habe ich ja auch!

Mich auf diese Weise mit meiner Großmutter zu unterhalten war seltsam und zugleich wunderschön; es war, als wäre die Zeit stehen geblieben. In irdischer Zeit gemessen war mir, als hätte ich mehrere Stunden vor ihr gestanden, ohne dass mein »Körper« ermüdete. Es war ein unglaubliches Gefühl der Ewigkeit. Doch ich wurde traurig, als ich spürte, wie Nan und alle um uns herum anfingen zu verblassen und mir dadurch signalisierten, dass dieses so kostbare und liebevolle Gespräch langsam zu Ende ging.

Meine Großmutter betonte noch einmal, dass ich auf die irdische Ebene zurückkehren müsse, um meinem Sohn Charlie eine gute Mutter zu sein und Lehrerin zu werden. Ich war nicht sicher, was sie damit meinte, denn die ursprüngliche Vision, die sie mir gezeigt hatte, löste sich auf dem Rückweg auf. Ich war verwirrt, denn obwohl ich mich als Lehrerin hatte ausbilden lassen, hatte ich mich nach einer kurzen Erfahrung in einem echten Klassenzimmer gegen den Lehrerberuf entschieden. (Später wurde Nans Botschaft klar, als mir bewusst wurde, dass ich spirituellen Unterricht geben, übersinnliches Bewusstsein und die Tätigkeit des Mediums lehren sollte – und dass viele Menschen von mir lernen würden.)

Ich spürte meine Großmutter und ihre Helfer weggehen. Dann blickte ich an mir herunter und sah die Silberschnur, die mir noch aus der Kindheit vertraut war, aus meinem Körper hinauswachsen. Ich spürte ein Ziehen und das war es. Eine Kraft aus meinem Solarplexus holte mich mit einer solchen Wucht zurück, als wäre ich in den Schlauch eines Staubsaugers geraten.

Ich war zurück in meinem Körper ... der sich vor Schmerzen krümmte. Meine Seele fühlte sich wieder in meinem physischen Selbst gefangen; das bekam ich trotz der Qualen mit. Ich machte die Augen auf, um auf die Uhr auf dem Nachttisch zu schauen. Es war höchstens eine Minute vergangen.

Die Zeit war wirklich stehen geblieben.

Die Macht der Seele

Ich denke, der Gedanke an den Übergangsprozess ist nun nicht mehr so beängstigend für Sie. Da müssen wir alle durch, durch diese Passage, bei der die Seele vom Leben ins weiße Licht eintaucht, bevor sie das Jenseits erreicht. Es könnte auch hilfreich sein, wenn Ihnen bewusst ist, wie viel Macht Ihre Seele wirklich hat. Doch erst einmal möchte ich Ihnen Ihre Seele vorstellen.

Ihre Seele – nicht Ihr Bewusstsein oder Ich – ist die Essenz dessen, wer Sie wirklich sind. Deshalb wird jeder Aspekt Ihres Lebens und Sterbens von ihr bestimmt. Die Seele umfasst Ihre Persönlichkeit, Ihre Ängste, Ihre Liebe und Ihre Leidenschaft. Sie ist auch das, was unzerstörbar an Ihnen ist, denn sie kann niemals zerstört werden. Andere werden zwar versuchen, Ihre Seele zu brechen, aber sie ist zu stark für bleibende Schäden. Die Stärke Ihrer Seele ist kein körperliches Phänomen, sondern reine Energie, die in Ihrem Körper pulsiert und strahlt.

Ihre Seele hält den Schlüssel für alles, was Sie in Zukunft auf Erden erleben werden. Und für das, was Sie in Ihrem jetzigen und früheren Leben schon erlebt haben. Sie ist unglaublich stark, und deswegen müssen Sie diese Kraft und das, wofür sie steht, immer in Ehren halten.

Stellen Sie sich vor, dass Ihre Persönlichkeit in Ihrer Seele steckt. Durch Ihre Persönlichkeit lenkt die Seele die Art, wie Ihr Körper Ihr innerstes Wesen zum Ausdruck bringt. Wenn Ihre Seele beispielsweise glücklich ist und schwingt, treibt Sie das an, das auch körperlich zu zeigen. Denn Ihre Seele projiziert die fröhliche Energie auf Ihr Gehirn, das wiederum Signale an Ihre Muskeln sendet, damit sich Ihre Hände und Ihr Gesicht auf eine beschwingte Weise bewegen. Das zeigt, dass die Seele der wahre Kern dessen ist, wer Sie sind.

Wenn Sie andererseits traurig sind und Ihre Seele verletzt ist, reagiert Ihr Körper in einer ganz bestimmten Weise, um Ihren seelischen Schmerz auszudrücken. Ihre Seele lenkt alles an Ihnen. Deshalb ist positives Denken und das Projizieren positiver Gefühle und Gedanken auch so wichtig. Wenn Ihre Seele das glaubt, was Sie denken, werden sich alle Gedanken, die Sie aussenden, umsetzen und erfüllt werden. Das ist die Macht Ihrer Seele.

*

Mehrere Faktoren spielen bei der Frage, wann und wie sich die Seele von der irdischen Ebene verabschiedet, eine entscheidende Rolle.

Manche Menschen sterben, weil ihr »Zeitpunkt des Gehens« als Teil eines Plans, der vor ihrer Geburt festgelegt wurde, vorherbestimmt ist. (Das Thema Vorherbestimmung behandle ich in einem späteren Kapitel.) Wie eine Katze mit ihren neun Leben hat auch jeder von uns mehrere Zeitpunkte des Gehens. Die Entscheidung ist jedoch nicht immer leicht. Manche von uns haben mehrere solcher Zeitpunkte als andere und daher auch eine größere Auswahl. Aufgrund dieser Flexibilität können wir den Zeitpunkt unseres Übergangs in einem gewissen Maß durch unseren Lebenswillen selbst bestimmen. Ich habe zum Beispiel für viele Menschen Readings gehalten, die erfolgreich gegen eine unheilbare Krankheit angekämpft haben, weil sie fest daran glaubten, wieder gesund zu werden. Und da ihre Seele ihre Gedanken geglaubt und den Körper angewiesen hat, gesund zu werden, wurde er es auch.

Es funktioniert jedoch nicht immer so. Wenn sich jemand scheinbar von einer unheilbaren Krankheit wieder erholt, stellt sich die Frage, ob er es wirklich ernst meint? Denn wenn nicht, ignoriert die Seele die Falschbotschaft – und da der Körper von der Seele angewiesen wird, beginnen seine Funktionen zu versagen. Das war bei einem Klienten von mir so.

Ich war diejenige, die George sagte, dass er krank war und wegen seiner Symptome sofort einen Arzt aufsuchen sollte. Das tat er auch. (In solchen Situationen nehme ich die Frage *Wollen Sie wirklich alles wissen?* sehr ernst.) Wie sich herausstellte, hatte er Darmkrebs und nur noch ein paar Monate zu leben.

Nach der Diagnose sah ich George häufig und wandte meine Reiki-Fähigkeiten an, um ihm Heilenergie zu übermitteln. Aber jedes Mal hatte ich das Gefühl, als würde irgendetwas nicht passen – als würde er nicht wirklich an seine Genesung glauben.

Keiner seiner Freunde und Verwandten wollte, dass er den Kampf gegen den Krebs verlor, und deshalb hielt er an seiner positiven Einstellung fest. Seine Familie hörte von ihm genau das, was sie hören wollte: »Ich werde die Krankheit besiegen! Und wenn ich wieder gesund bin, dann werde ich ...« Doch bei meinen weiteren Readings und Reiki-Sitzungen mit ihm spürte ich, dass er am Aufgeben war, und wusste, dass er sterben würde. Vier Wochen, nachdem ich es zum ersten Mal bemerkt hatte, starb mein Klient friedlich im Schlaf.

Nicht lange nach Georges Übergang kam seine Tochter zu mir. Wie sie mir sagte, habe ihr Vater großes Vertrauen in meine Tätigkeit gehabt, und so hoffte sie nun, ich könne helfen, von ihrem Vater Abschied zu nehmen. Während der Sitzung mit ihr zeigte sich George anfangs so lebenslustig wie sonst. Doch schon bald bestätigte er, dass er während der Krankheit den Glauben an Genesung verloren habe und sich entschieden habe zu gehen. Auch wenn er seine positive Einstellung die ganze Zeit über beibehalten hatte, hatte er es im Grunde nur seinen Freunden und Verwandten recht machen wollen, da der Beschluss zu gehen längst von seiner Seele getroffen war. Er versicherte seiner Tochter, dass er den Zeitpunkt selbst gewählt habe und dass der Übergang ganz friedlich gewesen sei. Sie war sehr erleichtert, denn sie hatte befürchtet, dass er gegen seinen Willen gestorben sei und gelitten habe.

Aufbruch in die Freiheit des Geistes

Zu wissen, dass Ihre Seele unzerstörbar ist, wird es Ihnen leichter machen, in der Zeit des Übergangs stark zu bleiben. Mein nächstes Thema befasst sich damit, wie sich Ihre Seele befreit und was Sie danach als Seele erleben.

Wie schon erwähnt hängen Seele und Körper durch eine energetische Verbindung aneinander, die man die Silberschnur nennt. Wie viele Leute berichten, die schon außerkörperliche Erfahrungen (OBE) gemacht haben, ein Nahtoderlebnis hatten oder astral gereist sind, haben sie etwas gesehen, das wie ein Seil oder eine Schnur aussah. Diese Schnur funkelte mit einer Art silbriger Energie und kam aus ihrem Kopf, der Brust, dem Rücken oder dem Bauch heraus.

Die Silberschnur ist mit jedem der sieben Hauptchakren verbunden – den sprudelnden Wirbeln, die Ihrem Körper als natürliche Energiezentren dienen. Diese Schnur ist auch das Lebensband, durch das Ihre Seele Energie und Informationen an Ihren physischen Körper sendet, gleich der Nabelschnur, die dem ungeborenen Baby Nahrung zuflößt.

Im Schlaf verlässt Ihre Seele häufig den Körper, damit sich Ihr physisches Selbst von einer Krankheit oder einem Trauma erholen kann, oder um zu reisen und wichtige Lektionen zu lernen. In meiner Funktion als Lehrerin verlasse ich meinen Körper oft, um meinen Schülern die Grundsätze der Spiritualität zu vermitteln. Es ist für mich nichts Ungewöhnliches zu träumen, ich würde jemanden treffen, und später zu erfahren, dass der oder die Betreffende den gleichen Traum hatte wie ich.

Da die Silberschnur dehnbar und stabil ist, kann sie eine Menge Astralreisen aushalten und sich über scheinbar große Entfernungen ausdehnen. Doch sie lässt Sie nur eine bestimmte Strecke zurücklegen, bevor sie Sie schnell wieder zurückzieht. So bleiben Sie in Ihrem Körper fest mit der physischen Welt verankert.

Das ändert sich jedoch allmählich, wenn Sie darauf vorbereitet werden, ins Jenseits hinüberzugehen.

Während dieses Prozesses werden Sie körperlich schwächer, da die Seele oder die Chakren, die mit der Seele verbunden sind, Ihrem Körper weniger Energie zukommen lassen. Auch Ihre Aura (der äußere Ausdruck Ihres energetischen Körpers) verändert sich nun – und da sie mit den Hauptchakren verbunden ist, werden auch die beeinträchtigt und schwächen die Silberschnur noch mehr. Während sich Ihre Seele vom Körper weg nach oben schwingt, reißt die dünn gewordene Schnur. Wenn das geschieht, sind Sie nicht länger in Ihrem physischen Körper verankert und der Tod ist unumgänglich. Dann hat Ihre Reise wirklich begonnen.

Bei tragischen Unfällen, die zu einem Trauma und dem Tod führen, reißt die Schnur oft noch vor dem schmerzhaften Aufprall des Körpers. Wie schon erwähnt geschieht das, um der Seele die Qualen zu ersparen, die der Körper bei einem plötzlichen Tod erleidet. Ich habe schon viele Sitzungen abgehalten, in denen der Geist eines Betroffenen erschien und demonstrierte, wie er schon vor dem tatsächlichen Aufprall hinüberging. Näheres darüber erfahren Sie im Schlusskapitel, in dem ich mein Reading mit Kay, der Mutter des jungen Motorradfahrers, schildere.

Wenn Sie Ihren Körper verlassen und die Silberschnur endlich reißt, stellt sich ein beglückendes Gefühl ein, während sich die

Seele von der Hülle befreit, in der sie so lange gefangen war. Manchmal schnellt die Seele aus dem Körper, manchmal erhebt sie sich langsamer aus ihrer irdischen Hülle. Aber egal wie – wenn die Schnur reißt, ist Ihre Zeit in diesem Körper vorbei. Dann ist Ihre Seele wirklich frei – wie ein Hund, der sich die Wassertropfen aus dem Fell schüttelt, schütteln Sie den Körper ab und lassen ihn hinter sich.

Das weiße Licht auswählen

Wenn die Schnur reißt, schwebt der Großteil der Seele auf den Schleier und dann auf das weiße Licht zu. Diese Entscheidung wird von der Seele getroffen (und wofür auch ich mich bei meinem Nahtoderlebnis entschied). Diejenigen, die diese Richtung nicht einschlagen, bleiben im sogenannten »Strudel« stecken, der weder die irdische Ebene noch die des Jenseits ist. Im nächsten Kapitel gehe ich näher auf das Schicksal der Seelen ein, die zurückbleiben, doch an dieser Stelle möchte ich beschreiben, was Sie erwartet, wenn Sie durch den Schleier gehen und auf das weiße Licht zuschweben.

Obwohl die spirituelle Welt in einer anderen Dimension und Zeit liegt, können wir uns von der irdischen Welt aus Zugang zu ihr verschaffen. Linear-räumlich betrachtet stehen die Geister, die bei Readings erscheinen, in der physischen Welt ungefähr einen knappen Meter von uns entfernt. Tatsächlich sind sie jedoch in einer anderen Dimension einer höheren Schwingungsfrequenz. Wenn also die Seele den Körper in einem Winkel von 20-30 Grad verlässt, entfernt sie sich nur ungefähr neunzig Zentimeter vom Körper. Hier schwebt sie unter der ständigen Hilfe ihrer Geistführer durch den Schleier und ins weiße Licht. In den Worten des Geistältesten Josiah:

> *Das magische weiße Licht würde das menschliche Auge blenden, aber für uns ist es die reine Liebe, die alles bisher Gekannte überflügelt und eine Kostprobe von dem ist, was noch kommt.*

Bevor Sie das weiße Licht erreichen, schweben Sie durch eine Art Tunnel. Er ist jedoch nicht wie ein üblicher Tunnel – also dunkel und unheimlich –, sondern flimmert, wie wenn er von

Energiewellen durchflutet ist. Stellen Sie sich vor, Sie würden an einem heißen Sommertag über die Motorhaube eines Autos, dessen Motor schon länger gelaufen ist, blicken und flimmernde Umrisse in der Ferne sehen. So wirkt der Tunnel, während Sie sich durch ihn hindurchbewegen. Er ist der Anfang Ihrer Reise in die spirituelle Welt. Hinter dem Tunnel sehen Sie ein Licht, das Sie wie ein Magnet anzieht. Durch den flimmernden Tunnel hindurch nähern Sie sich immer mehr dem strahlend hellen weißen Licht.

Während des gesamten Übergangsprozesses können Sie Ihre verstorbenen Angehörigen jederzeit auf der anderen Seite auf Sie warten sehen. Sie wirken greifbar nahe, aber Sie können sie erst berühren, wenn Sie durch den Tunnel gekommen sind. Vielleicht sehen Sie auch Bekannte aus dieser Welt, die schon hinübergegangen sind und die Sie so willkommen heißen, als würden Sie an einen vertrauten Ort zurückkehren. Und das ist er auch.

Sobald Sie ins weiße Licht eintauchen, werden Sie von einem Gefühl des Friedens und der Liebe durchdrungen. Josiah erläutert es wie folgt:

> *Das weiße Licht ist rein und hell, und wenn ihr durch das Licht hindurchgeht, betretet ihr eine andere Dimension. Das Licht dient dazu, euch zu heilen, euch zu helfen, die Emotionen des Übergangs abzustreifen – die Angst, das Trauma, die Schmerzen und das Leid – alles, was weh tut. Im weißen Licht werdet ihr vom körperlichen Todesschmerz geheilt und darauf vorbreitet, in die nächsten Phasen des Lebens einzutreten.*

Wenn der Übergang mit einem Schock oder schmerzhaften Erinnerungen verbunden ist, werden sie durch das Eintreten ins weiße Licht gemildert. Ein noch tieferer und vollständigerer Heilungsprozess tritt ein, wenn Sie das Jenseits erreicht haben, doch die Passage durch das weiße Licht ist die erste Heilphase. Sie bereitet Sie auf das Weitere vor.

Sie sehen, man muss vor dem Übergang von diesem Leben ins Jenseits keine Angst haben. Wir fürchten uns nur deshalb davor, weil wir nicht mehr wissen, wie es vor unserer irdischen Existenz war. Doch sobald Ihre Seele den Körper verlassen hat, wissen Sie instinktiv, was Sie tun müssen. Sie haben es nämlich schon mal erlebt – und wie beim Fahrradfahren verlernt man es nie mehr. Dieses Wissen schlummert in Ihrem Unbewussten und steht Ihnen zum Zeitpunkt des Übergangs wieder zur Verfügung, damit Sie bei vollkommenem Bewusstsein sind und alle Ängste ablegen. Außerdem geht die Seele in ungefähr fünf Sekunden irdischer Zeit durch den Schleier ins weiße Licht – also ganz schnell und leicht!

Am wichtigsten ist es jedoch, sich bewusst zu machen, dass wir alle aus dem Jenseits kommen. Daher wird sich die Rückkehr dorthin sehr vertraut anfühlen. Menschen, die kurz vor dem Übergang stehen und ihr irdisches Leben hinter sich lassen möchten, sagen oft, sie wollen »nach Hause« gehen. Ja, die Seele hat einen freien Willen und jede reagiert je nach den Umständen anders. Doch jeder von uns – darunter auch die verstörteste Seele – wird den Weg zur ultimativen Heilung und Entwicklung einschlagen.

Obwohl alle Seelen irgendwann die Reise der Vergebung und des Friedens im Jenseits antreten werden, gibt es Seelen, die sich zwar von ihrem irdischen Band losreißen, aber nicht gleich das weiße Licht anstreben. Die meisten von ihnen entschließen sich, noch zu bleiben und sich um unerledigte Dinge zu kümmern, während sie noch eng mit der irdischen Welt verbunden sind. Eine solche Entscheidung kann dazu führen, dass eine Seele zwischen den beiden Welten hängen bleibt und befreit werden muss.

Das Schicksal der sogenannten Gespenster – und das der verstörten oder »dunklen« Seelen, denen der Zugang durch das weiße Licht verschlossen bleibt – wird im nächsten Kapitel näher untersucht.

Kapitel 6

Himmel oder Hölle – Zwei verschiedene Wege

Während die meisten Seelen, die ins Jenseits übergehen, gleich das weiße Licht erreichen, gehen manche Seelen einen anderen Weg. Manche bleiben noch da, um ihre Angelegenheiten in Ordnung zu bringen oder weil sie im Strudel zwischen den Welten gefangen sind und den Weg nicht von allein finden. Andere Seelen dringen noch nicht zum weißen Licht vor, sondern müssen erst noch durch ein anderes Tor, das sie zu einer anderen Heildimension führt. Hierbei handelt es sich um verstörte Seelen, deren Weg durchs Jenseits sich von dem der meisten anderen unterscheidet. Ihr Schicksal nennen die konventionelleren Religionen »Hölle« als scheinbaren Gegensatz zum »Himmel« des weißen Lichts.

Im folgenden Kapitel beschreibe ich den Übergang beider Seelenarten: den Seelen, die für einen gewissen Zeitraum zurückbleiben, bevor sie durch das weiße Licht hinübergehen, und derjenigen Seelen, die gar nicht durch das weiße Licht gehen, sondern über einen anderen Weg im Jenseits ankommen.

Spuk und Gespenster

Wie schon gesagt, behält die Seele die individuelle Persönlichkeit und Erfahrungen eines Menschen, auch wenn sie nicht länger durch die Silberschnur mit dem Körper verbunden ist. Beides beeinflusst die Entscheidungen und Möglichkeiten der Seele beim Übergang ... und trotz der vielen Fernsehsendungen über dieses Thema geht eine Seele immer aus freiem Willen. Sie wird nie zum Übergang gezwungen, getrickst oder manipuliert; sie muss bereit sein zu gehen.

Sobald die Seele den Körper verlassen hat, fühlt sie sich wie befreit. Jetzt ist sie frei von den Fesseln eines Körpers, den sie vielleicht gar nicht gemocht hat, frei von Schmerz und Leid und frei von anderen Problemen, die das Leben ihr in den Weg gelegt hat. Stellen Sie sich vor, Sie hätten sehr lange in einem Gips gelegen, wären dann plötzlich von dem Gips befreit worden und könnten sich ohne Einschränkungen frei bewegen. Wenn Sie dieses Gefühl der Befreiung mal 100 nehmen, bekommen Sie eine Vorstellung von der Freiheit, die Sie ohne einen Körper erleben werden.

Doch nicht alle Seelen sind bereit, die irdische Ebene zu verlassen und ins weiße Licht überzugehen. Manche glauben, sie müssten in der Nähe bleiben und sich um ihre trauernden Angehörigen kümmern oder sie dabei unterstützen, die Umstände des Übergangs zu verstehen.

Ich bin Geistern begegnet, denen gar nicht bewusst war, dass sie gestorben waren, und die versuchten, ihr bisheriges Leben weiterzuleben, als wären sie noch da. Und ganz selten kommt es sogar vor, dass eine Seele aus Angst vor dem, was auf der anderen Seite auf sie wartet oder wie ihre Lieben reagieren werden, gar nicht hinübergehen will.

Aus welchen Gründen auch immer Seelen zurückbleiben – ob freiwillig oder weil sie im Strudel zwischen der irdischen Ebene und dem Jenseits hängen geblieben sind – sie sind die Ursache eines »Spuks«. Vielleicht haben Sie schon mal ein altes Haus oder Schloss erlebt, in dem es gespukt hat, und eine Präsenz in den Zimmern oder auf dem Flur gespürt. Diese Präsenz kann ganz real sein; gewöhnlich deutet sie tatsächlich darauf hin, dass die Seele eines Menschen, der früher dort gelebt hat, nicht gehen will und nach dem Verlassen des Körpers beschlossen hat zu bleiben. Diese Art von Seele wird als »Gespenst« bezeichnet.

Beachten Sie jedoch eines: Eine Präsenz zu spüren muss nicht bedeuten, dass es spukt. Möglicherweise spüren Sie stattdessen die energetischen Reste früherer Aktivitäten, die an diesem Ort stattgefunden haben. Wenn man durch ein Einkaufszentrum geht, das gerade erst geöffnet wurde, kann man auch die Präsenz einer Energie spüren. Das ist, weil Tausende von Käufern jeden Tag über dieselben Gänge laufen und dabei eine Energiespur zurücklassen. Was man spürt, ist also ein Rest an Energie, der im Raum bleibt.

Anders ausgedrückt: Nicht jedes komische Gefühl, das Sie beschleicht, ist ein Spuk – manchmal spürt man in Wahrheit den Fingerabdruck, den die Energie lebender Wesen hinterlassen hat. Josiah hat den Unterschied beschrieben und erklärt, dass Seelen, die zurückbleiben, dazu neigen, verstört – beziehungsweise widerwillig – zu sein:

> *Seelen, die dem weißen Licht fernbleiben, sind verstörte Seelen, die nicht weitergehen können. Sie können mit dem Tod nicht umgehen und werden zu »spukenden Gespenstern«.*

Gespenstern – beziehungsweise widerstrebenden Seelen – kann durch die Unterstützung der Meisterführer und Geistführer auf der anderen Seite geholfen werden, ins weiße Licht hineinzugehen. Der Geistführer Ben beschreibt, wie die Arbeit mit Seelen, die zurückgeblieben sind, aussieht:

> *Wir helfen ihnen durch den Prozess hindurch und zeigen ihnen das Leben, das sie haben können – das Glück und die Liebe, die sie umsetzen können –, wenn sie ins Jenseits übergehen. Manche gehen darauf ein, manche auch nicht. Manche Seelen kommen schnell und leicht, andere sträuben sich. Wir tun, was wir können. Aber manchmal wirkt es auf eine Seele äußerst verlockend, zurückzubleiben statt hinüberzugehen, vor allem auf verstörte Seelen, die ihren Feinden oder Dämonen im Jenseits nicht begegnen wollen.*

Ich persönlich hatte schon viele Erlebnisse mit Gespenstern und spukenden Orten und ich glaube, die folgenden Fälle beleuchten dieses Phänomen:

– Beim Dreh meiner Fernsehsendung *Life Among the Dead* untersuchten wir einen Spuk im Glen Tavern Inn in Santa Paula, Kalifornien. Als die Geschäftsführerin Monica mir Zimmer Nr. 307 zeigte, spürte ich auf Anhieb die Energie einer Frau, die sich weigerte hinüberzugehen. Wie Monica mir sagte, war vor ein paar Jahren in der Pension ein Mord geschehen, der nie gelöst worden war. Wie sich herausstellte, war ich der Seele der umgebrachten Frau begegnet, die zurückgeblieben war, um ihren Mörder zu suchen, und die seither in der Pension umherspukte. (Leider konnte ich der Seele nicht helfen weiterzugehen, da sie sich weigerte, das Gasthaus zu verlassen. So verbrachte ich die ganze Nacht damit, mit vielen anderen Geistern zu kommunizieren. Tatsächlich tauchte plötzlich ein anderer Geist auf – der eines Mannes, der beim Kartenspielen in eben diesem Zimmer erschossen worden war.)

– Ich wurde gerufen, um ein Haus in England zu untersuchen, das einer Familie gehörte, die in den Kinderzimmern unheimliche Dinge erlebte. Elektronische Spielsachen schalteten sich mitten in der Nacht plötzlich ein, obwohl der Stecker herausgezogen war und die Akkus entfernt worden waren, und Lichter und Fernseher gingen von alleine an und aus.

Mein erster Besuch fand tagsüber statt und ich konnte nichts feststellen. Doch die Unruhe, die von der Mutter ausging, sagte mir, dass irgendwas nicht in Ordnung war. Da ich selbst Mutter bin, konnte ich das nicht übersehen und wusste, dass etwas im Gange war. Also kam ich gegen einundzwanzig Uhr abends zurück und sah die merkwürdigen Ereignisse mit eigenen Augen.

Durch ein paar Fragen fand ich heraus, dass 1941 zwei Kinder bei einem Brand in dem Haus ums Leben gekommen waren. Ihre Mutter hatte überlebt und war nach dem tragischen Unfall weggezogen, vermutlich weil sie es nicht ertrug, ohne ihre Kinder weiter in dem Haus zu wohnen. Die Seelen der Kinder waren jedoch dageblieben – in den letzten fünfzig Jahren hatten sie ihre Mutter gesucht, um sie vor dem Feuer zu retten. Die beiden verlorenen Seelen spielten gerne mit den Spielsachen der Familie, die jetzt im Haus lebte, und sie waren auch die Verursacher der seltsamen nächtlichen Störungen. Im »spukenden« Fernseher war zum Beispiel immer der Cartoonsender eingeschaltet, und so konnten sie sich wie ganz normale Kinder die Zeit vertreiben.

Ich musste die kindlichen Gespenster dazu bringen, mit mir zu reden, damit ich ihnen Anweisungen geben konnte, wie sie durch den Schleier gehen könnten. Die Kommunikation mit ihnen war nicht einfach, da sie immer wieder wegrannten, um weiterzuspielen. Glücklicherweise kam mir mein Geistführer Ben zu Hilfe und informierte mich, dass die Mutter der beiden in der Zwischenzeit ins Jenseits übergegangen war. Sie hatte versucht, ihren Kindern auf die andere Seite zu helfen, doch die hatten nicht auf sie gehört. Sie hatten zu viel Spaß mit dem Spielzeug der neuen Familie!

Der Versuch, einer widerstrebenden Seele den Übergang ins Jenseits zu erleichtern, ist immer mit Verhandlungen verbunden. Deswegen ist häufig Unterstützung nötig. Ben gab mir diese Hilfestellung und zeigte den Kindern den Weg zum Tunnel und dem weißen Licht. Schließlich sahen sie ihre Mutter auf der anderen Seite auf sie warten. Zuerst konnten sie es nicht glauben, doch nach einigen Überredungskünsten gingen sie durch den Schleier in die Arme ihrer Mutter. Und das Haus, das von den Aktivitäten der beiden Seelen so gestört worden war, fand endlich Ruhe.

– Die weiterentwickelten modernen Techniken helfen zu beweisen, dass es ein Leben nach dem Tod gibt und dass Seelen weiterleben – manchmal auch zwischen den Welten gefangen. Darüber gibt es in England und den USA viele Fernsehsendungen, in denen Leute sich mit elektromagnetischen Messgeräten (EMF) und anderen elektronischen Geräten auf Gespenstersuche begeben. Dank meiner Freunde an der Westküste, die TAPS, der Parapsychologischen Gesellschaft an der Atlantikküste angehören, kenne ich mich mit der praktischen Anwendung solcher Geräte aus, mit denen sich körperlose Energien oder Geister aufspüren lassen.

Meine Bekannten schickten mir die Aufzeichnung eines Gesprächs mit einem Geist, für das eines dieser Geräte verwendet worden war, und ich konnte seine Worte deutlich hören. Wie mir berichtet wurde, haben sich die Informationen, die Geister durch diese Geräte weitergeben, bei ihrer Überprüfung als sehr akkurat herausgestellt.

In einer bestimmten Situation, die sich bei den Recherchen der Paranormal Society einstellte, war »Interviewer« – der Fragen wie »Ist jemand da?« und dann »Wer bist du?« fragt – dabei. Er versuchte, den Namen eines Geists herauszufinden, der bei dieser Sitzung mit ihm kommunizierte. Während des Smalltalks, der ungefähr fünfzehn Minuten dauerte, scheiterte der Interviewer immer wieder daran, den Namen des Geists richtig zu buchstabieren, woraufhin der Geist herablassend und sehr deutlich meinte: »Du bist ein Idiot!«

Normalerweise würde eine Seele, die hinübergegangen ist, etwas so Unhöfliches niemals sagen, doch für eine Seele, die den Übergang nicht geschafft hat, die gefangen ist und immer noch die irdische Denkweise hat, ist so etwas gut denkbar. Denn solche Seelen können sehr stur und schwierig sein – vor allem da sie noch nicht durchs weiße Licht gegangen sind und ihre Heilreise noch nicht angetreten haben.

Schutz vor einem körperlichen Angriff

Gelegentlich erscheinen Geister, die zwar im Leben negativ eingestellt waren, die jedoch seit ihrem Heilungsprozess im Jenseits (auf den ich in Teil III näher eingehen werde) die höchste Stufe ihres Wesens erreicht haben. Dank der Heilung ist die Kommunikation mit ihnen so aufrichtig und vollkommen wie nur möglich.

Andere, mit denen ich in Kontakt komme, behalten ihre negative Energie bei, weil sie noch nicht durch das weiße Licht hindurchgegangen sind. Beim Umgang mit solchen Geistern muss ich mich selbst schützen und mir die Unterstützung einer meiner Geistführer holen. Ihre Hilfe garantiert meine Sicherheit und verhindert, dass sich negative Energie an mir festsetzt – denn sonst könnte der Geist mich körperlich angreifen und meine Energie vollkommen aussaugen.

Waren Sie schon einmal in einem total vollgestopften oder unordentlichen Zimmer oder Haus und fühlten sich darin irgendwie unwohl? Waren Sie beim Weggehen erschöpft oder traurig? Wenn ja, waren Sie womöglich selbst schon mal die Zielscheibe eines solchen Angriffs.

Wann immer negative Energie vorhanden ist, muss sie gereinigt werden. Am einfachsten geht das durch das Verbrennen von indianischem weißen Salbei; der Rauch reinigt den Raum oder die Aura einer Person. Mithilfe dieses uralten Rituals lässt sich ein Ort ausräuchern, an dem sich negative Geister aufhalten. Ich wende diese Methode oft an, wenn ich mich in der Gegenwart von jemandem mit negativer oder nur wenig Energie befinde oder wenn ich in einem Raum arbeiten muss, in dem eine bedrückende Atmosphäre herrscht.

*

In meinem ersten Buch, *Life Among the Dead,* schildere ich eine meiner schockierendsten Erfahrungen mit negativer Energie, die ich je gemacht habe. Hier noch einmal für diejenigen unter Ihnen, die das Buch nicht gelesen haben:

Es war an einem Freitagabend, an dem ich eine Freundin zu Besuch hatte. Charlie, der damals fünf war, wollte in Mamas Bett schlafen. Da er das nur selten möchte, erlaubte ich es ihm für diese eine Nacht.

Gegen zwei Uhr morgens wollte meine Freundin langsam aufbrechen, als Charlie plötzlich gellend schrie. Ich rannte nach oben in mein Zimmer. Charlie saß aufrecht in meinem Bett und starrte mit weit aufgerissenen Augen auf eine Stelle über dem Fenster. Auf der Wand war der Schatten eines Mannes zu sehen, der scheinbar ein großes Messer gezückt hatte und meinen Sohn angreifen wollte.

Charlie zitterte, und so umarmte ich ihn fest, während ich mich nach der Ursache für den Schatten umsah. Doch als ich mich wieder umdrehte, war der Schatten verschwunden. Zurück blieb nur die leere dunkle Wand. Ich hob meinen Sohn hoch und trug ihn die Treppe hinunter. Im Wohnzimmer saß meine Freundin, die äußerst erschrocken wirkte. Wie sie mir sagte, hatte sie gerade gesehen, wie ein dunkler Nebel die Treppe hinunterkam, an ihr vorbeizog und durch die Küche nach draußen schoss.

Ich beschloss, das Haus für die Nacht zu verlassen und am nächsten Tag wiederzukommen, um das Problem bei Tageslicht anzugehen. Ich wusste, ich würde damit fertig werden, und hatte daher auch keine Angst, wollte jedoch Charlie nicht im

Haus haben. Er ist sensibel, und die dunkle Energie hatte ihn schon genug traumatisiert.

Am nächsten Tag kam ich zurück, um ein paar Readings abzuhalten. Charlie hatte ich bei meinen Eltern gelassen, um den Geist allein zu konfrontieren. Aus Erfahrung wusste ich, dass diese Seele nur gehen würde, wenn ich sie mit mir kommunizieren ließ. (Das ist bei Geistern, die zurückbleiben, häufig der Fall – sie wollen eine Botschaft loswerden, und deswegen bleiben sie und machen so lange Blödsinn, bis die Botschaft angekommen ist.)

Wie erwartet kam der Geist wieder. Als ich in dem Zimmer meditierte, in dem ich immer meine Sitzungen veranstalte, fühlte ich seine Gegenwart. Daher ging ich hinauf ins Schlafzimmer, wo der Geist letzte Nacht sein Unwesen getrieben hatte, und begann, mich mit ihm zu unterhalten. Er sagte, sein Name sei Jimmy und er hätte die drei Töchter seiner Frau geschlagen. Dann nannte er mir die Namen der Mädchen.

Ich fragte ihn, warum er meinen Sohn zu Tode erschreckt habe. Er sagte, er wisse nur, wie man Kinder auf sich aufmerksam machen könne, aber in Wirklichkeit habe er versucht, meine Aufmerksamkeit zu erringen. Auch wenn seine Erklärung Sinn ergab, hörte ich das gar nicht gern und dachte: Na toll, und dazu musstest du meinen Sohn benutzen!

Dann erzählte Jimmy mir, dass er Selbstmord begangen hatte und nicht ins Jenseits übergehen wollte, weil er seinen Eltern nicht begegnen wollte. Er hatte Angst davor, wie sie auf ihn reagieren würden. Wie sich herausstellte, hatten seine Eltern ihn genauso verprügelt wie er seine Stieftöchter. Er befürchtete, nach dem Übergang mit ihnen in der spirituellen Welt gefangen zu sein, was schlimm für ihn wäre.

Jimmy wollte zwar von seiner Angst geheilt werden, doch er war immer noch eine zutiefst verstörte Seele, die ins weiße Licht eintauchen musste, um überhaupt Heilung zu erfahren. Nach einigen Überredungskünsten und mit der Unterstützung von Ben und anderen Geistführern tat er das schließlich auch – er ging ins weiße Licht und in die Arme seines Beschützers, eines Geistführers, der schon zu Jimmys Lebzeiten eingegriffen hatte und ihn von den prügelnden Eltern ferngehalten hatte.

Jimmys Geist war zu mir gekommen, weil er gehofft hatte, ich könnte seiner Familie sagen, dass ihm leidtat, was er den Töchtern angetan hatte und wie er gestorben sei. Zu wissen, dass er jetzt in Sicherheit war und vom Geist geheilt wurde, war tröstlich, aber gleichzeitig lernte ich durch Jimmy, dass es Seelen gibt, die aus Angst, sich ihren früheren Taten stellen zu müssen, zurückbleiben.

Unerledigte Angelegenheiten

Seelen, die bleiben, um sich um unerledigte Dinge zu kümmern, bewohnen den Vortex – den Raum zwischen den Welten. Stellen Sie sich zwei Glasscheiben vor, bei der die irdische Welt die eine Scheibe und die spirituelle Welt die andere ist. Der Zwischenraum wäre dann der Vortex, in dem Geister sich an irgendeinem Vorsprung festklammern und hängen bleiben. So können verstorbene Seelen an unserer Welt teilnehmen und Verbindung zu uns aufnehmen.

Seelen sind nicht dazu verdammt, im Vortex zwischen den Welten zu bleiben und nie ins weiße Licht eingehen zu können – sie haben die Wahl zwischen Bleiben oder Gehen. Doch wenn sie lange bleiben, sind sie wie gefangen und unfähig weiterzugehen, bevor ihre Angelegenheiten geregelt sind. Eine unerledigte Sache ist zum Beispiel, wenn ein Mord passiert und die Seele des Opfers den Täter kennt und bleibt, um ihren Verwandten bei dem Erbringen von Beweisen zu helfen.

Während sich Seelen im Vortex befinden, können sie sich deutlich bemerkbar machen. Manchmal legen sie Hinweise für einen Menschen aus oder manipulieren Gegenstände, um Hilfe zu bekommen. Das geschieht jedoch meistens nur in Extremfällen; die meisten Seelen können ihre Bedürfnisse oder die Informationen, die sie loswerden wollen, auf liebevolle und sanfte Weise herüberbringen.

So schaffte es auch eine Seele, die während einer Show, die ich vor ein paar Jahren an der Ostküste gab, erschien. Dave war im Vortex gefangen, weil er ermordet worden war und der Täter noch nicht ermittelt werden konnte. Dave wollte mit jemandem von den Zuschauern kommunizieren, wusste jedoch nicht, wer das war. Daher rief ich nur laut den Namen »Dave«, woraufhin sich seine Tochter überrascht meldete. Sie hatte nicht erwartet, dass ihr Vater den Kontakt zu ihr suchen würde – vielleicht, weil sein tragischer Tod erst wenige Wochen her war.

Geister, die noch nicht durch den Schleier hinübergegangen sind, können sehr deutlich auftreten. Das ist vor allem deswegen, weil sie ihre irdischen Bande noch nicht abgeschüttelt haben, aber auch weil sie die ganze Energie um sich herum zum Kommunizieren nutzen. Bei meiner Arbeit stelle ich häufig fest, dass Batterien und Akkus in meiner Umgebung sehr schnell leer sind und die Geräte sich innerhalb weniger Minuten ausschalten, obwohl sie mindestens fünf Stunden laufen sollten. Dieses Risiko muss ich bei meiner Tätigkeit hinnehmen und brauche für diesen Fall immer Reservebatterien in meinem Mikro.

Daves Gegenwart war sehr deutlich zu spüren, und er zeigte mir, dass er sich im Vortex zwischen den Welten befand. Er war nicht wirklich gefangen, sondern freiwillig geblieben, um die Ermittlungen in seinem eigenen Mordfall zu unterstützen. Er war fest entschlossen, erst dann ins Jenseits überzugehen, wenn die Tat aufgeklärt war. Ich sprach mit seiner Tochter, die unter den Zuschauern saß, und übermittelte ihr die von ihm gelieferten Details, die zur Aufklärung des Verbrechens beitragen konnten. Sie hörte sich die Namen und Daten an, die ich ihr nannte, sagte aber, sie habe keine Ahnung, was damit gemeint sei. Das passiert nicht selten, wenn ich Leuten helfe, rätselhafte Ereignisse wie einen Mord aufzuklären. Deswegen bitte ich sie immer, ihre Hausaufgaben zu machen und die Bedeutung der Nachricht zu recherchieren.

Daves Tochter stand immer noch unter Schock und konnte sich in ihrem Zustand nicht alle Informationen merken. Sie nahm kaum etwas auf, doch zum Glück machte sich eine freundliche Zuschauerin, die neben ihr saß, detaillierte Notizen. Sie gab der Tochter den Zettel, damit die übermittelten Namen und Fakten in den Ermittlungen weiterhelfen konnten.

Ungefähr drei Wochen später meldete sich ein Privatdetektiv bei mir, der in Daves Mordsache ermittelte. Er hatte ein paar

Dinge herausgefunden, die er der Familie noch nicht mitgeteilt hatte, da er nicht sicher war, ob er auf der richtigen Spur war. Als Daves Tochter ihm die Aufzeichnung meines Readings gegeben hatte, war er gerade dabei gewesen, Beweise zu sammeln. Wie er mir sagte, stimmten die Informationen in den Notizen mit seinen Erkenntnissen überein und bestätigten, dass sein Tatverdächtiger wirklich Daves Mörder war. Der Inhalt der Notizen half ihm dabei, die notwendigen Beweise zu finden. Als ich Daves Tochter die Informationen gegeben hatte, hatte ich keine Ahnung, was sie bedeuteten. Ich denke nicht über das nach, was ich empfange, und versuche auch nicht, es zu verstehen. Ich gebe es nur wie eine wörtliche Übersetzung weiter.

Durch die Informationen, die ich während des Readings übermittelt hatte, konnte der Privatdetektiv die Beweise sammeln, die letztendlich zur Verurteilung von Daves Mörder führten. Ich erfuhr erst in einer E-Mail davon, in der mir die Ergebnisse mitgeteilt wurden und mir für meine Mithilfe gedankt wurde. Während ich die E-Mail las, spürte ich einen Geist im Raum, den ich schon kannte. Es war Dave. Er zeigte mir, dass er hinübergegangen war und jetzt in das weiße Licht eingetaucht war. Nun, da er wusste, dass für seine Familie und Freunde keine Gefahr mehr bestand, konnte er seine Reise ins Jenseits antreten.

Die Bergungsaktion

Manche Seelen schaffen es nicht von sich aus bis zum weißen Licht. Sie müssen geborgen werden. Normalerweise tue ich das im Schlaf, auf einer Astralreise in andere Dimensionen, um Seelen beim Übergang zu helfen. Das mache ich schon seit Jahren ... aber bevor es mir bewusst war, wunderte ich mich immer wieder darüber, warum ich nach einem langen Schlaf vollkommen erschöpft aufwachte, statt wach und fit zu sein.

Eines Tages sagte mir Ben beim Meditieren, dass ich für einige verlorene Seelen die Verbindung zwischen ihnen und der Erde sei. Wie er mir erklärte, suchen diese Seelen mich aus, weil sie meine Unterstützung brauchen, um ihren Lieben eine Nachricht zu überbringen. Sobald ich ihnen dabei geholfen habe, können die Seelen weitergehen.

Am Ende der Meditation fragte ich Ben, ob ich mich an eine meiner Reisen erinnern dürfe. Sicher dachte er, ich würde das, was er mir über die Bergung von verlorenen Seelen gesagt hatte, nicht glauben – und in gewisser Weise stimmte das auch. Aber ich war auch neugierig und wollte mich daran erinnern können, was während einer dieser »Bergungsaktionen« geschehen war. Glücklicherweise bekam ich die Gelegenheit dazu.

Eines Morgens beim Aufwachen erinnerte ich mich daran, wie ich in der Nacht meinen Körper verlassen hatte und Charlie einen Kuss auf die Wange gegeben hatte, bevor ich aufbrach. Als ich mit Ben zusammenkam, verriet er mir scherzhaft, dass ich vor jeder dieser Aktionen (für die ich aus meinem Körper schlüpfte) noch mal nach Charlie schaute. Gleich darauf überquerte ich ein Gewässer und stand neben einer männlichen Seele. Der Geist beugte sich herunter, hielt sich den Kopf und stand weinend vor seiner Frau und seinem Kind.

»Bist du auch tot?«, fragte er, als er mich sah.

»Nein«, antwortete ich, »aber ich kann eine Nachricht an deine Frau überbringen.«

Wie der Mann mir eröffnete, wolle er seiner Frau verständlich machen, dass er versehentlich eine Überdosis an Medikamenten eingenommen habe und sich nicht habe umbringen wollen. Er erklärte, dass er unter Depressionen und starken Kopfschmerzen gelitten habe, weswegen sein Arzt ihm mehrere Medikamente verschrieben habe. Eines Nachts nahm er seine Antidepressiva ein, doch da er außerdem Kopfweh hatte, nahm er vor dem Einschlafen auch noch ein Schmerzmittel. Mitten in der Nacht wachte er mit pochenden Kopfschmerzen auf und warf deswegen noch mehr Tabletten ein – er hatte vergessen, dass er seine Dosis schon eingenommen hatte. Als Folge nahm er eine Überdosis der verschriebenen Arzneimittel. Wegen seinen Depressionen gingen seine Familie und Freunde davon aus, dass er sich absichtlich an seinen Medikamenten vergiftet hatte, aber das war nicht der Fall.

Der Mann wollte den Menschen, denen er nahestand, zeigen, was wirklich passiert war. Mit meiner Hilfe und der Unterstützung anderer Geistführer und Helfer konnte er Verbindung zu seiner Frau aufnehmen und mit ihr astral reisen, damit sie sehen konnte, was geschehen war. Es wurde für beide eine wunderschöne und liebevolle Reise miteinander. Nach dem Abschied von ihr wurde er zum weißen Licht dirigiert. Unterwegs machte er bei mir kurz Halt, um mich zu umarmen und mir zu danken. Als seine Frau aufwachte, verließ ich sie.

Circa ein Jahr später kam bei einer meiner Veranstaltungen eine Frau auf mich zu und sagte: »Lisa, Sie sind mir vor ungefähr einem Jahr in einem Traum erschienen und haben mir meinen Mann gebracht.« Das war nichts Ungewöhnliches, denn viele Leute sagen mir, ich hätte sie in ihren Träumen besucht, um ihnen zu helfen oder ihnen die Spiritualität näherzubringen.

Doch dann fügte sie hinzu: »Sie haben meinem Mann dabei geholfen, mir zu zeigen, dass er nicht Selbstmord begangen hat, sondern dass eine Medikamentenüberdosis seinen Tod verursacht hat. Er hat es nicht absichtlich getan und er wollte mich wissen lassen, dass er mich liebt.«

Dann beschrieb die Frau die Umstände unserer Traumbegegnung, die mir seltsam bekannt vorkamen. Schließlich wurde mir klar, dass ihr Mann es gewesen war, mit dem ich auf meiner Bergungsaktion zusammen gereist war. Das wurde mir später von Ben bestätigt, der (grinsend und) mit verschränkten Armen auftauchte. Er nickte, als ich ausrief: »Wow, das war ja gar kein Scherz von dir – das war der Mann! Ich kann mich wirklich daran erinnern!« Anscheinend musste Ben über meine Zweifel lachen und meinte: *Hab ich's dir nicht gesagt?*

Die dunkle Seite

Als Nächstes wollen wir erforschen, warum manche Seelen nicht durch das weiße Licht gehen, sondern stattdessen einen anderen Weg ins Jenseits wählen. Hierbei handelt es sich um dunkle Seelen, die auf Erden schreckliche Taten begangen haben – echte Soziopathen, Serienmörder und Massenmörder. Ich halte es für wichtig, diese Seelen einzubeziehen, wenn wir uns den gesamten Prozess des Übergangs ansehen. Nachdem wir die Reise der Seele ins weiße Licht betrachtet haben, sollten wir uns auch die andere Seite der Medaille ansehen. Denn wo Licht ist, ist auch Schatten.

Ich hatte das große Glück, mit Ben und dem Meistergeist Josiah ein ausführliches Channeling über dieses Thema abhalten zu können. Sie halfen mir zu begreifen, wie die dunkle Seite des Übergangs aussieht und wo verstörte Seelen hingehen. Es ist sicher kein Ort, den ich gerne aufsuchen würde, aber es gibt ihn. Ben hat ihn so beschrieben:

> *Dunklere Seelen, die noch nicht hinübergegangen sind, neigen dazu, sich zusammenzurotten. Es gibt daher Plätze, an denen sie sich versammeln und einen gewaltigen Spuk veranstalten. Es ist nichts Beunruhigendes und man kann auch nicht viel dagegen tun. Wir haben Helferteams zu ihrer Unterstützung, Helferteams auf dieser Seite, aber es klappt nicht immer, sie dazu zu bewegen weiterzugehen. Wir tun schon alles in unserer Macht, um andere zu beschützen.*
>
> *Zum Zeitpunkt des Übergangs beschließen manche Seelen, sich vom weißen Licht abzuwenden, um ihren eigenen Dämonen aus dem irdischen Leben nicht gegenübertreten zu müssen. Das sind Dämonen, die sie nicht sehen und mit denen sie nichts zu tun haben wollen. Viele von ihnen haben die Lebenskraft anderer zerstört. Auch wenn sie es niemals schaffen, die Seele zu zerstören, kann sich eine Seele verstecken. Eine versteckte Seele lässt sich an den leeren Augen eines Menschen erkennen. Sie spiegeln, dass die Seele zwar noch vorhanden, aber verloren ist und gefunden werden muss. Lächelnde Augen verraten zwar viel, doch leere Augen verraten alles.*

Ben sagt hier, dass manche Seelen sich zu Beginn ihres Übergangs durch den Schleier entschließen, nicht hinüberzugehen. Sie haben Angst, im Jenseits damit konfrontiert zu werden, dass sie ihre eigene Seele oder die eines anderen zu zerstören versucht haben.

Bis zu einem gewissen Punkt verstehen wir alle, was damit gemeint ist, unsere Seele »zu verstecken«, um Schmerz durch Ablehnung oder Enttäuschung zu vermeiden. Man kann es an den Augen mancher Leute sehen, vor allem auf Fotos – auch wenn sie in die Kamera lächeln, sind ihre Augen tot. Wenn man sich frühere Fotos derselben Personen anschaut, sieht man vielleicht noch den Glanz und das Funkeln im Hintergrund der Augen. Das deutet auf eine Zeit hin, in der sie ihre Seele noch nicht versteckt haben.

Man muss kein Hellseher sein, um so etwas zu sehen; es ist für alle sichtbar und deutlich zu erkennen. Es stimmt, dass die Augen das Fenster zur Seele sind, und wenn die Seele versteckt ist, strahlt sie nicht mehr sichtbar für alle.

Josiahs Worte erläutern, wie der Übergang dunkler Seelen abläuft:

> *Nicht jeder, der stirbt und beginnt durch den Schleier zu gehen, geht durch das weiße Licht. Diejenigen, die im Leben schlimme Dinge getan haben, gehen durch ein anderes Licht an einen anderen Ort im Jenseits. Ihr Licht ist zwar auch weiß, aber nicht rein. Es bringt sie zwar auch an einen Ort der Heilung, aber sie vermischen sich nicht mit höheren Seelen. Sie kommen nur mit Seelen zusammen, deren Energie ihrer eigenen gleicht – mit denen sie schon in ihrer irdischen Existenz zusammen waren –, bis sie von ihren Untaten geheilt sind und zurückkommen, um ihre Lektionen zu lernen.*

Beim Austreten aus dem Leben schlagen dunkle Seelen eine andere Richtung ein als andere Seelen. Sie gehen durch den Schleier in ein anderes Licht und eine andere Heildimension im Jenseits. Es gibt in der spirituellen Welt viele verschiedene Ebenen, und jede Ebene ist spezifisch auf den Heilungsprozess der Seele zugeschnitten. An dieser Wegkreuzung haben dunkle Seelen keine Wahl, wo sie hingehen – es sei denn, sie bleiben auf der Erde. Manche von ihnen entscheiden sich dafür, und das Ergebnis ist Spuk, wie wir gesehen haben.

Viele Menschen bezeichnen diesen anderen Weg als »Hölle«, doch die Vorstellung von der Hölle, die wir aus der Bibel und anderen traditionellen Glaubensrichtungen kennen, ist falsch. Es gibt keine Hölle, so wie wir sie uns vorstellen. Die Hölle ist kein realer Ort, sondern vielmehr ein geistiger Zustand. Es bleibt uns selbst überlassen, diesen Zustand zu ändern. Wir haben einen freien Willen und können uns entscheiden, zu wachsen und einen neuen geistigen Zustand zu erreichen, und wir können das mit der Hilfe unserer Geistführer und Helfer im Jenseits tun.

Josiah sagt darüber:

> *Dunkle Seelen kehren auf die irdische Ebene zurück, und das müssen sie auch. Ihr eigenes Bewusstsein hat sie an den Ort gebracht, den sie Hölle nennen. Es gibt keine Hölle; es ist ein geistiger Zustand. Sie müssen denselben Prozess durchmachen, den jede Seele durchläuft, um ihre Heilung zuzulassen und weiterzugehen und zu wachsen. Obgleich sie zurückkommen, geschieht das nicht sofort. Vorher müssen sie eine gründlichere Heilungsarbeit leisten, sonst würden so dunkle Seelen wie die von Hitler dauernd auf die Erde zurückkehren und das wäre gar nicht gut.*

Seelen, die anderen wirklich Schlechtes zugefügt haben, gehen auf ein anderes Licht zu. Sie werden von ähnlichen Seelen begleitet, um jene Seelen, die zum weißen Licht gegangen sind, nicht zu beflecken.

Josiah erklärt, was beim Übergang einer dunklen Seele geschieht:

> *Ihnen wird ein Geistführer, ein Helfer, zugeteilt, der nicht von ihrer Seite weicht. Das Einzige in eurer Welt, das mit ihrem Weg vergleichbar wäre, ist ein Gefängnis, doch im Jenseits erhalten sie Unterstützung, damit sie sich nach ihrer »Haftzeit« wieder in die Welt integrieren können. Sie werden sorgfältig geführt und wissen, dass sie die ganze Zeit im Auge behalten werden.*
>
> *Manche dieser Seelen sterben jung, da ihr riskantes Verhalten sie in gefährliche Situationen gebracht hat. Sie werden nun Eltern zugeteilt, die stark genug für ihre Erziehung sind, da sie in ihrer Jugend häufig in Schwierigkeiten geraten. Aber glaubt nicht, dass jedes gestorbene Kind in diese Kategorie gehört. Es gibt viele Gründe für einen frühen Übergang.*

Während meiner Meditationen wurde mir gezeigt, wie Seelen, die sich und anderen ernsthafte Probleme bereitet haben, in dieser anderen Dimension im Jenseits einen Heilungsprozess durchlaufen. Zu ihrem Schicksal gehört, schneller als andere Seelen in die irdische Existenz zurückzukehren – doch im Gegensatz zu anderen können sie nicht frei entscheiden, wann sie wiedergeboren werden, und sich ihre Eltern nicht aussuchen. Die Meister des Jenseits entscheiden über ihren Lebensweg und wählen die optimalen Umstände für sie aus, damit sie weiterkommen und weiter heilen können.

Während eines Channelings machte Josiah noch deutlicher, was mit den dunklen Seelen unter uns passiert:

> *Manche dunklen Seelen können innerhalb weniger Lebenszeiten zur Vernunft gebracht werden. Ein Leben bedeutet für uns das, was für euch ein Tag ist. Auch wenn es für euch eine lange Zeit ist, ist es das im Rückblick nicht. Jeder hat viele Leben und viele Chancen.*
>
> *Wenn die Seelen wiedergeboren werden, werden ihnen Geistführer zugeteilt, die ihnen helfen, den Menschen zu begegnen, die wichtig für die Lektionen sind, die sie lernen müssen. Sie treffen irgendwo auf der Erde Personen, die ihr Leben verändern und ihnen helfen zu erkennen, dass sie Fehler gemacht haben. Das kann auch Gott durch den Glauben sein, durch den sie Trost und Frieden finden, weil sie mit den »auserwählten« Menschen zusammen sind, die ihnen auf ihrer Reise weiterhelfen.*
>
> *Gleich und Gleich gesellt sich gern – die Energie einer Person zieht ähnliche Energien an. Wenn dunkle Seelen reinkarnieren, werden sie häufig mit anderen Gleichgesinnten zusammengebracht oder sie finden von Natur aus zusammen. Doch nur wenn sie ihren Weg aus freiem Willen ändern, werden sie je das reine weiße Licht sehen und zum nächsten Prozess auf ihrer Reise gelangen.*
>
> *Zum Beispiel könnte eine Seele, die auf die irdische Ebene gesandt wurde, um sich liebevoll um andere zu kümmern und ihnen zu helfen, den Weg dunklerer Seelen kreuzen. Diese liebevollen Seelen sind die Auserwählten;*

sie haben die Aufgabe, die Sicht anderer zu ändern und ihnen das Licht von der irdischen Ebene aus zu zeigen. Sehr oft haben solche Seelen die höchste spirituelle Berufung.

Sie fallen durch ihre starke Willenskraft, ihre beständige Liebe und ihren festen Glaube auf. Doch wenn ihnen eine Situation über den Kopf wächst, gehen sie, bevor das Licht in ihrer eigenen Seele Schaden nimmt. Oder aber sie werden auf einen höheren spirituellen Weg geführt, der sie daran erinnert, dass das Licht hinter ihnen ist.

Dunkle Seelen, die auf die Erde zurückgekehrt sind, halten an der Wut fest, die sie schon seit vielen Wiedergeburten mit sich herumtragen. Das ist der mächtige Kreislauf des Lebens, der irgendwann das Karma ins Gleichgewicht bringt und sie zum weißen Licht hinführt. Durch unsere Führung und Liebe und durch die Menschen, die wir ihnen als Helfer schicken, finden sie schließlich das Glück, das sie brauchen und verdienen.

Viele Leute halten psychisch Kranke für dunkle und verstörte Seelen. Das ist ein Irrtum. Dunkle Seelen sind Seelen, die anderen Menschen absichtlich Schaden und Leid zugefügt haben, und keine Geisteskranken. Doch Ben weist auf einen wichtigen Punkt hin:

Menschen mit einer psychischen Erkrankung steuern das weiße Licht ohne Umwege an und starten so ihren Heilungsprozess. Es erstaunt uns immer wieder, wie viele Menschen, die das Leben anderer nicht achten, auf der irdischen Ebene mit psychisch Kranken gleichgesetzt werden.

Im Leben stuft unser Rechtssystem öfter Leute, die anderen großes Leid zugefügt haben, als geisteskrank und somit für ihre Taten nicht verantwortlich ein. Wenn Geisteskranke sterben, gehen sie direkt zum weißen Licht – während Seelen, die anderen absichtlich Schaden zugefügt haben und die nicht geisteskrank sind, dieser Weg verweigert wird. Sie müssen über einen anderen Weg Heilung finden.

Selbstmord und der Weg der Seele

Bei einem Selbstmord fragen sich die Hinterbliebenen verstört: Hätte ich es irgendwie verhindern können? Wie hätte ich ihm helfen können? Hat er sich wirklich selbst umgebracht oder steckt etwas anderes dahinter? Was hat sie nur dazu getrieben, sich das Leben zu nehmen? Viele dieser Fragen bleiben offen und verschlimmern das Ganze für die Trauernden. Manchen Hinterbliebenen, die nie eine Antwort auf ihre Fragen erhalten, fällt es schwer weiterzuleben.

Ein Suizid ist ein tragisches Ereignis, doch die Seele eines Menschen, der Selbstmord begeht, begibt sich nicht auf den Weg der dunklen Seelen, die in eine andere Heildimension eingehen müssen. Der Weg des Selbstmörders führt auf seiner Heilreise im Jenseits über das reine weiße Licht.

Doch die Seelen derjenigen, die erst einen Mord und dann Selbstmord begangen haben, reisen in die andere Dimension und gehen nicht durch das reine weiße Licht – es sei denn, sie wollen gar nicht hinübergehen und beschließen zurückzubleiben. Da sie nicht nur ihr eigenes Leben, sondern auch das Leben eines anderen ausgelöscht haben, müssen sie den Prozess im Jenseits durchlaufen, mit dem wir uns gerade befasst haben, und danach in die irdische Existenz zurückkehren, um ihre Lektionen zu lernen und daran zu wachsen.

Ben macht das sehr deutlich:

> *Nicht alle Selbstmörder gehen ins weiße Licht. Vergesst nicht, dass ein Suizid eine Menge Trauer und Wut auslösen kann. Das sind ganz normale Reaktionen, die jedoch häufig stattfinden, weil der Verstorbene genau das beabsichtigt hat. Außerdem brechen Menschen, die ihr eigenes Leben beenden, den Vertrag zwischen ihrem höheren und ihrem irdischen Selbst. Sie brechen ihre Reise vorzeitig ab. Der Weg, den sie gehen wollten, ist unterbrochen und dieses Hindernis muss beseitigt werden.*
>
> *Manche Selbstmorde sind Teil einer Situation, bei der Mord und Suizid beabsichtigt sind. Solche Seelen müssen auf die Erde zurückkehren und erneut ein Leben leben, doch vorher müssen sie die dunklere Seite durchlaufen,*

da sie das Leben eines anderen beendet haben. An dieser Front können wir Geistführer wenig ausrichten; wir tun, was wir können. Wenn sie sich gegen die dunklere Seite und die Rückkehr für weitere Lektionen entscheiden, werden sie zwischen den Welten gefangen bleiben und immer wieder die Orte aufsuchen, an denen sie früher gelebt haben, ohne ihre Probleme je zu lösen.

Es gibt noch mehr Informationen über Selbstmord. Hier sind Josiahs und Bens gechannelte Erklärungen, wie der Prozess aussieht:

Suizidfälle brauchen besondere Unterstützung und erhalten beim Durchlaufen des Prozesses extrem viel Hilfe. Sie müssen sich beim Rückblick auf ihr Leben mehr anstrengen, aber sie verstehen auch, dass es notwendig ist, um ihre Lektionen zu lernen. In manchen Fällen wurde der Selbstmord vorprogrammiert, um Lektionen zu erteilen, die Eltern oder sogar ganze Familien lernen müssen. Auch wenn es den Leuten nicht gefällt, brauchen sie zu ihrer Heilung manchmal die Erfahrung eines Suizids. Weißt du, wir bringen Familien aus bestimmten Gründen zusammen. Manche werden in einer Familie untergebracht, um frühere Wunden zu heilen, und manche, um ihren nahen Verwandten bei der Weiterentwicklung zu helfen. Oft hilft der Übergang eines Familienmitglieds zwei Angehörigen, näher zusammenzurücken und gewisse Konflikte zu überwinden. Es fällt uns zwar leicht, das zu arrangieren, aber es ist schwer zu erklären.

Und hier sind Bens Erläuterungen:

Ein Selbstmord geschieht, weil ein Mensch beschlossen hat, aus dem Leben auszuscheiden. Natürlich müssen solche Personen zurückkehren, weil ihre Seelen Heilung brauchen und zur Quelle zurückgebracht werden müssen, um Führung, Trost und Verständnis zu bekommen. Doch dieser Weg wurde schon vor ihrer Geburt vorherbestimmt. Wir haben auf dieser Seite Geistführer, die bei dem Prozess helfen, Heiler, die sich in den natürlichen Zugängen auskennen und Lösungen für die Seele finden. Diese Heiler haben viel Macht und suchen häufig Tempel auf, wo sie täglich ihren Beitrag leisten, um anderen zu helfen, im Leben weiterzukommen.

Zeitlich kann man diesen Prozess nicht festlegen. Manche Seelen kommen und heilen und gehen weiter, wohin sie gehen müssen. Es ist nicht leicht, sondern harte Arbeit. Doch sobald die Seele ihren Weg gefunden hat und stärker geworden ist, ist sie bereit für ihr nächstes Leben.

Ich finde es tröstlich zu wissen, dass die Seelen von Menschen, die sich das Leben genommen haben, von mächtigen Heilern geführt und gelenkt werden, die sie beim Rückblick auf ihr Leben und bei der Rückkehr ins Leben unterstützen. Wir alle können uns das Leben, in das wir zurückkehren, selbst aussuchen (was ich in einem späteren Kapitel näher ausführen werde), doch die Seelen von Selbstmördern haben keine so freie Wahl, da sie bestimmte Lektionen lernen müssen. Seelen werden von ihren Geistführern beraten, welche Familie für ihre Lektionen geeignet ist.

Während einer meiner gechannelten Meditationen übermittelte mir Josiah eine erstaunliche Information für dieses Thema. Ich möchte sie mit Ihnen teilen, weil sie zeigt, dass eine Seele, die Selbstmord begangen hat, mit einer völlig neuen Lebenseinstellung zurückkommen kann:

Manche Selbstmörder sind in Wahrheit besonders tapfere Seelen, die ihr Leben dem Glück anderer opfern. Das hast du in einem früheren Leben auch getan, als du deinen eigenen Tod herbeigeführt hast, um es deiner Frau zu ermöglichen, in ihrem Leben voranzukommen (du warst in diesem Leben ein Mann). Du wusstest, dass du nicht bei ihr sein könntest und dass sie einen anderen begehrte und brauchte, aber ihr gehörtet einer religiösen Gruppe an, die keine Trennung oder Scheidung zuließ. Du hattest keine andere Wahl. Ihr wart beide unglücklich, und so hast du dir Gift ins Essen gemischt. Das ist auch der Grund, warum du in diesem Leben so aufpasst, was du zu dir nimmst. Sie wurde verdächtigt, dich vergiftet zu haben, aber es war deine eigene Entscheidung gewesen, und das hast du in einem Brief an deine Eltern auch bestätigt.

Außerdem kam heraus, dass deine Frau dich mit einem engen Freund betrogen hatte. Das war zwar sehr schmerzhaft, doch du hast beschlossen, dein Leben aus Liebe zu ihr zu beenden. Du hast eine Weile im Jenseits damit verbracht, dir diese Inkarnation genauer anzusehen. Dann hast du dir geschworen, mit einer ganz neuen Sicht zurückzukehren. Du hast beschlossen, anderen zu helfen, das Licht zu sehen und alles Schöne zu genießen, was das Leben zu bieten hat. Und noch wichtiger ist: Du hast dein Ziel, anderen beizubringen, wie das Leben im Jenseits ist, erreicht.

Dein Ziel und deine Aufgabe in diesem Leben sind, anderen Menschen gewisse Dinge zu lehren. Du wirst viele, viele Jahre lang andere in ihrer spirituellen Entwicklung weiterbringen. Dafür musst du deine Bodenhaftung bewahren. Wir können dir zwar nicht sagen, wie du das bewerkstelligen kannst, da deine eigenen Handlungen – dein Karma – bestimmen, wie du im Leben weiterkommen wirst. Du musst und wirst innerlich wachsen. Du hast dich schon jetzt über dein Alter hinaus entwickelt, also bleibe dir treu. Deine Träume und Ziele standen schon lange vor deinem jetzigen Leben fest und sind zeitlich unbegrenzt.

Meine eigene Geschichte zeigt, dass jemand, der die irdische Existenz durch einen Selbstmord beendet, mit einer neuen Lebenseinstellung wiedergeboren werden kann, seine Entwicklungsreise fortsetzen und sogar anderen dienen kann. Ich weiß, dass ich nach diesem Leben weitere Leben durchlaufen habe. Viele davon haben mir geholfen, mich spirituell weiterzuentwickeln und mir die Informationen und das Wissen anzueignen, die ich nun an Sie weitergebe.

*

Auf die Seelen, die durch das reine weiße Licht gehen, wartet ein großes Abenteuer der Heilung. Doch bevor sie ihre heilende Reise im Jenseits antreten dürfen, begegnen sie den Geistern, die sie zu Lebzeiten geführt haben – und die sie auf ihrem weiteren Weg begleiten werden.

Kapitel 7
Seelenbeziehungen

Nach Ihrem Übergang, doch noch bevor Sie auf die Reise der Heilung und des Wachstums auf der anderen Seite gehen können (diesen Prozess behandle ich ausführlich in Teil III), müssen Sie eine gewisse Zeit auf der Schwelle zum Jenseits verbringen, dem »Empfangsraum«. Hier werden Sie von Seelen empfangen, die Sie in diesem Leben gekannt haben und die mittlerweile verstorben sind, wie beispielsweise Ihre Eltern, Großeltern oder andere Verwandte. In Josiahs Worten:

> *Sobald deine Seele das weiße Licht passiert hat, wird sie von lieben Angehörigen, Geistführern und anderen, die dir auf deiner Reise behilflich waren, empfangen und begrüßt. Es sind die Seelen derer, die dich schon immer unterstützt haben, und sie sind gekommen, um dir auch jetzt zu helfen.*

Josiah bezieht sich hier auf Ihre »Seelenbeziehungen«. Dazu gehören Ihre Gruppe aus Geistführern, Ihr Seelengefährte und Ihre Seelenfamilie – die Menschen, die schon Teil Ihres irdischen Lebens waren und Sie auf Ihrer zukünftigen Reise begleiten werden. In diesem Kapitel erfahren Sie Näheres über diese Seelen, die in Ihrem Leben so wichtig sind – und in Ihrem Leben nach dem Leben.

Was sind Geistführer?

Während Ihrer Zeit auf der Erde werden Sie geistig geleitet. Dies geschieht durch Ihre Geistführer. Das sind Seelen, die Sie schon aus Ihren früheren Leben oder dem Jenseits kennen. Bevor Sie in Ihr jetziges irdisches Leben hineingeboren wurden, vereinbarten Sie mit diesen Seelen mittels eines Vertrages, dass sie Ihre Geistführer sein würden. Um Ihnen diesen Dienst zu erweisen, entschieden sie sich, im Jenseits zu bleiben, während

Sie auf der Erde leben. Vielleicht haben Sie ihnen in einem früheren Leben gedient, und sie wollten Ihnen diesmal den Gefallen vergelten.

Die Aufgabe Ihrer Geistführer ist, Ihnen auf der irdischen Ebene und beim Übergang ins Jenseits zu helfen. Damit erfüllen sie den Pakt, den Sie vor Ihrer Geburt mit ihnen geschlossen haben. In Ihrem irdischen Leben geben sie Ihnen wertvolle Unterstützung. Selbst wenn Sie sich Ihrer Geistführer gar nicht bewusst sind, passen die immer auf Sie auf.

Manche Geistführer tauchen zu bestimmten Zeitpunkten in Ihrem Leben auf, um Sie zu unterstützen, wenn es nötig ist. Andere wiederum begleiten Sie ab Ihrer Geburt ein ganzes Leben lang. Einer davon ist Ihr »Meisterführer«, der das Team der Geistführer leitet und ihre Mitarbeit an Ihrem Prozess lenkt oder anfordert. Meinen Geistführer – Ben – haben Sie ja schon kennengelernt. Obwohl ich schon erwachsen war, als meine Großmutter ihn mir vorgestellt hat, ist er seit meiner Geburt an meiner Seite und überwacht jeden Schritt meines Wachstums und Lernprozesses.

Unabhängig davon, ob Ihre Geistführer immer oder nur für eine kurze Zeit bei Ihnen sind, besteht ihre Aufgabe stets darin, Ihnen dabei zu helfen, so viele Lektionen wie nur möglich auf der irdischen Ebene zu lernen – und dazu müssen sie ein Team sein, das auf unterschiedlichste Weise vorgeht.

In ihrer Eigenschaft als Helfer sprechen Ihre Geistführer ständig mit Ihnen. Ihre Worte mögen ganz ähnlich wie Ihre eigenen klingen, so als würden Sie mit sich selbst reden. Aber wenn Sie genau hinhören, werden Sie eine leichte Veränderung im Ton feststellen. Stellen Sie sich vor, Ihre Stimme wäre auf einer Klaviertastatur das C. Ihre Geistführer sprechen im hohen C zu Ihnen, das einen halben Ton höher als Ihre eigene Stimme ist. Das ist zwar nur ein feiner Unterschied, doch wenn Sie einmal den Unterschied herausgehört haben, können Sie immer unterscheiden, ob Ihre eigene Stimme zu Ihnen spricht – oder ob es Ihre Geistführer sind.

Ihre Geistführer kommunizieren auch über Ihr Bauchgefühl oder Ihre Intuition mit Ihnen. Vielleicht empfangen Sie ihre

Botschaften über eine innere Stimme, wie wenn Sie sich zum Beispiel sagen: Ich weiß nicht, ob ich das tun sollte. Aber wie oft haben Sie sich schon in einer Situation befunden, in der Sie etwas getan haben, das Sie nicht hätten tun sollen? Vielleicht sind Sie davon ausgegangen, dass die innere Stimme, die Sie davor gewarnt hat, nur eine Einbildung Ihres Verstands war, aber das war sie nicht!

Unsere Geistführer können uns unser Leben nicht abnehmen oder uns vorschreiben, was wir tun sollen. Wir haben schließlich einen freien Willen und müssen unsere Entscheidungen selbst treffen, da sie sie nicht für uns treffen dürfen. Ich erinnere mich an genügend Gelegenheiten, bei denen ich entgegen meiner Intuition gehandelt habe, um hinterher festzustellen, dass es besser gewesen wäre, genauer hinzuhören, statt die Stimme und den Einfluss meines Geistführers zu ignorieren.

Wir alle treffen Entscheidungen, die wir später bereuen – das gehört zum Leben und zum ständigen Lernprozess dazu. Aber egal, ob wir auf unsere innere Stimme hören oder nicht, unsere Geistführer werden weiterhin mit uns kommunizieren und sich bemühen, Einfluss auf die Ereignisse in unserem Leben zu nehmen und sicherzustellen, dass wir die Erfahrungen sammeln, die wir zur Erfüllung unseres Vertrags machen müssen. Sie geben nicht auf, nur weil wir nicht auf sie hören ... Ihre Bemühungen können sogar ganz schön drastisch sein, wie ein Beispiel aus meinem eigenen Leben zeigt:

Bei meinem ersten Aufenthalt in Amerika bereitete ich mich gerade auf die Rückkehr nach England vor, als ich schwerkrank wurde und ins Krankenhaus musste – was mein schon geschildertes Nahtoderlebnis zur Folge hatte. Damals ahnte ich noch nicht, dass meine Geistführer ein Treffen mit dem legendären Talkmaster Merv Griffin arrangierten, der später meine Fernsehsendung *Lisa Williams: Life Among the Dead* produzierte. Wäre ich wie geplant nach England zurückgekehrt, dann wäre ich ihm nie begegnet.

Trotz der Operation ging es mir gut. Doch die Ärzte meinten, eine so lange Reise in einer Flugkabine mit Druckausgleich zu machen, sei noch zu riskant für mich. Daher wiesen sie mich an, noch zehn Tage in L. A. zu bleiben. In diesen zehn Tagen wollte »der Zufall« es, dass ich Merv kennenlernte. Diese Begegnung hat mein ganzes Leben verändert. Sie hat mir die Chance gegeben, mich als Medium weiterzuentwickeln, und mich als Lehrerin auf den Weg gebracht. (Nan Frances hatte mir vorausgesagt, ein älterer Mann würde mich nach Amerika holen und vor Tausende von Zuschauern bringen – damals ahnte ich noch nicht, dass sich ihre Worte so umsetzen würden!)

*

Geistführer können viele wunderbare Ereignisse in Ihrem Leben bewirken, die zu Ihrer spirituellen Erfüllung und Weiterentwicklung führen. Doch es gibt auch Zeiten im Leben, die nicht so schön sind. Jemand fragte mich einmal: »Wenn wir alle Geistführer haben, warum gibt es dann so viele schlechte Menschen auf der Welt, die schreckliche Dinge tun?« Das ist eine sehr wichtige Frage, und die Antwort darauf verrät uns viel über die Zwischenbeziehung von Mensch und Geist:

Als ich Ben danach fragte, channelte er mir folgende Antwort:

> *Ihr müsst verstehen, dass wir Geistführer euch nur den Weg zeigen können – wir können euch nicht zwingen, ihn auch zu gehen. Es liegt an euch selbst, welchen Weg ihr beschreitet und was ihr aus eurem Leben macht. Wir helfen euch zwar beim Heilen der Wunden und Narben aus früheren Leben, damit ihr zu hochentwickelten Seelen werden könnt, aber diese Erfahrungen sind eure Lektionen. Wir können eure Entwicklung fördern, aber eure Entscheidungen können wir euch nicht abnehmen. Wenn Menschen schreckliche, bösartige Dinge begehen, dann haben sie sich frei entschieden – Entscheidungen, die sie in ihrer freien Seele getroffen haben –, diesen Weg zu gehen. Wir können sie nur von diesem Punkt an führen.*

Ich fragte mich, ob manche Leute vielleicht einen bösartigen Geistführer abbekommen. Da Ben meine Gedanken hören und meine Gefühle spüren kann und mich besser kennt, als ich mich selbst kenne, überraschte es mich nicht weiter, als er sagte:

> *Kein Geistführer ist »böse«. Unsere Handlungen dienen immer der Erfüllung der Aufgaben einer Seele, damit sie aus ihrem Leben das Beste macht. Also kann noch nicht*

einmal ein böser Mensch einen bösartigen Geistführer haben.

Verlasst euch darauf, dass eure Geistführer euch niemals aufgeben, egal wie »falsch« eure Entscheidungen auch sind. Wir arbeiten bis zum Tag eures Übergangs mit euch zusammen und helfen weiterhin, euch bei jeder Richtung, die ihr einschlagt, auf den richtigen Weg zu bringen.

Ich hoffe, die Rolle Ihres Geistführers, Sie zu beschützen und dafür zu sorgen, dass Sie bis zur Erfüllung Ihres Lebenssinns sicher und geborgen sind, wird dadurch deutlich. Wie das geschieht, ist manchmal nicht leicht zu begreifen, aber Sie haben die freie Wahl, sich nicht von Ihrem Geistführer beeinflussen zu lassen und im Leben Fehler zu machen. Doch Sie werden immer die Führung bekommen, die Sie brauchen, um die Vertragsbedingungen einzuhalten, und diese Führung erfolgt in Liebe, für was immer Sie sich auch entscheiden.

Andere Geistführer

Wie schon erwähnt, sind manche Seelenbeziehungen Geister, die nur für kurze Zeit in Ihr Leben eintreten. Sie sind als Unterstützung in einer bestimmten Situation gekommen und wieder gegangen, sobald ihr Auftrag erledigt war.

Beispielsweise ist einer meiner Geistführer eine weibliche Energie namens Lucinda, die immer dann auftaucht, wenn ich sie brauche. Sie hat eine ganz wichtige Funktion, wenn ich unterrichte oder in meinen Live-Shows vor vielen Zuschauern Sitzungen halte. Manchmal übernimmt sie Bens Aufgabe, der gewöhnlich als »Torwächter« für kommunizierende Geister fungiert. Doch im Gegensatz zu Ben, der immer nur einen Geist auf einmal zulässt, öffnet Lucinda mehreren Geistern gleichzeitig das Tor. Manchmal ist das frustrierend für mich, da ich dann nicht sicher bin, mit wem ich mich gerade unterhalte, aber es ist auch eine witzige Herausforderung.

Lucinda ist bei meinem Unterricht deutlich präsent. Sie übermittelt mir während der Vorbereitungen und im Unterricht Informationen. Ich weiß immer, wenn sie da ist, weil sich dann ihre Energie mit meiner eigenen vermischt und ich ein Kräuseln in meiner Aura spüre. Für jemanden ohne Erfahrung ist es nicht immer leicht zu erkennen, wenn man von einem Geistführer spontan aufgesucht wird. Doch wenn Sie Ihr Feingespür für Energie schärfen, können Sie eine andere Schwingung um sich herum feststellen, auch wenn Sie sie vielleicht nicht genau deuten können.

Manchmal ist es schwierig, die unmittelbaren Mitteilungen und Botschaften der Geistführer richtig zu empfangen. Ich merke immer, wenn ich statt mit Ben mit einem anderen zusammenarbeite, weil ich mich dann mehr anstrengen muss, um die Botschaft zu empfangen, was für mich ungewöhnlich ist. Es lässt sich damit vergleichen, wenn man sich verschiedenen Leuten in unterschiedlichen Situationen anpassen muss und sich immer wieder anders ausdrücken muss, um sich verständlich zu machen. Genau das muss ein Geistführer, der mit jemandem Verbindung aufnehmen möchte, auch tun, und es kann für den Empfänger sehr mühsam sein, eine solche Botschaft klar und deutlich aufzunehmen.

Vergessen Sie nicht: Wenn Sie im Empfangsraum ankommen, wird Ihr *ganzes Team* an Geistführern dort schon auf Sie warten. Sie werden die Gelegenheit bekommen, die Seelen all jener Menschen zu begrüßen, die Ihnen auf der Erde in schwierigen beruflichen oder privaten Situationen beigestanden haben, in guten wie in schlechten Zeiten.

Manche Geister, denen Sie begegnen, haben Ihnen in Ihrem irdischen Leben womöglich nicht geholfen. Sie warten darauf, während Ihres bevorstehenden Heilungsprozesses im Jenseits Ihre Geistführer zu sein. Diese Kategorie von Seelenbeziehungen beleuchtet Josiah wie folgt:

> *Ihnen allen wurde eine bestimmte Aufgabe zugeteilt: dir beim Heilungsprozess – vor allem von Schmerzen – beizustehen, dir beim Rückblick auf dein Leben zu helfen, dich durch das Jenseits zu führen, bis du dich eingelebt hast, dich bei der Aufarbeitung der Emotionen zu unterstützen, die du zurückgelassen hast, und dir zu helfen, mit den Gefühlen deiner Angehörigen umzugehen, die noch an dir haften könnten. Du siehst, es gibt mehr als nur einen Geistführer, der dir bei der Orientierung behilflich*

sein wird. Sie alle haben eine Aufgabe, irgendetwas, womit sie dich durch deinen Prozess im Jenseits unterstützend begleiten werden. Und sie alle werden bei deiner Ankunft auf dich warten.

Die Begegnung mit Ihrem Seelengefährten

Wie Josiah offenbart hat, wird noch eine andere Seelenverbindung auf Sie warten, wenn Sie auf der Schwelle zum Jenseits ankommen:

Auch dein Seelengefährte wird da sein, um dich willkommen zu heißen. Wenn er noch nicht da ist, weil er noch auf Erden lebt, wirst du auf seine Ankunft vorbereitet werden. Es kann jedoch sein, dass du deinen Seelengefährten in diesem Leben nicht gekannt hast, weil ihr vor deiner Geburt einen Pakt geschlossen habt, bei der ihr beide euch abwechselt und die Rollen tauscht, um euch gegenseitig im Wechsel zu helfen.

Ein Seelengefährte – auch »Zwillingsseele« genannt – ist ein Geist, der Sie so perfekt ergänzt, als wäre er oder sie Ihre andere Hälfte. Ihr Seelengefährte ist möglicherweise auch Ihr Meisterführer und Sie haben vor Ihrer Geburt vielleicht einen Pakt geschlossen, dass einer von Ihnen zurückbleiben würde, um dem anderen bei seinen Lebenslektionen behilflich zu sein.

Wenn Sie Ihrem Seelengefährten im Empfangsraum begegnen, werden Sie eine ungeahnte Ganzheit erleben. Sie werden sich vollkommen ganz fühlen, ohne dass Ihnen irgendetwas fehlt. Die Gefühle sind intensiver und von einer solchen Tiefe, wie Sie sie im irdischen Körper noch nie erfahren haben. Darüber hinaus gibt es dann auch keine Probleme mit dem Selbstwert, mit dem Sie im Leben womöglich zu kämpfen hatten, denn persönliche Probleme verringern sich und verschwinden während des Heilungsprozesses im Jenseits.

Wie Josiah gechannelt hat, muss man seinem Seelengefährten nicht unbedingt in menschlicher Gestalt begegnet sein. Es muss nicht Ihr Ehepartner oder Lebenspartner sein, auch wenn Sie und Ihr irdischer Partner sich sehr geliebt haben. Ihr Seelengefährte und Sie haben vielleicht beschlossen, sich auf der Erde nicht zu begegnen, weil Sie beide Aufgaben zu erledigen hatten und sich frei und ohne Ablenkung um andere kümmern wollten. Wären Sie zusammen, dann hätten Sie nur Augen füreinander und würden die Liebe und Heilung, die zur Beziehung zweier Seelengefährten dazugehört, miteinander teilen. Ihr Pakt enthält die Abmachung, dass Sie im Jenseits wieder zusammenkommen.

Sollten Sie das Glück haben, Ihrem Seelengefährten in diesem Leben zu begegnen, tritt er vermutlich erst in späteren Jahren in Ihr Leben. Denn zuerst müssen Sie noch viele Lektionen mit anderen Menschen lernen. Wenn Sie Ihrem Seelengefährten begegnen, werden Sie merken, dass sich die normale Verliebtheit intensiver anfühlt, vor allem, wenn Sie ein feines Gespür für Energie und Emotionen haben.

Das Gefühl kann überwältigend sein, denn Sie werden beinahe sofort – oft innerhalb von ein paar Minuten während der ersten Begegnung – wissen, dass Sie mit diesem Menschen für immer zusammenbleiben werden. Eine so starke Intimität kann beiden Angst machen, da wir dazu erzogen werden, unsere Gefühle nicht zu zeigen. Es kann auch eine Enttäuschung werden, wenn Sie herausfinden, dass Ihr Seelengefährte gleichgeschlechtlich ist, während Ihre Liebespartner immer vom anderen Geschlecht waren. Als Frau könnten Sie sich beispielsweise fragen: Wenn diese Person meine Seelengefährtin ist, warum ist sie dann kein Mann? Doch vergessen Sie nicht: Diese Arrangements beruhen auf einem Vertrag vor Ihrer Geburt. Eine gleichgeschlechtliche Beziehung könnte gut Teil einer Lektion sein, die Sie und Ihre Seelengefährtin – wie auch Ihre Familien – lernen müssen.

Die Geschichte meiner Klientin Anna zeigt das sehr deutlich. Ich hielt viele Jahre lang Sitzungen für sie. In dieser Zeit war sie glücklich verheiratet und hatte zwei Kinder. Sie liebte ihr Leben, ihre Kinder und ihren Mann, und ihr Beruf erfüllte sie. Bis eines Tages Julie in Annas Firma zu arbeiten anfing. Meine Klientin lernte sie kennen und spürte sofort eine Verbundenheit, als wäre Julie eine alte Bekannte. Anna und Julie hatten beide eine feine Intuition – eine Gemeinsamkeit, über die sie sich unterhielten, wenn sie was trinken gingen.

Keine von beiden verstand, warum sie sich in so kurzer Zeit so zueinander hingezogen fühlten. Wie Anna mir sagte, war ihre innere Verbindung überwältigend stark. Mit der Zeit wurde diese Verbindung immer intensiver; aus einer Arbeitsbeziehung wurde eine persönliche Freundschaft und dann eine Intimbeziehung. Obwohl Julie lesbisch war, war Anna noch nie mit einer Frau zusammen gewesen. Ihre Gefühle brachten sie völlig durcheinander.

Ich sagte ihr auf den Kopf zu: »Sie sind Ihrer Seelengefährtin begegnet.« Sie fragte mich überrascht, ob ich ihren Mann meinte.

Zuerst wusste ich nicht, was ich sagen sollte, doch dann war ich wie immer offen und ehrlich. »Nein«, antwortete ich, »auch wenn Sie Ihren Mann lieben, konnte Ihre Seelengefährtin Ihnen nicht die Kinder schenken, die Sie sich so gewünscht haben. Deshalb ist sie erst später in Ihr Leben getreten.«

An diesem Punkt brach Anna in Tränen aus. Wie sie sagte, war Julie gerade auf Geschäftsreise, und Anna hatte das Gefühl, als wäre ihre Seele zerrissen und als würde ein Teil von ihr fehlen. Meine Klientin konnte nicht mehr wie früher funktionieren und wusste nicht, was sie tun sollte. Einerseits wollte sie ihre Familie nicht zerstören; andererseits war ihr klar, dass sie ohne diese Frau nicht mehr leben könnte. Dazu kam, dass sich Anna Sorgen wegen ihrer Eltern und Verwandten machte, bei denen gleichgeschlechtliche Liebesbeziehungen tabu waren.

Über einen gewissen Zeitraum hinweg wurde meine Klientin sich über ihre Gefühle klar und ordnete ihr Leben neu. Am Ende ließ sie sich von ihrem Mann scheiden; die Kinder zogen bei ihr und Julie ein. Anna und ihr Exmann sind gute Freunde geblieben und heute mag er Julie sehr gern. Wie wir durch meine Sitzungen herausgefunden haben, gehören er und die Kinder zu Annas »Seelenfamilie« – auf die ich auf den nächsten Seiten eingehen werde. Doch die beiden waren nicht dafür bestimmt, in diesem Leben zusammenzubleiben. (Heute ist der Mann wieder glücklich verheiratet.)

Sich von ihrem Mann zu trennen war der leichte Teil. Viel schwerer fiel es Anna, es ihren Eltern zu sagen. Die Eltern traf die Neuigkeit, dass Anna nun eine gleichgeschlechtliche Liebesbeziehung hatte, so schwer, dass sie nicht mehr mit ihrer Tochter redeten.

Wie Anna mir vor kurzem erzählte, hält ihre Familie jetzt wieder zusammen. Darüber ist sie dankbar, und auch über die Führung, die ihre Geistführer ihr durch die vielen Sitzungen mit mir gaben. Sie sagte, sie habe gelernt, dass wir uns nicht in das Geschlecht eines Menschen, sondern in seine Seele verlieben. Ich glaube, das stimmt – unsere Seelengefährten können uns auf vielen Wegen in vielen verschiedenen Formen und Gestalten begegnen, und so ganz anders, als wir es erwarten.

*

Wenn Sie in diesem Leben Ihrem Seelengefährten begegnen, kann das Gefühl für beide manchmal unerträglich stark sein. Dann fühlen Sie sich immer verbunden und wollen ständig zusammen sein. Es fällt Ihnen schwer, sich auf alltägliche Dinge zu konzentrieren. Das hier ist mehr als ein Strohfeuer; es ist ein Gefühl, das das ganze Herz erfüllt. Wenn Sie zusammen sind, fühlen Sie sich vollständig. Wenn Sie Meilen voneinander entfernt sind, fühlt es sich an, als würde ein Teil von Ihnen fehlen. Und wenn Sie miteinander über Ihre Träume sprechen, entdecken Sie und Ihr Seelengefährte vielleicht sogar, dass Sie genau dasselbe geträumt haben – weil Sie zusammen auf Astralreise gegangen sind.

Es kann sein, dass Sie für Ihre Liebe zueinander kaum die richtigen Worte finden, da »Ich liebe dich« den intensiven Gefühlen, die Sie füreinander hegen, nicht gerecht wird. Das Ganze ist für Sie beide äußerst emotional, und am Anfang verstehen Sie es womöglich selbst nicht. Dann hinterfragen Sie, warum Sie gewisse Gefühle empfinden, die Sie noch nie gekannt haben, auch wenn Sie schon andere Liebespartner im Leben hatten.

Möglicherweise ist Ihre Beziehung zu Ihrem Seelengefährten auch nicht immer einfach. Häufig ist er in seiner Persönlichkeit, seinem Temperament und selbst in seinen Lebenszielen das genaue Gegenteil von Ihnen. Es ist ganz natürlich, dass Sie sich in Geschmack und Meinungen unterscheiden, da Sie wahrscheinlich eine unterschiedliche Herkunft und Erziehung haben, doch Sie werden sich im Leben des anderen sofort wohlfühlen. Außerdem soll Ihr Seelengefährte Sie ausgleichen und das beisteuern, was Ihnen bisher im Leben gefehlt hat. Das kann ein erfüllender, aber auch steiniger Weg sein, der Ihnen viele Hürden abverlangt, die Hindernisse und Konflikte verursachen.

Aus meiner eigenen Erfahrung weiß ich, dass viele von uns, die Heiler und Lichtarbeiter sind, Probleme haben, auf der irdischen Ebene die richtige Liebesbeziehung zu finden, da wir unser Leben anderen widmen. Natürlich werden unsere Hindernisse von den Lektionen verursacht, die wir lernen müssen.

Jede hochentwickelte Seele, die auf der Erde ist, um anderen spirituelle Unterstützung und Wissen zu vermitteln, braucht einen Partner, der ein Gleichgewicht schafft. Dieser Partner kann auch eine hochentwickelte und spirituelle Seele sein. In diesem Fall braucht die Beziehung der beiden ein Element, das sie mit dem Boden verankert. Ansonsten fällt es beiden schwer, im Alltag präsent zu sein. Einer der beiden Partner könnte sich zum Beispiel der Spiritualität verschreiben und diese Gaben nutzen, um andere zu heilen, während der andere einen bodenständigen Beruf (wie den eines Anwalts oder eine Tätigkeit in der Wirtschaft) ausführen könnte und sich die Spiritualität für sein Privatleben aufhebt. Der Anwaltsberuf bietet Gelegenheiten, durch den Kontakt zu ganz unterschiedlichen Menschen vieles zu lernen, obwohl er sehr bodenständig ist.

Ihre Seelenfamilie

Außer mit Ihren Geistführern und Seelengefährten stehen Sie in Verbindung mit verwandten Seelen – Ihrer Seelenfamilie. Es sind Seelen, mit denen Sie sich im Leben zusammentun sollten, weil Sie gemeinsam das Leben anderer berühren und ihnen helfen können. Das muss nicht unbedingt die Familie sein, in der Sie aufgewachsen sind oder mit der Sie auf der irdischen Ebene zusammen sind. Ihre Seelenfamilie hängt davon ab, welche Lektionen Sie lernen müssen und was Ihr Vertrag vor Ihrer Wiedergeburt vorschrieb.

Wenn Sie Mitgliedern Ihrer Seelenfamilie im Jenseits begegnen, werden Sie sofort spüren, dass Sie sie schon kennen – und Ihr ganzes Leben lang gekannt haben. Wenn Sie an all Ihre Freunde, Verwandten, Kollegen und Bekanntschaften denken, erkennen Sie auf Anhieb diejenigen, die zu Ihrer Seelenfamilie gehören und Ihr irdisches Leben in dieser Weise beeinflusst haben. Manche von ihnen mögen kommen und gehen, doch Sie werden immer miteinander verbunden sein.

Ähnlich wie Ihre Beziehung zu Ihrem Seelengefährten kann auch Ihre Verbindung zu den Mitgliedern Ihrer Seelenfamilie auf der Erde sehr intensiv sein. Auch wenn viele Meilen Sie trennen, sind Sie in der Lage, ihre Stimmungslage zu spüren und zu fühlen, wann sie anrufen oder eine E-Mail schicken werden. Sie können mit gutem Gewissen sagen, dass Sie sie aufrichtig lieb haben und dass sie Sie genauso lieben und verstehen. Ich habe beispielsweise Verbindungen zu mehreren Leuten in meinem Leben, die meiner Seelenfamilie angehören; dazu gehört auch meine beste Freundin. Auch wenn wir zurzeit eine halbe Erdkugel voneinander entfernt leben, ist es immer, als wären wir Nachbarn.

Seien Sie versichert: Sobald Sie ins Jenseits übergehen, werden Sie diesen Seelen, die Sie lieben und die nur Ihr Bestes wollen, wieder begegnen. Sie werden zu Ihrer Seelenfamilie zurückkehren – zu der Familie, die Sie bedingungslos liebt, die Sie bei Ihrer spirituellen Weiterentwicklung unterstützt und die während Ihrer gesamten Zeit im Jenseits an Ihrer Seite bleibt.

Wie Sie sehen, bilden Seelenfamilie, Seelengefährte und Geistführer eine Gruppe, die Ihnen treu ergeben ist und die sich Ihrer Weiterentwicklung als Seele verschrieben hat – nicht nur zu Lebzeiten, sondern auch auf Ihrer Reise im Jenseits.

Das nächste Kapitel wurde durch ein Gespräch inspiriert, das ich mit dem Geistältesten Josiah über den Wiedergeburtsprozess führte, den wir alle auf unserer Reise im Jenseits durchlaufen. Leben und Tod, Tod und Leben – bei unserer endgültigen Evolution als Seele ergänzt sich beides. Mein nächstes Thema befasst sich mit dem Prozess der Wiedergeburt in ein höheres Leben. Er beginnt mit dem Empfang all derer, die uns auf der Schwelle zum Jenseits erwarten.

Kapitel 8

Leben durch Tod – Die Wiedergeburt!

Die Seelen auf der anderen Seite des Schleiers sehen den Tod ganz anders als wir. Was wir als das Lebensende betrachten, ist für sie eine Chance für die Seele, die nächsten Stufen der Existenz im Jenseits zu erklimmen – die Chance auf eine Wiedergeburt.

Die Verwendung des Begriffes Wiedergeburt für den Tod mag paradox klingen. Das ist mir bewusst, weil auch ich anfangs so reagierte. Während ich dieses Buch schrieb, erhielt ich von Josiah ein Channeling, in dem er sagte, das Leben würde erst durch den Tod möglich. Bei diesem merkwürdigen Satz hakte ich nach, da ich nicht sicher war, warum er die Erfahrung im Jenseits so nannte. Hier ist ein Auszug aus unserem Gespräch, der mit dem von ihm angeschnittenen Thema beginnt:

> ***JOSIAH:*** *Im weißen Licht wirst du von den körperlichen Schmerzen des Sterbens geheilt und auf die nächsten Stufen des Lebens vorbereitet.*
>
> **LISA**: Des Lebens?
>
> ***JOSIAH***: *Ja, meine Liebe, des Lebens – denn Leben wird erst durch den Tod möglich.*

Eine vielsagende Botschaft

Ich verstand erst einige Zeit später, was Josiah mit seiner verblüffenden Aussage gemeint hat. Das war während eines Readings für meine Klientin Cathy, deren Sohn vor kurzem gestorben war. Die von mir empfangenen Informationen zeigten, dass der Tod tatsächlich eine Wiedergeburt sein kann.

Doch bevor wir uns dem Protokoll von Cathys Sitzung zuwenden, möchte ich erläutern, wie der Geist mir die Mitteilungen direkt übermittelt, meist ohne dass ich sie interpretiere.

Wenn ich als Medium Mitteilungen aus dem Geistigen empfange, sind sie oft nicht so direkt, wie man glauben könnte. Wie schon erwähnt haben Geister keinen Mund, mit dem sie wie wir Wörter aussprechen können. Daher klingen ihre Stimmen dumpf. Stellen Sie sich vor, jemand würde durch einen Schal sprechen, der fest um seinen Mund gewickelt ist – so ähnlich klingt es.

Wegen dieses »Handicaps« müssen Geister mir ihre Botschaften auf andere Weise vermitteln, die oft symbolisch ist. Sie können ihre Informationen über Gedankenprojektionen schicken und mir Worte in den Kopf senden. Manchmal ergeben die Worte keinen ganzen Satz; stattdessen empfinde ich irgendwas anderes, wie beispielsweise das Gefühl von Liebe, das gewöhnlich in meiner Magengegend sitzt.

Oder aber der Geist zeigt mir etwas Konkreteres wie zum Beispiel die Initialen einer Person. Wenn ich dann um weitere Informationen bitte, sehe ich vielleicht ein visuelles Zeichen wie ein Herz oder ein anderes vertrautes Symbol. Meine Aufgabe ist es, der Person, für die ich die Sitzung halte, die Zeichen mitzuteilen, damit sie einen Bezug finden kann. Dann helfe ich ihr dabei, alles zu einer sinnvollen Nachricht zusammenzufügen.

Einmal hielt ich eine Sitzung für eine Frau, deren Mann gestorben war, und erhielt die folgenden Informationen: die Wörter Spaziergang, Baum und kalt, die Anfangsbuchstaben eines Namens und das Herzsymbol. Aus dem folgenden Sitzungsprotokoll lässt sich erkennen, wie wir mit dem, was ich empfangen hatte, gearbeitet haben und wie wir auf eine ergreifende Botschaft für meine Klientin gekommen sind:

> **LISA**: Ihr Mann zeigt mir ein Herz. Es scheint mir, als hätten Sie beide an einem kalten Tag einen Spaziergang gemacht und als hätten Sie Ihre Initialen in einen Baum geritzt und mit einem Herzen umrahmt. Auf diese Weise würden die Initialen immer dort zusammen sein und Sie würden auch immer zusammenbleiben.

KLIENTIN: Oh Gott ... woher wissen Sie das? Genau das haben wir gemacht! Es war seine Idee. Ich hielt sie damals für albern, aber er hat darauf bestanden. Das war vier Tage vor Peters Tod, und ich habe es bis heute niemandem erzählt!

LISA: Er zeigt mir, dass Sie immer in seinem Herzen sein werden, jetzt und in Ewigkeit.

KLIENTIN: [kopfschüttelnd und weinend] Ich habe diese Worte gerade in seinen Grabstein einmeißeln lassen: *Er wird in meinem Herzen sein, jetzt und in Ewigkeit.*

Diese Geschichte zeigt, wie wir Medien eine Nachricht so weitergeben können, wie wir sie empfangen. Manchmal verstehen wir die Botschaft nicht richtig oder übermitteln sie nicht so, dass unsere Klienten sie auf etwas beziehen können. Doch wenn wir der Person sagen, was wir hören und sehen, und es ihr selbst überlassen, einen Sinn darin zu erkennen, kommt die Botschaft meist sehr deutlich rüber. Probleme entstehen in dem Moment, in dem ein Medium Symbole empfängt und seine eigenen Emotionen einfließen lässt (was wir niemals tun sollten). Dann übermittelt es eine Nachricht, die keinen Bezug zum Klienten hat und ihn nur verwirrt.

Ich erhalte häufig das Symbol einer roten Rose, das viele Leute als Liebessymbol ansehen. Ich sage dann: »Ich empfange eine rote Rose« und überlasse es dem Klienten, darauf zu antworten. Manchmal kommt dann die Reaktion: »Ach ja, meine Großmutter hieß Rose« oder »An unserem Hochzeitstag hat er mir immer rote Rosen geschenkt«. Für mich persönlich ist eine rote Rose jedoch das Symbol eines Geburtstags. Wenn ich meine eigene Interpretation dieses Symbols erwähne, kann es sein, dass der oder die Betroffene die Information hinterfragt. Dann muss ich etwas weitergehen, damit mein Klient leichter eine Verbindung erkennen kann.

Das passierte in meiner Sitzung für meine Klientin Cathy, die mich nach dem Tod ihres Sohns aufsuchte. Es zeigt, wie meine eigene Interpretation der roten Rose manchmal hilfreich sein kann und auch, wie das Symbol eines Geburtstags sich auf eine Seele im Jenseits beziehen kann:

LISA: Ihr Sohn zeigt mir, dass es in diesem Zeitraum auch einen Geburtstag gibt.

CATHY: [verwirrt] Nein, es sind noch sechs Monate bis zu seinem Geburtstag.

LISA: Hmm, also gut. Nun, er zeigt mir eine rote Rose. Für mich symbolisiert sie einen Geburtstag. Es könnte auch ein Hochzeitstag oder Jahrestag sein, aber es fühlt sich an wie ein Ereignis, das mit ihm und niemandem sonst zu tun hat.

CATHY: Na ja, morgen ist sein Todestag.

LISA: Das ist es! Sie sehen den Tag seines Übergangs als Jahrestag seines Todes an, aber für ihn ist es ein Geburtstag. Das kann nur bedeuten, dass er versucht, Ihnen zu sagen, dass er wiedergeboren worden ist – in die spirituelle Welt.

Das Symbol einer roten Rose war die Methode, die Cathys Sohn wählte, um ihr mitzuteilen, wie er den Jahrestag seines Übergangs sieht – nämlich als seine Wiedergeburt. Er wollte sie wissen lassen, dass er in seine wahre Heimat zurückgekehrt sei und dort sein neues »Leben« anfange. Er war ins Jenseits wiedergeboren! Das ist der Grund, warum Josiah sagt, das Leben wird durch den Tod möglich. Er und die anderen Geister sehen im Tod den Punkt, an dem das menschliche Leben und die zu erlernenden Lektionen erst beginnen.

All das werden Sie besser verstehen, wenn wir in späteren Kapiteln den Heilungsprozess im Jenseits näher untersuchen. Doch an dieser Stelle möchte ich Josiahs Mitteilung über die Wiedergeburt zitieren, die uns alle erwartet, wenn wir sterben:

Das weiße Licht der Reinheit und Liebe führt ins Jenseits – oder den Himmel oder wie immer du es nennen willst. Es ist ein Land des Friedens, der Ruhe und der Verpflichtung. Ja, der Verpflichtung – denn wenn du hinübergegangen und ins Licht eingetreten bist, verpflichtest du dich zu lernen, zu wachsen und dich weiterzuentwickeln, um eine noch bessere Seele zu werden.

Ich finde Josiahs Aussage, dass es im Jenseits eine Verpflichtung zu lernen und zu wachsen gibt, wichtig, weil viele von uns sich auf der irdischen Ebene vor dem bewussten Lernen und Wachsen drücken wollen. Doch auch wenn wir die Schleichspur für eine gemütlichere Fahrt vorziehen, bekommen wir immer Gelegenheiten, um im Leben zu lernen und zu wachsen.

Das Leben vor dem Tod und das Leben nach dem Tod – bei beidem geht es um Lernen und Wachstum. Das Konzept des Lebens durch den Tod mag schwer zu begreifen sein, weil wir glauben, das Jenseits sei ein Ort, an dem wir uns endlich entspannen, ausruhen und Spaß haben können. Auch wenn das so ist, gibt es da noch viel mehr – wie Sie in diesem Buch herausfinden werden.

Willkommen zu Hause

Wie ich schon erwähnt habe, werden Sie nach Ihrer Ankunft im Jenseits einige Zeit im Empfangsraum verbringen, einer Art Schwelle, zu der Sie geführt werden, bevor Sie weitergehen. Hier begegnen Sie unter großer Freude all Ihren Seelenbeziehungen wieder, wie bei einem Treffen mit Freunden oder Verwandten, die Sie schon lange nicht mehr gesehen haben.

Ben beschreibt, wie die Geister, die Sie auf der irdischen Ebene unterstützt und geführt haben, nach Ihrem Empfang zu Hause eine neue Rolle annehmen:

> *Von nun an besteht ihre Aufgabe darin, dir zu zeigen, dass du keine Angst vor der Reise durch das Leben nach dem Tod zu haben brauchst. Stattdessen kannst du dich darauf freuen. Die Geister werden von deinem Meisterführer begleitet, der dir sehr vertraut sein wird, unabhängig davon, ob du ihn (oder sie) in deinem irdischen Leben gekannt hast oder nicht. Gemeinsam wird dieses Team dich an den Ort führen, der für dich bestimmt ist.*
>
> *Zahlreichen Geistern deines Teams wurden Aufgaben zugeteilt, um dir beim Übergang zu helfen. Sobald du den Übergang abgeschlossen hast, wird auch dir eine Aufgabe zugeteilt, wenn für dich die Zeit gekommen ist, einen geliebten Angehörigen zu Hause willkommen zu heißen.*

Solche Aufgaben sind sehr leicht zu bewältigen: Es geht rein darum, eine Seele durch die Phasen der Wiedergeburt ins Jenseits zu lieben, zu unterstützen und zu führen.

Manche Geister werden deinen Meisterführer bei seiner Hilfe mit den Menschen und den Umständen, die du beim Übergang auf der irdischen Ebene zurückgelassen hast, unterstützen. Da manche Seelen damit leichter fertig werden als andere, arbeitet dein Meisterführer mit ihnen zusammen, um sicherzustellen, dass sie die geeigneten Aufgaben für eine effektive Unterstützung haben.

Ben beschreibt hier die Mischung aus Emotionen, die Sie beim Übergang empfinden werden. Ihre Sinne werden natürlich feiner werden, und so wird sich alles intensiver anfühlen, als Sie gewohnt sind. Wahrscheinlich werden Sie immer noch sehr an den Menschen hängen, die Sie auf der irdischen Ebene zurücklassen, weil Sie zum Zeitpunkt des Übergangs noch irdische Bande und die damit verbundenen Gefühle haben. Sie werden genau auf diese irdischen Bande und Emotionen achten und sie eine Zeitlang verarbeiten müssen. Aber für den Anfang müssen Sie sich nur darauf konzentrieren, genug Halt zu bekommen, und sich sanft in Ihr neues Zuhause führen lassen.

Vielleicht fragen Sie sich: Wie kann ich meine Angehörigen im Jenseits umarmen, wenn ich doch keinen Körper mehr habe? Das ist eine gute Frage und ich werde versuchen, eine befriedigende Antwort darauf zu geben. Im Leben haben wir alle eine Aura um uns herum, die sich weiter ausdehnt, als den meisten von uns bewusst ist. Wenn wir uns einander nähern, beginnen unsere Auren, sich zu vermischen. Diejenigen unter uns, die ein Feingefühl für Energie haben, spüren die Wünsche und Gefühle anderer. Auf der irdischen Ebene passiert das ständig, wird aber nicht wahrgenommen.

Da es im Jenseits keine Körper gibt, findet ein noch stärkerer Energieaustausch statt, wenn sich zwei Seelen umarmen. Stellen Sie sich vor, Sie wären die Quelle der gesamten von Ihnen gefühlten Energie, ohne einen festen Körper zu haben, der die Gefühle filtert (wie es im Jenseits tatsächlich ist). Dann sind Ihre Sinne extrem geschärft. Als reine Energie können Sie sich mit anderen Energiequellen um sich herum vermischen und bei einer Umarmung eins werden. Das ist ein äußerst intensives Erlebnis. So umarmen und begrüßen Sie jede Seele, mit der Sie wiedervereint werden.

Außerdem kommunizieren Sie in Gedanken miteinander. Sie müssen nur etwas denken, damit andere es »hören« können. Das beantwortet eine weitere Frage, die mir häufig gestellt wird: »Muss ich meine Gedanken laut aussprechen, damit meine Angehörigen mich hören können, oder reichen meine Gedanken aus?« Es reicht vollkommen, wenn Sie etwas denken – Ihre Lieben werden es sofort aufnehmen. Denn es gibt keinen festen Körper, der den Energieaustausch stören kann.

Im Empfangsraum zu sein ist ein außergewöhnliches und sehr schönes Erlebnis. Sie werden Frieden und ein Glücksgefühl empfinden, wovon Sie auf der Erde nur träumen können. Als ich während meines Nahtoderlebnisses in diesem Raum war, war das ein erleuchtendes, faszinierendes, ruhiges, friedliches, stilles Gefühl ... und auch noch fast jedes andere tolle Gefühl, das man sich vorstellen kann. All das und mehr werden Sie empfinden, wenn Sie selbst an diesen Ort kommen.

Sie werden eine Weile im Empfangsraum bleiben – doch wie schon erwähnt ist das Zeitkonzept im Jenseits ein ganz anderes als unser irdisches. Was sich im Jenseits wie Stunden anfühlt, ist auf der Erde nur eine Minute. Ich weiß, das ist schwer vorstellbar. Um es verständlicher zu machen, werde ich versuchen, den Prozess jeweils in beiden Zeitskalen zu erklären.

*

Die Reise Ihrer Wiedergeburt im Jenseits kann nun beginnen. Doch als Vorbereitung auf den Heilungsprozess Ihrer Seele erhalten Sie zuerst noch einmal die Gelegenheit, auf die irdische Ebene zurückzukehren und Ihre Hinterbliebenen aufzusuchen.

Beachten Sie bitte, dass Ihr Besuch nicht den Zweck erfüllen soll, Verbindung aufzunehmen, um die irdischen Bande zu stärken. Stattdessen werden Sie von Ihren Geistführern zurückgeführt, um mit der wichtigen und manchmal schwierigen Aufgabe anzufangen, sich von Ihren irdischen Banden zu lösen. Erst dann beginnt Ihre wahre Wiedergeburt im Jenseits.

Kapitel 9

Sich von den irdischen Banden lösen

Sobald wir sanft in unserem neuen Zuhause empfangen wurden und von allen, die uns geführt und geliebt haben (und uns weiterhin führen werden), begrüßt und umarmt worden sind, beginnen wir mit dem Prozess, uns von den Menschen und Umständen zu lösen, mit denen wir in unserem irdischen Leben verbunden waren. Wir brauchen nur an die zu denken, die wir sehen wollen. Dann hilft uns unser Seelenteam, sie alle zu besuchen. Das ist ganz wichtig für uns, da es zur endgültigen nötigen Abtrennung unserer irdischen Bande gehört, bevor unser förmlicher Heilungsprozess im Jenseits beginnen kann.

Sich von seinen irdischen Banden zu lösen ist ein notwendiger Prozess, den jede Seele durchmachen muss – *jede einzelne.* Wenn wir hinübergehen, denken wir immer noch in unserer verkörperten Form; wir identifizieren uns als Mann oder Frau, tragen unseren Taufnamen und halten an unseren Gefühlen für die Menschen, die wir gekannt haben, fest. All diese und weitere Verbindungen fesseln uns an unsere irdische Existenz. Sie wirken wie ein Anker, der uns von unserer Weiterentwicklung im Jenseits, unserer Reise der Wiedergeburt, zurückhält.

Ariel beschreibt den ersten Schritt im Ablösungsprozess, der in diesem Kapitel behandelt wird, wie folgt:

> *Es ist ganz selbstverständlich für jede Seele, die hinübergeht, ihre Wiedergeburt im Jenseits mit einem Ausflug zurück auf die irdische Ebene zu beginnen. Alle Seelen müssen diese Reise machen – manche sogar viele Male – um zu klären, was geschehen ist, und sich zu vergewissern, dass es den Hinterbliebenen gut geht. Das hilft der*

Seele dabei, sich von ihren irdischen Banden zu lösen, und bei diesem Prozess helfen wir, die Geistführer, ihr. Wir ermöglichen alles, was sie für einen Besuch bei ihren Hinterbliebenen braucht, und passen gleichzeitig auf, dass sie nicht dort hängen bleibt.

Die erste Rückkehr

Wahrscheinlich werden Sie gleich nach Ihrem Übergang auf die irdische Ebene zurückwollen, da Sie sich dessen, was dort geschieht, voll bewusst sind und den Zurückgebliebenen immer noch sehr nahestehen. Die Trauer Ihrer Angehörigen und die vielen Aktivitäten rund um Ihren Tod werden Sie ablenken, aber gleichzeitig werden Sie sich auf die nächste Phase im Jenseits freuen. Alles wird mit ungewohnter Geschwindigkeit stattfinden, und das kann verwirrend sein.

Ich habe diese Erfahrungen am Anfang des Jenseits schon oft von den Geistern gehört, die mit mir kommunizieren. Ben beschreibt es so:

Wir nehmen dich mit auf eine Reise, die Reise nach Hause. Zuerst führen wir dich im Jenseits herum, aber du kannst nirgendwo verweilen oder dich aktiv einbringen. Du wirst alles aus der Ferne sehen, so als würdest du im Kreis herumfliegen und aus der Vogelperspektive herunterblicken. Du wirst die Liebe sehen, die hier ist, und wie wir uns alle gegenseitig unterstützen und führen. Du wirst das fein gewobene Netzwerk und unsere Freiheit erkennen. An diesem Punkt wirst du merken, dass du hierbleiben willst.

Als Teil dieser Reise bringen wir dich auf die irdische Ebene zurück, damit du deine trauernden Verwandten und Freunde aufsuchen kannst. Mehrere Mitglieder deines Teams werden dich begleiten und die Energie liefern, die du brauchst, um den Zurückgebliebenen Zeichen zu senden, dass du noch bei ihnen bist. Du wirst ihnen auch die tröstende Nachricht übermitteln, dass du gut und sicher im Jenseits angekommen bist.

Sie werden dich vermissen, aber du wirst dich nicht nach ihnen verzehren. Auch wenn du sie liebst und willst, dass es ihnen gut geht, wirst du sie nie so vermissen wie sie dich. Das ist, weil du in ihre Welt zurückkehren kannst, wann immer dir danach ist oder wenn sie dich um Hilfe bitten.

Für deinen Wachstumsprozess ist es unverzichtbar, dass du siehst, was sie durchmachen, und verstehst, was sie empfinden. Nur wenn du auf offene und ehrliche Weise voll und ganz bei ihnen bist, wirst du deine irdischen Beziehungen abschließen und loslassen können, um weiterzukommen. So wirst du anfangen, dich von deinen weltlichen Banden zu lösen. Das ist erst der Anfang der Reise auf die andere Seite.

Ihr erster Ausflug auf die irdische Ebene wird der leichteste sein, weil Sie zu diesem Zeitpunkt viel Energie haben werden. Das weiße Licht dient bei Ihrem Übergang als Energiequelle. Es lädt Sie so auf, dass Sie auf verschiedensten Wegen den Ihnen Nahestehenden herüberbringen können, dass Sie noch da sind. Sie werden zurückgehen, um die letzten Handlungen vor Ihrer Trauerfeier oder Beerdigung mitzuerleben und die Gefühle aller mitzubekommen. Das kann frustrierend sein, da Sie sich in einer anderen Dimension befinden, denn am liebsten würden Sie vor den Trauernden auf und ab springen und rufen: Hallo, seht ihr mich denn nicht? Mir geht es gut!

Vielleicht glauben Sie, dass Sie den Ort Ihres Übergangs nicht noch einmal aufsuchen wollen, doch alle Seelen werden aufgefordert, sich genau das als Teil des Heilungsprozesses anzusehen und daran teilzuhaben. Und weil Sie immer noch an die irdische Ebene gebunden sind, werden Sie sie vermutlich gerne aufsuchen, vor allem, wenn Sie sich durch einen plötzlichen oder tragischen Tod nicht mehr von Ihren Lieben verabschieden konnten.

Sie werden Ihren irdischen Körper sehen, der jetzt natürlich von Ihrer Seele getrennt ist. Auch werden Sie Menschen sehen, die eilig ins Krankenzimmer gerannt kommen, weil sie es nicht mehr rechtzeitig vor Ihrem Übergang geschafft haben. Sie haben jetzt deswegen Schuldgefühle, und Sie werden ihre Gespräche hören, ihre Emotionen fühlen und ihre Gedanken lesen, während sie sich um Ihren Körper versammeln.

Sie werden Ihren Angehörigen nahe sein und versuchen, den Schmerz und die Trauer um Sie zu lindern. Die Trauer kann überwältigend sein, aber Sie werden sich daran gewöhnen. Es kann sogar sein, dass Sie an dem teilhaben wollen, was Ihre Angehörigen durchmachen, weil es Ihnen dann leichter fallen wird, das Geschehene zu akzeptieren.

Es ist nichts Ungewöhnliches, wenn die Hinterbliebenen sich wünschen, dass Sie sich ihnen noch einmal in Ihrer irdischen Gestalt zeigen. Es kann jedoch ganz schön anstrengend sein, sich »im Fleische« zu zeigen, da das sehr viel Energie kostet. Auch gibt es keinen richtigen Zeitpunkt dafür – denn wenn Sie gesehen werden, wird das ein solcher Schock für Ihre Hinterbliebenen, dass sie sich vielleicht abwenden. Wenn sie sich dann noch einmal umdrehen, um sich zu vergewissern, werden Sie schon wieder verschwunden sein. Das könnte Bedauern hervorrufen, die die Trauer nur noch schlimmer macht ... Aus diesen Gründen sind solche Erscheinungen in menschlicher Gestalt auch nur sehr selten.

Wie Ariel noch ausführt:

> *Wir Verstorbenen müssen eine enorme Menge an Energie aufbringen, um uns in irdischer Gestalt zu zeigen. Viel einfacher ist es, die auf der Erde Zurückgebliebenen dazu zu bringen, bestimmte Lieder zu hören und ihnen zu signalisieren, das Radio zu einer für sie ungewöhnlichen Zeit einzuschalten. Dann können wir ihnen durch ihren Geistführer einen Gedanken schicken, der sie dazu bringt, sich zu einer bestimmten Zeit eine bestimmte Sendung anzuhören oder anzusehen. Doch am meisten wünschen sich die Menschen, dass wir uns »zeigen«, und das ist gar nicht so leicht, wie sie sich vorstellen. Unser Energielevel ist viel, viel höher als ihres, da das Jenseits auf einer höheren Frequenz existiert. In unserer Dimension müssen wir hart arbeiten, um unsere Schwingungen auf ihre abzusenken. Es dauert eine Weile, bis man das meistert, und manche Seelen meistern es nie, weil sie mit dem irdischen Leben nichts mehr zu tun haben wollen.*

Ihr Helferteam wird Ihnen zeigen, wie Sie während Ihres ersten Besuchs auf der irdischen Ebene kommunizieren können, und Ihnen mehrere Methoden lehren, wie Sie Ihre Botschaften überbringen können. Sie können zum Beispiel Ihre Hinterbliebenen beeinflussen, ein Lied zu beachten oder den Blick zu senken und eine Münze zu sehen, die auf der Straße liegt und ein besonderes Jahresdatum trägt, oder die Worte eines Fremden zu hören, die sich auf etwas Persönliches beziehen. All das geschieht durch einen Austausch von Energie und Gedankenprozessen, durch die sich die spirituelle Ebene auf die physische Welt auswirkt.

Die einfachste Art der Kommunikation mit jemandem auf der irdischen Ebene ist in ihrem Schlaf. Sie werden sich leicht in ihre Träume einklinken und Zeit mit ihrer Seele verbringen können. Wenn die Menschen aufwachen, wird ihnen so sein, als wären Sie bei ihnen gewesen. Und das sind Sie auch. Ihre Seelen werden miteinander verbunden sein: Während der Mensch nachts im Schlaf den Körper verlässt und astral reist, können Sie ihm begegnen und mit ihm reden und sogar Spaß miteinander haben.

Kommunikation ist ein natürlicher und wesentlicher Teil des Heilungsprozesses, den Sie auf dieser Stufe im Jenseits durchlaufen. Es lässt sich mit einer Reise vergleichen wenn man von denen, die einem nahestehen, eine Weile getrennt ist. Gleich nach seiner Ankunft will man Verbindung zu ihnen aufnehmen – entweder per Anruf, SMS oder E-Mail – und einfach nur sagen: »Hallo, ich bin gut angekommen. Das Wetter ist toll und das Hotelzimmer ist sehr schön. Also bis in zwei Wochen. Mach's gut!« Das tun wir alle; es gehört zur menschlichen Natur, uns umeinander zu kümmern und die anderen wissen zu lassen, dass es uns gut geht.

*

Es ist für eine Seele normal, der irdischen Ebene eine Weile sehr nahe zu bleiben, um das zu tun, was zum Lösen der weltlichen Fesseln notwendig ist. Es ist wichtig, bei der letzten Feier Ihres Lebens dabei zu sein, Ihrer eigenen Beerdigung beizuwohnen und zu sehen, wie sich die Dynamik Ihrer Familie ändert oder wie andere Ihr Eigentum und Erbe ordnen. All das gehört dazu, die Tatsache Ihres Übergangs zu verarbeiten. Sie werden die Streits und die Traurigkeit mitbekommen, die Ihr Tod verursacht hat. Sie werden auch das Gelächter Ihrer Angehörigen sehen, wenn sie alte Fotoalben durchblättern und in lustigen Erinnerungen schwelgen.

All das gehört zu Ihrem Wachstumsprozess, zu Ihrer Wiedergeburt. Eine Seele bleibt im Durchschnitt bis zu 90 Tage (in irdischer Zeit gerechnet) in der Nähe der irdischen Ebene. Im Jenseits ist das ein halber Tag. Die Dauer ist individuell, da jede Seele andere Bedürfnisse hat.

Bei Ihrem Besuch kommen Sie vielleicht in Versuchung, länger zu bleiben. Vergessen Sie jedoch nicht, dass es extrem schwierig für Sie wird, im Jenseits weiterzukommen, wenn Sie sich an Schuldgefühle klammern und wenn Ihre Lieben dauernd nach Ihnen rufen und Sie festhalten wollen. Irgendwann müssen Sie solche irdischen Gefühle loslassen. Wie Sie erkennen werden, wird es andere Gelegenheiten geben, Ihre schwerwiegendsten Probleme zu überwinden, wenn Sie die nächste Phase des Heilungsprozesses im Jenseits durchlaufen.

Auch wenn Sie nach Ihrem ersten Ausflug ins Jenseits zurückkehren, heißt das nicht, dass es Ihr letzter Ausflug sein wird. Sie können jederzeit auf die irdische Ebene zurückgehen und mit Ihren Hinterbliebenen zusammen sein. Ariel erläutert das:

> *In den ersten Phasen der Wiedergeburt kehren die Seelen oft zurück, weil sie immer noch die irdische Denkweise haben. Diese Verbindung ist daher für sie wichtig. Die Hinterbliebenen wollen immer noch mit dem oder der Verstorbenen zusammen sein – und viele brauchen das auch. Wir versuchen, diesen Prozess zu unterstützen, aber die neuen Seelen vergessen dabei, dass sie nicht immer alles so tun können, wie sie es möchten. Als ihre Geistführer müssen wir ihnen dann sagen, dass sie Energie verschwenden und ihre Kraft nicht für ihre eigene Heilung nutzen, wenn sie mit dem irdischen Leben so eng verbunden bleiben. Doch wir wissen auch, dass die Besuche wesentlich dazu beitragen, das Leben im Jenseits anzunehmen. Die Seelen können so oft sie wollen zurückge-*

hen, um den Hinterbliebenen zu helfen und die Verarbeitung der Trauer zu unterstützen.

Ihre Geistführer werden immer bereit sein, Ihnen zu helfen, die Menschen aufzusuchen, mit denen Sie im Leben zusammen waren, damit Sie erfahren können, wie sie über Sie gedacht haben und welche Wirkung Sie auf ihr Leben gehabt haben. All das bereitet Sie auf die nächste Etappe Ihrer Heilreise im Jenseits vor. Doch in diesem Stadium ist es wichtig, sich von Ihren Helfern führen zu lassen, sich beraten zu lassen, ob Sie bleiben oder gehen sollen, da sie letztendlich wissen, was für Sie am besten ist. Wie immer haben Sie einen freien Willen und können länger bleiben, wenn Ihnen danach zumute ist, aber vergeuden Sie keine Energie, die Sie lieber für Ihre eigene Heilung nutzen sollten.

Ariel sagt darüber:

Manche Seelen gehen häufiger zurück als andere. Manche gehen gar nicht mehr zurück, weil sie ihren Frieden geschlossen haben und bereit sind, ihr Schicksal anzunehmen und weiterzugehen. Doch zu häufige oder zu lange Besuche können sich nachteilig auswirken, da sie die Seele vom weiteren Lernprozess im Jenseits abhalten. Im irdischen Zeitmaß bedeutet ein Schritt vorwärts aber in der Entwicklung der Seele zwei Schritte zurück.

Auf Ihrem ersten Ausflug zur irdischen Ebene werden Sie von Ihrem Helferteam vollständig geführt. Ihre Interessen sind ihm wichtig. Es möchte Ihnen helfen, alle Gefühle und Bande, die Sie noch mit Ihrem alten Leben verbinden, allmählich zu lösen ... aber Ihre Hinterbliebenen können das womöglich schwer akzeptieren. Dennoch ist das Beenden Ihrer Beziehungen und die Befreiung von Ihren weltlichen Fesseln ein notwendiger Schritt für Ihr Weiterkommen im Jenseits.

Loslassen und Weiterkommen

Als gerade verstorbene Seele ist es ganz wichtig, alle Fesseln zu lösen, die Sie in Ihrer Körperlichkeit mit dem Ego festhalten, das sich auf materiellen Besitz konzentriert – egal wie viel oder wenig Sie haben. Sie müssen vollkommen in Ihrer Seele leben und die Dinge loslassen, die Ihnen auf der Erde wichtig waren, wie beispielsweise Ihr Auto, Ihr Haus, Fernsehsendungen und andere Sachen, die Sie als Mensch mochten und begehrten. (Aus diesem Grund redet ein Geist, der über ein Medium erscheint, auch nicht über Geld, sondern lacht nur und sagt so etwas wie: Du hast viel Geld ausgegeben – es wurde beobachtet.)

Das Loslassen gehört bei allen Seelen zum Wachstumsprozess im Jenseits. Aber keine Angst: Die Gefühle, die Sie für Menschen auf der irdischen Ebene empfinden, verlieren Sie auch als Seele nicht. Sie vergessen auch keine besonderen Momente – solche Erinnerungen sind auch für Ihre Weiterentwicklung wichtig, da Sie sie als Grundlage für Lektionen in Ihrem nächsten Leben brauchen.

Doch andere Dinge, die Ihnen einmal wichtig waren, werden ihre Bedeutung verlieren. Materielle Objekte oder Eigentum werden wertlos. Auch Bezeichnungen aller Art verschwinden, wie auch Vornamen und Kosenamen. Im Jenseits nehmen Sie Ihren ursprünglichen Seelennamen wieder an. Er ist Ihr wahrer Name. Wie schon zu Anfang erwähnt, bestand mein Sohn Charlie jahrelang darauf, von mir »Sam« genannt zu werden, da das sein Name im »Himmel« gewesen war.

Ariel erläutert, was Seelen nicht aufgeben:

> *Erdbewohner wünschen sich, wir würden uns an bestimmte Dinge des Lebens erinnern, wenn wir zurückkommen, um mit ihnen zu kommunizieren – wie zum Beispiel ihr Lieblingslied und ihre Lieblingsfarbe. Aber das hat alles keine Bedeutung.*
>
> *Als Seele behält man seine Persönlichkeit. Man erinnert sich an Wesentliches, beispielsweise an Momente im Leben, in denen man etwas gelernt hat, und an seine Angehörigen. Vor allem die Augenblicke, die das eigene Leben verändert haben, sind kostbar und bleiben in Erinnerung. Der Rest ist irrelevant. Es klingt zwar hart, aber es ist so: Man behält nur das, was wirklich wichtig ist.*

An dieser Stelle muss erwähnt werden, dass manche Seelen nicht zurückkehren und ihren Angehörigen Zeichen ihrer Gegenwart geben wollen, obwohl Seelen generell mit den Menschen auf der irdischen Ebene in Verbindung bleiben. Als Hinterbliebener sind Sie vielleicht sehr unglücklich und beunruhigt, wenn der Verstorbene Sie nicht mehr aufsucht. Es ist schwer zu akzeptieren, wenn ein geliebter Mensch einfach »weg« ist. Doch Sie müssen sich klar machen, dass Sie es bei einer Seele mit einer Persönlichkeit zu tun haben. Wenn ein Mensch im Leben stur war, dann wird er es aufgrund seiner starken irdischen Bande auch im Jenseits noch sein, vor allem wenn er gerade erst hinübergegangen ist.

Seelen können es aus vielen verschiedenen Gründen vorziehen, ihre Familie oder Freunde nicht aufzusuchen und ihre Anwesenheit nicht zu zeigen. Manche kämpfen trotz aller Vorbereitungen immer noch gegen ihren Tod an; andere möchten nicht zurückkommen, weil es für sie zu schmerzhaft ist, die Trauer der Hinterbliebenen zu erleben, und manche verabschieden sich und können es kaum erwarten, die Sphären des Jenseits zu durchlaufen. Wenn Sie sich daran erinnern, wie Ihr verstorbener Angehöriger im Leben war, wird das seine oder ihre Gegenwart (oder Abwesenheit) in den Tagen und Wochen nach dem Übergang begreiflicher machen.

Natashas Geschichte

Ich habe schon zahlreiche persönliche Erfahrungen mit Seelen gemacht, die kurz nach ihrem Tod zurückkamen, und auch wenn ich an solche Erlebnisse dieser Art gewöhnt sein müsste, erstaunen sie mich immer noch. Das folgende Erlebnis verdeutlicht, wie eine Seele innerhalb scheinbar nur kurzer Zeit auf die irdische Ebene zurückkehren kann. Es hat mir die starke Wirkung gezeigt, die ein solcher Besuch haben kann, weil die zurückgekehrte Seele die Möglichkeit hat, Einfluss auf einen geliebten Menschen zu nehmen, und ihm dabei helfen kann, im Leben weiterzukommen. Ich halte die folgende Geschichte für wunderschön und für genau den richtigen Abschluss dieses Kapitels.

Die Nichte meiner guten Freundin Frankie Leigh hieß Natasha Shneider, eine in Russland und den Vereinigten Staaten berühmte Sängerin und Songtexterin. Natasha kämpfte schon eine

Weile gegen ihre Krebserkrankung an, und so suchte sie mich auf Frankies Empfehlung hin immer wieder auf, um zu heilen. In den letzten Phasen ihrer Krankheit kam ich zu ihr nach Hause. Obwohl sie nicht mehr bei Bewusstsein war, konnte ich mit ihr per Gedanken kommunizieren, wie ich es mit meiner Großmutter Nan Frances getan hatte, als sie sich auf den Übergang vorbereitete. Interessanterweise zeigte mir Natasha, dass sie ihrem Mann Alain Johannes helfen wollte, seiner Musikleidenschaft zu folgen. Diese Information gab ich an ihn weiter.

Natasha kämpfte hartnäckig und ausdauernd gegen ihre Krankheit an, doch irgendwann musste ich Frankie sagen, dass ihre Nichte den Krebs nicht besiegen würde. Die Heilmethode, die ich anwandte, half nicht ihrem Körper, sondern ihrer Seele bei der Vorbereitung auf den Übergang ins Jenseits. Alain, Frankie und ihre anderen Verwandten hatten sich damit abgefunden, Natasha schon bald zu verlieren.

Ich wollte nach England zurückkehren und machte auf dem Weg zum Flughafen einen Abstecher zu Natasha. Ich wusste, es würde das letzte Mal sein, dass ich sie zu sehen bekam, und ich hatte Schuldgefühle, weil ich ihrer Seele bei dieser letzten Reise nicht helfen konnte. Sobald ich zurück in England war, suchte ich meine örtliche spirituelle Kirche der Studley Spiritual Group auf und setzte mich unter die Zuschauer, während ein Medium auf der Bühne den Leuten Botschaften überbrachte. Ich fühlte eine Präsenz und spürte das plötzliche Verlangen, auf meinem Handy nachzusehen, ob Nachrichten eingegangen waren. Die gefürchtete SMS war eingegangen.

Natasha hatte in einer Band gesungen, die sich *Eleven* nannte, und sie war um 11:11 Uhr friedlich im Schlaf von uns gegangen. Ich musste kurz den Saal verlassen, um mich zu fangen. Als ich zurückkam, wandte sich das Medium an mich und übermittelte mir eine kurze Nachricht von Natasha. Auf dem Heimweg kaufte ich noch etwas ein. Als ich zu meinem Wagen zurückkam, sah ich plötzlich Natasha auf dem Beifahrersitz sitzen. Sie lächelte ihr wunderschönes Lächeln und sah so strahlend aus wie früher. Ich machte die Augen zu und empfing eine Nachricht von ihr an ihren Mann Alain. Natasha ließ ihn wissen, dass sie auch jetzt nach ihrem Übergang immer für ihn da sein und ihm bei der Umsetzung seiner Träume helfen werde.

Es ist für mich nichts Außergewöhnliches, kurz nach dem Übergang von der verstorbenen Seele aufgesucht zu werden. Natasha erschien mir, weil sie wusste, ich würde ihre Botschaft direkt an Alain weitergeben. Es war ihre Art zu sagen: Seht her, da bin ich und es geht mir gut! Hier ist die genaue Botschaft von Natasha, die ich per SMS an Alain weitergegeben habe: *Friedlich, keine Schmerzen, und es hat sich gut angefühlt zu gehen. Ich liebe und danke euch allen. Es war leichter, als ich dachte. Sei stark, Schatz.*

Heute spielt Alain in der Band *Them Crooked Vultures* und reist als erfolgreicher Musiker durch die Welt. Den Song *Time for Miracles,* der vor kurzem von dem Gewinner des American Idol Wettbewerbs und aufsteigenden Popstars Adam Lambert aufgenommen wurde, haben Natasha und Alain zusammen geschrieben. Jedes Mal, wenn etwas Unvorhergesehenes Alains Musikkarriere weiter antreibt, sagen alle in der Familie einstimmig: »Das war Natasha!«

*

Ich hoffe, die letzten Kapitel konnten Ihnen eine Vorstellung von dem vermitteln, was Sie beim Übergang von der irdischen Ebene erwartet. Und nun führt Sie Teil III durch die einzelnen Phasen Ihres Lebens auf der anderen Seite – durch eine Zeit, in der Sie sich mit allem, was in Ihrem irdischen Leben passiert ist, befassen und es annehmen. Durch diesen Prozess und die Hilfe Ihrer Geistgruppe werden Sie Ihre Wiedergeburt im Jenseits erleben.

Teil III

Eine Reise der Heilung

Kapitel 10

Die Einweihung: Der Warteraum

Sobald Sie von Ihrem ersten Besuch auf der irdischen Ebene zurückgekehrt sind, beginnt Ihre Einführung in die heilende Reise durchs Jenseits. Darauf wurden Sie schon vorbereitet, als Sie durch den Schleier ins weiße Licht gegangen und Ihren Seelenbeziehungen begegnet sind und als Sie sich von Ihren irdischen Fesseln gelöst haben.

Ariel erklärt, wie notwendig die Heilreise ist:

> *Heilung ist ein wichtiger Prozess, den alle Seelen während ihres Aufenthalts im Jenseits durchlaufen müssen – wegen all der körperlichen und seelischen Schmerzen, des Leids oder Krankheiten, die im irdischen Leben ertragen werden mussten –, und es ist kein leichter Prozess. Aber es ist ein notwendiger Teil der Wiedergeburt und er muss abgeschlossen sein, bevor die Seele in die höheren Welten eingehen kann, um in einer spirituelleren Dimension noch tiefgründiger zu lernen.*
>
> *Viele Seelen kommen im Glauben, sie hätten ein spirituelles Leben geführt und hätten daher das spirituelle Wissen. Meistens ist das jedoch nicht der Fall. Nach ihrer Einführung in den Heilungsprozess werden ihnen sozusagen die Augen geöffnet und sie sehen das Licht. Unsere Aufgabe ist es, ihnen verständlich zu machen, was die Seelen hier erreichen sollen. Das können wir ihnen nicht abnehmen, da es zu ihrem Heilungsprozess gehört.*
>
> *Manche Seelen, die im Jenseits ankommen, müssen physisch von den Schmerzen und Qualen, die sie im irdischen Körper erlitten haben, geheilt werden – und häufig*

muss auch ihr energetischer Körper, ihre Aura, repariert werden. Wenn sie in geschwächtem Zustand hier eintreffen, erklärt das, warum ihr erster Ausflug zurück auf die irdische Ebene nur ein kurzer ist. Diese Seelen müssen Kraft schöpfen, um den Heilungsprozess bewältigen zu können und sich darauf vorzubereiten, die Lektionen in ihrem Leben zu lernen und zu begreifen.

Jeder Schritt auf Ihrer Reise ist notwendig. Natürlich wird Ihr Helferteam Sie dabei führen, und es ist wichtig, auf ihren Rat zu hören. Auch wenn Sie diesen Prozess schon vor Ihrer Inkarnation in das jetzige Leben durchgemacht haben, kann man ihn leicht wieder vergessen. Wenn Sie einen Schritt überspringen, kann sich das auf Ihr nächstes Erdenleben auswirken und die Art und Weise, wie Sie Ihr zukünftiges Leben führen und annehmen, beeinträchtigen.

Ihre Seele wächst, lernt und verändert sich ständig. Sie müssen deswegen den für Sie vorgesehenen Prozess einhalten. Das ist nicht immer einfach – viele Seelen mögen die Heilphase nicht besonders. Aber wenn Sie jetzt schon – also vorher – darüber lesen, könnte sich die Art ändern, wie Sie leben und mit anderen umgehen. Das wäre an sich schon ein Teil Ihres Heilungsprozesses. Schließlich ist Heilung in diesem Leben und im Jenseits notwendig.

Heilung auf beiden Ebenen

Der irdische Heilungsprozess ist ganz ähnlich wie der im Jenseits. Sie müssen nach schädlichen oder enttäuschenden Beziehungen, finanziellen Katastrophen oder einer Sucht – eben all jenen negativen Situationen des menschlichen Lebens – wieder gesunden. Natürlich brauchen Sie eine gewisse Zeit der Trauer, bis Sie es irgendwann überwunden haben und das Leben weitergeht.

Es gibt keinen richtigen oder falschen Umgang mit einer negativen Situation, aber Sie sollten sie nicht verdrängen, damit sie sich nicht in Ihrem Inneren festsetzen kann. Besser ist es, die Blockaden, die Sie im Leben behindern, zu beseitigen, um weiter wachsen zu können. Wie oft haben Sie zum Beispiel schon eine ungute Beziehung beendet, woraufhin sich Ihr Leben zum Positiven verändert hat? Wie man so schön sagt: Wenn eine Tür zugeht, öffnet sich eine andere.

Sie können sich auf Ihren jenseitigen Heilungsprozess vorbereiten, indem Sie Ihr Leben auf der Erde so gut wie möglich durch Spiritualität bereichern. Dabei spielt das Ego eine Rolle, denn es kann verhindern, dass Sie eine fundamentale spirituelle Wahrheit verstehen und leben – genau das, wofür Ihr Leben entworfen wurde. Es fällt dem Ego schwer zu akzeptieren, dass alles so ist, wie *es sein sollte.*

Wenn Ihr Ego Einfluss auf jede Ihrer Entscheidungen hat, behindert es Ihr spirituelles Wachstum. Sie können Ihr Ego umgehen, indem Sie alles bereitwillig annehmen und schätzen, was das Leben Ihnen beschert – selbst harte Schicksalsschläge –, da alles einen Sinn und Zweck hat. Vergessen Sie nicht: Sie haben dieses Leben genau so geplant, wie es jetzt ist. Sie haben alles so arrangiert, bevor Sie zur Weiterentwicklung Ihrer Seele auf den Planeten Erde kamen. Diese Wahrheit zu schlucken macht das Leben auf Erden und im Jenseits leichter und sehr viel angenehmer.

Als menschliche Wesen sind wir ständig auf der Suche nach einem noch besseren Leben und den Dingen, die uns zu fehlen scheinen. Das Gras im Garten des Nachbarn mag zwar grüner aussehen, ist es jedoch meistens nicht. In Wahrheit ist das, was Sie in diesem Moment haben – Ihren Besitz, Ihre Beziehungen und Ihre Lebensumstände, wie schwierig sie auch sein mögen –, genau das, was Sie jetzt haben sollten. Ich kann jetzt sagen, dass ich alles habe, was ich brauche. Während ich hier sitze und schreibe, habe ich Musik, meinen Laptop, meine Augen, meine Fähigkeit zu tippen, mein Wissen über das Jenseits, mein Helferteam und die Liebe in meinem Herzen, die mich beim Schreiben jeden Augenblick begleitet. Ich vermisse rein gar nichts!

Wenn *Sie* es schaffen zu akzeptieren, dass Sie zu jedem Zeitpunkt alles haben, was Sie brauchen, werden Sie mit dem glücklich sein, was Sie haben. Es geht nicht um den materiellen Luxus, um den größten Diamanten, die neueste Mode oder die herrschaftlichste Villa. Stattdessen geht es um die Liebe im

Herzen, und die stellt sich ein, wenn Sie akzeptieren, dass Sie für sich das perfekte Los gezogen haben – egal was es ist. Das werden Sie während Ihres Heilungsprozesses im Jenseits irgendwann akzeptieren müssen. Im Leben geht es um Liebe und nicht um materielle Dinge.

Manche Menschen haben das Gefühl, ihr Leben sei zu schwer und sie seien Opfer des Lebens. Und ja, manche Leute müssen größere Herausforderungen bewältigen als andere. Doch wenn Sie dieses Buch weiterlesen, werden Sie feststellen, dass Ihnen nur das beschert wird, was Sie sich selbst aussuchen. Sie suchen sich Ihr Leben aus einem bestimmten Grund aus, und es ist wichtig, sich das klarzumachen. Sie brauchen nicht auf die materiellen Besitztümer anderer neidisch sein, denn in Wahrheit sind Sie vielleicht viel glücklicher und Ihr Leben ist viel reicher an Liebe.

Dieses Verständnis wird Ihren Heilungsprozess auf der anderen Seite und den Rest der Reise viel leichter machen. Wie im irdischen Leben erfordert auch das Jenseits, dass Sie das annehmen, was Sie haben, und akzeptieren, dass Sie immer zur richtigen Zeit am rechten Ort sind. Sie haben sämtliche Informationen, die Sie zum jetzigen Zeitpunkt brauchen – nichts wurde vor Ihnen verborgen oder zurückgehalten –, und Sie werden immer genau das, was Sie brauchen, zu dem Zeitpunkt bekommen, an dem Sie es brauchen.

*

Im Folgenden spricht Ben darüber, dass wir im Leben die Antworten in uns selbst finden, und was diese innere Suche mit unserem Heilungsprozess im Jenseits zu tun hat:

> *Wir alle erhalten auf unserem Weg Unterstützung, doch manche Seelen wollen diese Hilfe nicht annehmen und führen dadurch ein erschwertes Leben. Natürlich hast du einen freien Willen und kannst dir selbst aussuchen, was dir gefällt, aber dir wird klar werden, dass dein Leben so schwer ist, weil du die Hilfe und die Antworten nicht in dir selbst gesucht hast, denn dort wirst du sie finden.*
>
> *Vielleicht sagst du jetzt, das hättest du doch getan. Aber hast du das wirklich? Vielleicht hast du ein Buch gelesen*

und versucht, das endlose Geschnatter deiner Gefühle und Gedanken zur Ruhe und zum Schweigen zu bringen. Aber hast du auch beschlossen, mit offenen Augen hinzusehen, dein Leben zu durchleuchten und jeden Aspekt mithilfe unserer Führung zu hinterfragen?

In dein Inneres zu blicken bedeutet, den Mut aufzubringen, dir deine Motive, deine Wünsche und tiefsten Ängste anzusehen – und zwar die gesamte Palette –, ohne dass irgendwas verborgen oder verleugnet wird. Doch nicht jeder will so tief schürfen. Es ist eines der schwierigsten und auch unangenehmsten Dinge. Daher mühen sich so viele Menschen ab und sagen, das Leben sei schwer, das Leben sei hart. Sie haben nicht tief genug geschürft und sich nicht wirklich gefunden. Sie haben ihr Leben möglicherweise stark nach außen ausgerichtet und so eingerichtet, dass sie andere statt sich selbst glücklich machen, und deshalb brauchen sie nie in ihr Inneres hineinsehen. Und selbst wenn sie es versuchen würden, würden ihnen die Antworten, die sie finden, nicht schmecken, denn diese Antworten könnten sie dazu zwingen, sich zu ändern und ihre Komfortzone zu verlassen.

Tatsache ist, dass man in sich hineinsehen muss und sich mit allem, was man irgendwann verdrängt hat, in Eigenverantwortung auseinandersetzen muss. Wenn man diesen Vorgang bis zum Sankt Nimmerleinstag aufschiebt, schiebt man damit nur das Unausweichliche auf, das dann nur noch schwerer zu bewältigen sein wird.

Leicht ist es nie, aber du musst diese innere Seelenarbeit zu Lebzeiten erledigen, um weiterzukommen – oder sie im Jenseits bewältigen, denn dann wird sie auf deiner Heilreise erforderlich sein. Wenn du dir dann dein Leben ansiehst, werden all deine Sinne geschärft und deine Emotionen lebendig sein, so dass du alles, wofür du im Leben nicht bereit warst, deutlich fühlen wirst. Warum es also nicht schon jetzt auf der irdischen Ebene fühlen? Warum sich davor drücken?

Manchmal ist das Leben zwar schwer, doch es sind immer die schwierigsten Situationen, die uns wirklich weiterhelfen, wenn wir bereit sind, uns unser Leben ehrlich anzusehen. Das ist der Weg zum ultimativen Glück hier und im Jenseits. Ich befand mich schon oft in Situationen, von denen ich irrtümlicherweise dachte, sie würden mich glücklich machen. Heute weiß ich, dass ich diese harten Erfahrungen machen musste, um zu erkennen, was ich wirklich brauchte und wollte – und mit diesem neuen Bewusstsein bekam ich es auch! Wenn eine Tür zugeht, öffnet sich eine neue Tür. Das ist eine einfache Wahrheit. Um glücklich zu sein, müssen wir es nur begreifen.

Was hat all das mit dem Weiterleben der Seele zu tun? In einfachen Worten ausgedrückt: Es gehört zum Leben, schwierige und schmerzhafte Situationen durchzustehen, denn so lernen und wachsen wir. Und genauso ist es auf der anderen Seite. Anders gesagt: Alles, was Sie im Leben durchmachen, hilft Ihnen im Jenseits.

Außerdem wird die Heilung im Jenseits sämtliche Negativität auflösen, die Sie auf der irdischen Ebene erlebt haben. Doch damit das geschehen kann, müssen Sie Ihr Leben durchforsten und genau analysieren – ein Prozess, der mit einem Blick auf Ihren ursprünglichen Lebensvertrag beginnt, wie er in diesem Kapitel weiter hinten beschrieben wird. Wenn Sie auf Ihrer Heilreise vorankommen, werden Sie frei in die höheren Sphären der anderen Seite eingehen, und zwar mit reiner Seele, die mit Liebe angereichert und nicht länger von der verletzenden Negativität des Lebens befleckt ist.

Ein Reiseüberblick

Ich möchte Ihnen nun einen Überblick über die gesamte Heilreise geben. Dafür nehme ich eine lustige Analogie, die ich oft verwende.

Stellen Sie sich ein Kaufhaus wie Macy's oder Bloomingdale's vor. Wie das Jenseits hat ein Kaufhaus viele verschiedene Stellen, die die angelieferte Ware vom Eingang bis zum Regal durchläuft. So ist es auch im Jenseits, wenn Seelen einen kontinuierlichen Heilungs- und Wachstumsprozess durchlaufen.

Manchen meiner Leser mag dieses Beispiel anstößig und respektlos vorkommen. Doch ich verwende es seit vielen Jahren, um den Menschen auf der irdischen Ebene den Prozess des Übergangs und der Heilreise zu verdeutlichen. Bei zahlreichen Readings haben mich meine Geistführer aufgefordert: *Erzähle ihnen doch die Analogie vom Kaufhaus!* Also tue ich es. So können sich die Menschen das Jenseits besser merken und plastischer vorstellen. Lassen Sie sich also bitte nicht davon abschrecken. Es dient nur der Klarheit und des Verständnisses.

Ein weiterer wichtiger Punkt, bevor ich mit der Analogie fortfahre: In einem Kaufhaus verläuft der Warenfluss vom Hersteller bis zur Ausstellungsfläche in der Fachabteilung linear von A über B nach C, wohingegen die Reise der Seele im Jenseits keinesfalls linear ist. Stattdessen ist der reale Fortschritt der Seele zyklisch, d. h. ihr Weg enthält viele Wendepunkte. Eine Seele kann sich von A nach B und zurück zu A bewegen, bevor sie nach C weitergeht. Alle Heilung verläuft in dieser zyklischen Progression, ganz gleich ob auf der irdischen Ebene oder im Jenseits. Behalten Sie diese höhere Wahrheit beim Lesen dieses Abschnitts – und wenn der Weg der Heilung in späteren Kapiteln beschrieben wird – im Sinn, da ich ihn anhand einer linearen Progression aufzeigen möchte.

Zurück zur Analogie: In jedem Kaufhaus gibt es einen Ort, an dem die neue Ware angeliefert wird; meist ist dies eine Ladestelle. Ähnlich verhält es sich mit dem Empfangsraum des Jenseits, in dem frisch angekommene Seelen von ihrem Helferteam empfangen werden, nachdem sie durch das weiße Licht gegangen sind.

Im Kaufhaus werden die entladenen Waren in der Eingangskontrolle überprüft. Dann findet eine Inventur statt, um zu sehen, was die Lieferung beinhaltet. Für die Seelen im Jenseits ist der Empfangsraum der Beginn oder die Einleitung ihrer Reise der Heilung. Hier unterziehen sich die Seelen einer Inventur aller Dinge, die sie im Leben erreicht haben, und all dessen, was sie nicht erreicht haben. Alles wird mit ihrem Lebensvertrag verglichen.

Sobald die Ware im Kaufhaus eingecheckt worden ist und die Inventur stattgefunden hat, wird sie in einen Lagerraum gebracht, um sortiert zu werden, bevor sie auf die Fachabteilungen verteilt wird. Als Seele im Jenseits werden auch Sie Zeit in einem Raum verbringen, der sich »Schauraum« nennt. Dort sortieren Sie sämtliche Aspekte Ihres beendeten Lebens. In diesem Raum blicken Sie zurück auf Ihr Leben und bekommen die Gelegenheit, Ihre Fehler im irdischen Leben zu korrigieren.

Im Kaufhaus sind die sortierten Waren nun zur Verteilung auf die richtigen Abteilungen bereit. Im Jenseits sind die Seelen, die den Lebensrückblick beendet haben, nun bereit, in die verschiedenen Heilungsräume zu gehen, damit sie die nächste Verarbeitungsstufe angehen können, um weiter zu lernen und zu wachsen.

So ziemlich am Ende der Heilreise gelangen die Seelen in den Anleitungsraum, der der Führungsetage eines Kaufhauses ähnelt. Im Jenseits ist das die Ebene der Geistältesten und anderer hochentwickelter Geistwesen, deren Aufgabe es ist, Seelen bei der Einschätzung ihrer Fortschritte und der Planung ihres zukünftigen Weges im Jenseits zu helfen. Für die Seelen, die auf die irdische Ebene zurückkehren, gibt es einen »Vorbereitungsraum«, der der Abteilung im Kaufhaus gleicht, in der zurückgebrachte Waren für den Umtausch gesammelt werden. Im Vorbereitungsraum werden Seelen auf die Reinkarnation vorbereitet; hier können sie sich ihre zukünftigen Eltern und Umstände ihres nächsten irdischen Lebens aussuchen.

Hinter dem Anleitungsraum und dem Vorbereitungsraum liegt die unendliche Weite des Jenseits, in der sich auch die Sphären der Engel und Gottes Reich befinden, das ich als die Quelle bezeichne. Hierfür gibt es keinen irdischen Vergleich, also versuche ich es gar nicht erst!

Jetzt beginnt die Einweisung

Der tatsächliche Beginn Ihrer Heilreise findet im Warteraum statt. Hier bleiben Sie, bis Sie aufgerufen werden und Ihnen Ihr ursprünglicher Lebensvertrag vorgelegt wird. Dabei handelt es sich um die Vereinbarungen, die Sie vor Ihrem irdischen Leben getroffen haben.

Auch hier werden Sie registriert und angewiesen, zusammen mit der Gruppe ähnlicher Seelen verschiedene Heilwege und Heilräume aufzusuchen. Analog werden die Waren im Kaufhaus nach dem Einchecken sortiert, gesammelt und in die verschiedenen Abteilungen gebracht. So werden zum Beispiel Damenhüte in eine Richtung und Männerschuhe in die andere Richtung geschickt. Das Gleiche passiert auch mit den Seelen: Sie werden mit Ihrer Gruppe an den richtigen Ort geschickt. Dieser Vorgang hat nichts Beunruhigendes, denn die Liebe, die Sie beim Übergang gefühlt haben, ist immer noch da und dieser Zustand ändert sich auch nie.

Während Sie darauf warten, eingecheckt zu werden, können Sie sich schon an das Jenseits gewöhnen. Wie erwähnt, sind Zeit und Aktivitäten auf der anderen Seite schneller. Würden Sie das Jenseits mit dem menschlichen Auge betrachten, dann könnten Sie nur verschwommene Umrisse erkennen, die mit sehr hoher Geschwindigkeit vorbeirauschen.

Vielleicht haben Sie schon mal in Ihrem irdischen Körper aus dem Augenwinkel winzige Funken gesehen. Das ist ein Zeichen dafür, dass Geister Ihnen Zeichen am äußersten Augenwinkel schicken, um mit Ihnen zu kommunizieren. Im Gegensatz zur Seele muss der Körper erst auf das, was das Auge sieht, reagieren und es dann ans Gehirn weitergeben, damit das Hirn die Muskeln instruiert. Wenn die Muskeln reagieren, handelt der Mensch oder zeigt Gefühle. Die Mechanik unserer menschlichen Gestalt verlangsamt das, was für körperlose Seelen ein sehr schneller Vorgang ist.

Man muss sich im Jenseits noch an andere Phänomene gewöhnen – zum Beispiel gibt es dort weder Tag noch Nacht. Seelen brauchen zwar keinen Schlaf, aber sie können sich bei Bedarf ausruhen. Auch wenn sie mit unserer Welt verbunden sind, befinden sie sich in einer völlig anderen Dimension und brauchen daher weder Tag noch Nacht. Auch sind Seelen geschlechtslos; es gibt also keine männlichen oder weiblichen Seelen – aber sie behalten trotzdem gewisse Eigenschaften ihrer irdischen Persönlichkeit.

Eine wunderbare Seite am Jenseits ist, dass es dort weder Feindseligkeiten noch Gefahren gibt. Es ist ruhig und friedlich. Sie werden die Atmosphäre immer als angenehm und beruhigend empfinden; es gibt nichts, wovor man Angst zu haben braucht. Dennoch bringen Sie Ihre eigene Einstellung mit. Welche Einstellung Sie sich auch ausgesucht haben – daraus werden Sie Ihre Erfahrungen formen, genauso wie Sie es auf der irdischen Ebene getan haben. Sie können also eine negative Einstellung auf das Jenseits projizieren und werden dieselbe negative Einstellung widergespiegelt bekommen. Gleiches zieht Gleiches an. Das gilt im Jenseits genauso wie auf Erden.

Ben erläutert, was während Ihres Aufenthalts im Warteraum passiert:

> *Deine Geistführer bringen dich an den Ort, an dem du dich für die Heilreise im Jenseits meldest. Auch wenn dieser Vorgang eine Weile dauern kann, ist die Zeit hier anders als auf der irdischen Ebene. Hier gibt es keine Eile, denn die Zeit endet nie.*
>
> *Man wird dir eine Checkliste der Punkte aus deinem ursprünglichen Lebensvertrag vor deiner letzten Wiedergeburt aushändigen. Auf der Checkliste befinden sich alle Dinge, die du im Leben erreichen wolltest, alle Lektionen, die du lernen wolltest, sowie die Personen, denen du helfen wolltest und die dir helfen wollten. Außerdem enthält sie die Menschen, die dein Leben prägen sollten (und wie sie das erreichen würden), das Gute und das Schlechte, das du tun würdest, die Krankheiten, die du bekommen würdest, und die Genesung, deine finanziellen Verluste und Gewinne, die Liebesbeziehungen in deinem Leben ... kurzum alles, was du laut Lebensvertrag umsetzen solltest, wird auf dieser Liste stehen. Dazu kommen die Extradinge, die du in deinem letzten irdischen Leben erreicht hast und die nicht in deinem ursprünglichen Lebensplan enthalten sind.*
>
> *All das steht auf der Checkliste, und mit all dem wirst du dich in der nächsten Heilungsphase, dem Rückblick auf das Leben, befassen müssen, um sicherzustellen, dass du auf deiner Heilreise vorankommst.*

Den Lebensvertrag und das Schicksal erfüllen

Im Warteraum werden Sie von einem Geistältesten empfangen, der Ihren Lebensvertrag aufbewahrt. Als ich Josiah vorgestellt wurde, sagte er mir, dass die Bezeichnung Geistältester nur ein Titel ist und er sich nicht in einem höheren Rang als andere Seelen sieht. Josiah machte deutlich, dass auch er wie alle anderen Seelen wachsen und lernen muss. Er ist jedoch eine hochentwickelte Seele, die die Rolle übernommen hat, neue Seelen bei ihrer Einführung ins Jenseits zu registrieren, und noch andere Aufgaben ausführt, auf die ich in einem späteren Kapitel näher eingehen werde.

Wie Ben mir gechannelt hat (siehe oben), enthält Ihr Lebensvertrag die Lektionen, für die Sie sich in Ihrem irdischen Leben verpflichtet haben. Wir alle haben einen Lebensvertrag abgeschlossen. Es ist eine Vereinbarung, die wir mit der Hilfe unseres Geistältesten und unserer Geistführer getroffen haben, um die Lektionen, die wir zu lernen bereit sind, zu dokumentieren und zu bestätigen.

Da Ihr Vertrag auf Ihr Leben zugeschnitten ist, ist Ihre Inkarnation noch vor Ihrer Geburt vorherbestimmt. Sie haben dennoch den freien Willen, Entscheidungen zu treffen, die nicht in Ihrem Vertrag stehen. Das folgende Szenario macht diesen vermeintlichen Widerspruch zwischen der Vorherbestimmung und dem freien Willen verständlicher:

Stellen Sie sich vor, Sie würden Besorgungen machen und dabei auch ein Rezept in der Apotheke abgeben. Während Sie darauf warten, dass das Medikament zusammengestellt wird, beschließen Sie, noch kurz einkaufen zu gehen. Als Sie gerade aus einem Laden herauskommen und zur Apotheke zurückgehen wollen, treffen Sie zufällig eine alte Freundin, die Sie schon eine Weile nicht mehr gesehen haben. Sie beschließen spontan, Kaffeetrinken zu gehen. Ursprünglich hatten Sie vorgehabt, das Medikament abzuholen, doch Ihr freier Wille hat Sie dazu bewogen, den Plan zu ändern und stattdessen mit Ihrer Freundin Kaffee zu trinken.

Manche von Ihnen fragen sich jetzt vielleicht, ob die Begegnung mit der Freundin tatsächlich Ihr freier Wille war oder ob das passieren sollte – also vorherbestimmt war. Doch es macht keinen Unterschied, ob Ihre Freundin Teil des Plans war oder nicht, da Sie immer die freie Wahl haben, etwas anderes zu tun. Stellen Sie es sich so vor: Ihr Medikament in der Apotheke abzuholen ist vorherbestimmt, doch wann und wie Sie es abholen, hängt von Ihnen ab. So ähnlich ist es auch mit dem Vertrag, den Sie im Jenseits abschließen. Er enthält vieles, was Sie umsetzen müssen – doch es wird immer wieder Prüfungen geben, und Ihr freier Wille wird Sie immer selbst entscheiden lassen.

*

Ihr Lebensvertrag ist heilig und muss eingehalten werden. Bei Ihrer Einweisung durch den Geistältesten werden Sie sich die Liste der Vereinbarungen in Ihrem Vertrag ansehen, die Sie nicht umgesetzt haben und noch erreichen müssen. Darunter befinden sich auch wichtige Personen, die auf der irdischen Ebene und im Jenseits Ihre Lehrer sind. Meist handelt es sich hierbei um Individuen, die schon seit vielen Lebenszeiten zu Ihrer Seelenfamilie gehören, und insbesondere diejenigen, die den Auftrag haben, Ihr Leben zu beeinflussen. So könnte Ihr Vertrag beispielsweise einen Menschen mit einschließen, zu dem Sie eine Liebesbeziehung haben. Vielleicht bleiben Sie nicht zusammen, doch Sie müssen die Vertragsbedingungen mit dieser Person erfüllen und alle Lektionen umsetzen, die Sie mit ihm oder ihr lernen wollten.

Ein ganz persönliches Beispiel mag das erläutern. In einem früheren Leben wurde ich von einem Mann schwanger, der heute Simon – der Vater meines Sohns – ist. Im früheren Leben wollte er nicht, dass ich das Kind behalte. Meine Mutter (die nicht meine jetzige Mutter ist) wollte es auch nicht. Ich gab ihrem Druck nach und erklärte mich gegen meinen Willen zu einer Abtreibung in einem Hinterhaus bereit. Da es damals noch keine Betäubungsmittel gab, war die Operation sehr schmerzhaft. Ich zog mir eine Beckenentzündung zu, die sich im ganzen Körper ausbreitete und mich schließlich das Leben kostete.

Interessant daran ist, dass ich in diesem Leben ernsthafte Erkrankungen im Beckenbereich hatte. Obwohl mir die Ärzte viele Jahre lang gesagt haben, ich könne wegen meiner Beckenprobleme und anderer Krankheiten keine Kinder bekommen, geschah ein Wunder, als Simon und ich zusammen waren: Ich wurde schwanger.

Interessanterweise wollte auch meine jetzige Mutter, dass ich es mir gut überlegen solle, ob ich das Kind behalte. Da ich gerade eine Beziehung beendet hatte, hatte sie wegen meiner neuen Beziehung natürlich ihre Bedenken. Aber ich hielt es für meine einzige Chance, ein Kind zu kriegen, und so beschloss ich, die Schwangerschaft nicht abzubrechen und Charlie zu bekommen. (Ich behielt Recht: Es war meine einzige Chance, denn kurz nach seiner Geburt wurden mir die Eierstöcke entfernt.)

Auch wenn Simon und ich nicht länger zusammen sind, sind wir Freunde geblieben, da wir beide so viel im Leben durchmachen mussten. Als Seelen, die schon viele Leben miteinander geteilt haben, erforderte unser Vertrag, dass wir uns in diesem Leben wieder begegnen und ein Kind miteinander haben würden. Ich glaube, es war vorherbestimmt, dass Simon und ich in diesem und im letzten Leben ein Kind bekommen, das uns helfen würde, uns der Verantwortung zu stellen. Auch bin ich überzeugt davon, dass Charlie uns als seine Eltern ausgesucht hat, weil wir ihm die Lektionen beibringen konnten, die er gebraucht hat, um vielen anderen Menschen durch seine eigenen spirituellen Gaben zu helfen. Und ich kann ehrlich sagen, dass dieser Junge mir schon mehr als einmal das Leben gerettet hat.

Ich sollte die Elternrolle übernehmen und durch diese Erfahrung wachsen. Ich sollte die Menschen besser verstehen und lernen, wie man liebt und Verantwortung übernimmt. All das wurde in meinem Lebensvertrag arrangiert. Ich habe mir auf der Grundlage dessen, was ich in dieser Inkarnation erreichen sollte und was ich aus früheren Leben noch vollenden musste, mein Leben selbst ausgesucht – so wie Sie sich Ihres ausgesucht haben –, bevor ich auf die irdische Ebene kam.

Von Ihrem Lebensvertrag können Sie nicht zurücktreten – er bindet Sie über viele Leben. Ihre Geistführer führen Sie durch all diese Leben und bringen Sie ohne Ihr Wissen in Situationen, die Ihnen angenehm oder auch unangenehm sein mögen, die jedoch notwendig sind, um die nächsten umwälzenden Ereignisse herbeizuführen und dadurch Ihren Vertrag zu erfüllen. Sie begegnen »zufällig« Leuten, die Ihr Leben ändern, doch in Wahrheit ist nichts davon zufällig. Sie werden nach einem Plan, der Sie Ihren Vertrag so gut wie möglich umsetzen lässt, gelenkt und geführt. Wenn Sie sich dem Universum hingeben und im Leben nichts erzwingen wollen, erfüllen Sie Ihren Vertrag so, wie er gemeint war.

Es ist nicht immer leicht oder auf Anhieb klar, wenn man Menschen begegnet, mit denen man einen Vertrag abgeschlossen hat, um etwas Bestimmtes zu erreichen. Ich habe vor kurzem jemanden kennengelernt, von dem ich weiß, dass er Teil meines Lebensvertrags ist, so wie auch ich Teil seines Vertrags bin. Wir haben jedoch noch nicht ganz herausgefunden, was wir zusammen tun sollen. Wie wir beide wissen, werden wir durch unser Zusammenkommen vielen anderen helfen, aber wir mussten lachen, weil wir uns ausgerechnet in einer Zeit begegnet sind, in der sich vieles in meinem Leben ändert, was für uns beide ziemlich chaotisch war. Es schien einfach nicht der richtige Zeitpunkt für eine sinnvolle Zusammenarbeit zu sein. So sehr wir uns auch einen ruhigeren Anfang für unsere Beziehung gewünscht hätten, war es in Wirklichkeit eine Prüfung, um zu sehen, ob wir die Hindernisse überwinden und diesmal zusammenarbeiten können, so dass wir beide unseren Vertrag erfüllen, indem wir die Lektionen lernen, die sich durch das Kreuzen unserer Wege ergeben.

Es ist möglich, in kurzer Zeit viele Lektionen zu lernen, die den Rest Ihres Lebens verändern. Für Spiritualität offen zu bleiben oder einen Glauben zu haben wird Ihnen die Vertragserfüllung sehr viel leichter machen. Beachten Sie bitte, dass es beim Glauben nicht so sehr um eine Religion geht als vielmehr um den Glauben an sich selbst und dass Sie Ihre Träume umsetzen können, solange sie Ihrem eigenen höheren Sinn entsprechen und anderen nicht schaden.

In seinem Inneren nach den Antworten zu suchen ist der Schlüssel zur geistigen Führung, die Ihr Leben lang verfügbar ist. Auch Meditation bietet einen Zugang zum Leben, denn wenn Sie in der Gegenwart leben können und Ihren Verstand zur Ruhe bringen, um sich auf die weniger materiellen Dinge zu konzentrieren, erhalten Sie alles Nötige für Ihre Weiterentwicklung und erreichen Ihre Vorhaben.

Abschließend erinnert uns Ben daran, wie wichtig der Blick nach innen ist, um das Leben zu begreifen:

Meditation ist der Schlüssel zu allem Wissen und dem Begreifen des Lebens – insbesondere zu deinem jetzigen Leben, aber auch zu deinen vielen früheren Leben.

Da draußen gibt es ein ganzes Universum, das darauf wartet, von dir entdeckt zu werden. Du wirst jedoch nie seine ganze Bedeutung erfahren, sondern nur das, was für dich und deinen Lebenssinn wichtig ist. Es ist riesengroß und keiner kann je alles darüber erfahren. Es gibt zwar wichtige Dinge, die deinem Auge verborgen bleiben, aber es gibt auch Welten, die wir auf eine Weise erforschen können, wie sie noch keiner je erforscht hat.

Sehr viele Menschen glauben, mit ihrem Verstand alles begreifen zu können. Aber nichts davon ergibt einen Sinn, wenn es analysiert wird. Wer das Leben mit wissenschaftlicher Logik angeht, wird nie seine Antworten finden. Stattdessen musst du die Antworten durch dich hindurchfließen lassen und die Aha-Erlebnisse zulassen.

Viele Menschen, die schon mal ein Nahtoderlebnis hatten, berichteten hinterher, dass vor der Passage durch den Schleier ihr ganzes Leben wie ein Film ablief. Das geschieht tatsächlich und zeigt uns die wichtigen Ereignisse im Leben, die uns dahin gebracht haben, wo wir jetzt stehen. Ob es die Begegnungen mit bestimmten Menschen, das Lernen harter Lektionen oder eine weniger gängige Richtung ist – all diese Lebensereignisse helfen uns dabei, uns auf unsere Wiedergeburt im Jenseits vorzubereiten.

In der nächsten Phase Ihrer Heilreise im Jenseits gehen Sie vom Warteraum weiter zum Schauraum und nehmen Ihren Lebensvertrag mit, um den Rückblick auf Ihr Leben abzuschließen. Dies ist einer der schwierigsten Prozesse auf Ihrer Heilreise, aber auch einer der lohnenswertesten.

Kapitel 11

Der Rückblick auf das Leben: Im Schauraum

Während einer Meditation erklärte mir der Geistälteste Josiah die nächste Phase der Heilreise:

> *Nachdem du eingecheckt hast und dir dein Lebensvertrag überreicht wurde, wirst du zur nächsten Etappe auf der Heilreise, den Schauraum, geführt. Dort blickst du zurück auf dein Leben und siehst die wichtigen Ereignisse deiner letzten Inkarnation.*
>
> *Bei deiner Ankunft wird dir der Platz in der Mitte eines Kreises zugewiesen, wo du umringt bist von Mitgliedern deines Teams. Sie halten sich an den Händen und schicken dir ihre Energie. Es ist ein wunderschöner Anblick. Stell dir vor, du befindest dich mitten in einer Versammlung, bei der alle Seelen und Helfer aus all deinen bisherigen Leben sich auf deine Heilung durch ihre spirituelle Energie konzentrieren.*

Während Josiah die Empfangsszene beschreibt, die Seelen im Schauraum willkommen heißt, hatte ich alles klar vor Augen. Immer wenn ich eine so plastische Vision vom Jenseits empfange, wünsche ich mir, ich könnte das Bild in meinem Kopf auf eine große Leinwand projizieren, damit jeder es sehen kann. Die menschliche Sprache hat zwar nicht die Wörter, mit der sich die Schönheit und Intensität dessen, was mir gezeigt wurde, beschreiben lassen, aber ich versuche es trotzdem.

Im Schauraum scheinen sich Geisthelfer im Kreis zu versammeln und wirken wie helle 3-D-Glühbirnen, die über ihre verschwommenen Umrisse hinaus Energie ausstrahlen, um sich miteinander zu verbinden und einen Lichtring zu bilden. Die neu eingetroffene Seele sitzt in der Mitte des Rings, umgeben von einer Gruppe, die nur eine Aufgabe hat: ihre starke Energie zur Heilung der Seele zu nutzen.

So viel Energie und Unterstützung zu erleben kann für eine Seele überwältigend sein. Wie schon erwähnt sind alle Wahrnehmungen und Gefühle im Jenseits stärker. Daher ist die Energie, von der die Seele umhüllt ist, so intensiv, wie sie auf der Erde nie sein könnte. Stellen Sie sich ein Kraftwerk vor, dessen Strom durch alle Seelen im Raum fließt und sie mit einem so hellen Licht erfüllt, dass es das menschliche Auge fast blendet. Und jetzt stellen Sie sich vor, Sie würden einen Schalter betätigen, der diese elektrische Energie hundertfach verstärkt. So ungefähr muss man es sich vorstellen.

Wenn eine Seele durch die Wartezeit im Warteraum oder noch von seinen Reisen auf der irdischen Ebene erschöpft ist, erhält sie hier die Kraft für den nächsten Schritt der Heilung: den Rückblick auf ihr Leben.

Der Lebensrückblick

Im Jenseits werden Sie aus dem Kreis, der Sie willkommen heißt, weggeführt zu einer Art Bühne in der Mitte des Schauraums, um Ihr letztes Leben im Rückblick zu sehen. Der Lebensrückblick ist eine der größten Herausforderungen, der Sie sich auf der anderen Seite stellen müssen, aber vielleicht auch die wichtigste von allen. Hier müssen Sie sich den ungelösten Problemen stellen, die Sie in Ihrem letzten Leben verursacht haben, hier fühlen Sie intensiv das dadurch ausgelöste Leid, und hier übernehmen Sie die Verantwortung dafür.

Diese Erfahrung ist zum Teil deshalb so schwer zu ertragen, weil Sie in diesem frühen Stadium immer noch ein Ego haben im Gegensatz zu den höher entwickelten Seelen, die jeden Aspekt ihrer selbst in reine Energie umgewandelt haben und kein Ego mehr brauchen. Manche Seelen befolgen den von ihren Geistführern empfohlenen Weg nicht und behalten auch nach einer ganzen Weile im Jenseits ein starkes Ego. Doch alle, die den Anleitungen für den Heilweg folgen, werden von ihrem gesamten Ego befreit, damit wahre Heilung und Weiterentwicklung erfolgen kann.

Manche Seelen haben bereits vor ihrer Ankunft im Schauraum mit der Auflösung des Egos begonnen, möglicherweise schon auf ihrem ersten Ausflug zurück auf die irdische Ebene. Dort haben sie ihre Fehler und Untaten erkannt und gemerkt, wie ihr Umfeld wirklich über sie denkt. Außerdem haben sie gesehen, wie sehr sie geliebt wurden – und auch wenn dadurch das Gegenteil bewirkt und das Ego gestärkt würde, geschieht das nur selten. Bei den meisten muss das Ego weggeschoben werden, um verwundbar und empfänglich für Liebe zu werden.

Doch zurück zum Schauraum: Während Sie Ihr Leben im Rückblick betrachten, vermitteln Ihre Geistführer Ihnen den Mut und die Kraft, die Sie dafür brauchen. Allen Mitgliedern Ihres Teams wurde eine Aufgabe zugeteilt, die der Kraft ihrer Seele und den von ihnen gelernten Lektionen entspricht. Diese Spezialisierung bringt Sie während verschiedener Lernprozesse manchen Geistführern näher als anderen. Zwar wird Ihr Meisterführer Ihnen beim Lebensrückblick zur Seite stehen, doch seine Rolle wird in diesem Stadium weniger wichtig. Jetzt übernimmt Ihr Meisterführer eher die Rolle eines Beisitzenden, der nur noch eingreift, wenn seine Unterstützung Ihren Heilungsprozess fördert.

Natürlich werden Sie während Ihrer Reise im Jenseits nie alleingelassen. Zwischen den einzelnen Heilphasen verbringen Sie viel Zeit und Energie mit Ihrem Meisterführer, haben Spaß miteinander und freuen sich darüber, zusammen zu sein. Sie denken an die Zeiten zurück, die Sie miteinander im letzten Leben und zwischen den früheren Leben verbracht haben. Auch Ihr Seelengefährte – falls er im Jenseits ist – wird sich mit Ihnen Ihr Leben im Rückblick ansehen; er kann Ihnen bei diesem Prozess jedoch nicht helfen. Nach Ihrer Heilreise werden Sie genügend Zeit mit ihm oder ihr verbringen können.

Ben erklärt den Ablauf des Lebensrückblicks:

> *Du siehst dir jeden Aspekt deines Lebens an: das Gute, das Schlechte und das Hässliche. Die Worte, die du ausgesprochen hast, die Geschenke, die du gemacht hast, die*

Dinge und die Menschen, die du geliebt hast, und die Art, wie du gelebt hast. Im Schauraum wird dir alles ins Auge springen. Das ist kein leichter Prozess, da du das Leid erkennen wirst, das du anderen zugefügt hast, und den Schmerz, den du erlitten hast. Du wirst alles noch einmal durchleben, doch dieses Mal aus dem Blickwinkel der anderen. Du wirst in der Lage sein, die Konflikte in der Hinsicht zu bewerten, wie deine Handlungen andere verletzt haben. Und du wirst ihren Schmerz fühlen.

Im Lebensrückblick betrachten Sie Ihr Leben als Ganzes und werden mit allem konfrontiert – vom Anfang bis zum Ende. Sie werden Ihre Auswirkung auf das Leben anderer und ihre Auswirkung auf Ihr eigenes Leben erkennen, und Sie werden sich ansehen, wie Sie mit Situationen umgegangen sind oder nicht umgegangen sind. Aber das Schwerste, was Sie tun müssen, ist, das Leid und die Schmerzen zu fühlen, die Sie anderen zugefügt haben. Auf der Erde haben Sie es nicht gefühlt, da Sie aus Ihrer eigenen Sichtweise heraus gelebt haben und nie wirklich wussten, wie sich Ihre Handlungen auf andere auswirkten. Nun werden Sie Ihre Lektionen aus der Sicht derjenigen sehen, die unter Ihren Worten und Taten gelitten haben. Das ist schwer ... und wenn dieser Prozess nicht dazu motiviert, jedem auf der irdischen Ebene mit Liebe und Achtung zu begegnen – also dann fällt mir auch nichts mehr ein!

Ihr Leben betrachten

Im Schauraum werden die Ereignisse in Ihrem letzten Leben auf viele verschiedene Wände projiziert, so als wären Sie in einem Kino mit zahlreichen Leinwänden. Doch das Rauminnere ist so gestaltet, dass es Ihnen ein höchst intensives Erlebnis ermöglicht, das alle Kinos dieser Erde übertrifft. Ben beschreibt es so:

Der Schauraum ist rund und schon fast erschreckend grandios. Stell dir das feinste Grandhotel vor und das in seinem doppelten Glanz. Es ist fast zu prächtig, um es in Worte zu fassen. Seine Struktur gleicht Marmor – aber vergiss nicht: Die materiellen Substanzen eurer Welt gibt es hier nicht, und ich beschreibe es nur so, damit du es dir vorstellen kannst.

Die Decke des Hauptsaals ist wie die in einem Dom und voller farbenfroher Malereien und Zeichnungen. Alles ist wunderschön und sehr friedlich. Überall gibt es goldene Verzierungen, und ein riesengroßer Zeiger in der Mitte des Raums bewegt sich, während verschiedene Aspekte deines Lebens an die Wände projiziert werden.

Überall im Saal hängen Leinwände an den Wänden, die deine vielen projizierten Lebenserinnerungen vorführen. Zwischen den Wänden stehen Säulen, die die größeren und kleineren Leinwände – je nach dem Ereignis, das du dir gerade ansiehst – in Nischen untertrennen. Einige Nischen enthalten viele Leinwände, auf denen du sehen kannst, wie sich ein Ereignis aus deiner Sicht abgespielt hat – und auf der Leinwand nebenan läuft dasselbe Ereignis aus der Sicht eines anderen ab. An anderen Leinwänden kannst du in Szenen erkennen, wie andere Menschen sich gefühlt haben, so dass du jederzeit mehrere Erinnerungen und die damit verbundenen Emotionen gleichzeitig sehen kannst.

Nur du und deine Geistführer befinden sich im Schauraum, doch draußen warten andere Seelen, bis sie an der Reihe sind. Während des Rückblicks kannst du dich nicht hinsetzen, sondern du stehst; du bist nicht da, um dich zu entspannen und dein Leben passiv an dir vorbeiziehen zu lassen. Du bist gekommen, um dir die Ereignisse in deinem Leben und die Auswirkungen deiner Handlungen auf das Leben anderer aktiv anzusehen.

In einer Meditation erhielt ich von dem Geistältesten Josiah noch mehr Informationen darüber, was im Schauraum passiert:

Während du dir dort dein Leben ansiehst, verstehst du die Lektionen, die das Leben dir erteilt hat, was du erreicht hast und wie du es erreicht hast. Außerdem siehst du die Aufgaben, die du hättest erfüllen sollen, aber nicht erfüllt hast. Anhand der Checkliste deines ursprünglichen Lebensplans sollst du dir nun die Aufgaben und Lektionen anschauen, die du umgesetzt oder versäumt hast. Auch erkennst du das Leid und die Schmerzen, die du an-

deren zugefügt hast, und das Glück und die Freude, die du jedem Einzelnen geschenkt hast.

Wie du siehst, ist der Sinn des Lebens in einem irdischen Körper Dinge zu lernen. Ja, wir könnten alle für immer in der spirituellen Welt leben, doch wir sind hochentwickelte Wesen, denen ein Planet und ein Universum gegeben wurde – also warum nicht darin leben?

Dieser Prozess gehört zu den schwersten Dingen, die du je tun musstest. Er dauert recht lange – drei bis vier Wochen in irdischer Zeit, wenn er nicht unterbrochen wird. Aber in unserer Zeit dauert er nicht lange, sondern nur ungefähr ein bis zwei Stunden.

Während Sie im Schauraum sind, bekommen Sie die Gelegenheit, jede Erinnerung anzuhalten, sich damit zu befassen und die damit verbundene Emotion intensiv zu fühlen. Sie werden den Moment als das, was er ist, annehmen und jeden einzeln verarbeiten. Es ist Ihr Prozess und Sie können damit umgehen, wie Sie wollen. Manche Seelen entscheiden sich dafür, sich erst ihr ganzes Leben anzusehen und es dann zurückzuspulen, um sich bei bestimmten Abschnitten mit den Gefühlen von Liebe, Glück, Schmerz und Trauer zu befassen. Ihr Team wird zwar da sein, um Ihnen bei dem Prozess zu helfen, aber Sie müssen von sich aus Ihren Lebensrückblick starten.

Einmal erschien ein Geist, der gerade den Rückblick auf sein Leben durchführte, bei einer meiner Sitzungen. Er hatte sich gerade einige negative Dinge angesehen, die er auf Erden getan hatte, und wollte sich nun entschuldigen und sie wiedergutmachen. Es war ein wunderbares Erlebnis, das ich nie vergessen werde.

Die Sitzung hielt ich für ein junges Mädchen ab, dessen Vater Bill nach einem Herzinfarkt unerwartet gestorben war. Als Bill erschien, sagte er seiner Tochter, auch wenn er sie sehr lieb habe, sei ihm doch klar, dass er kein besonders guter Vater gewesen sei und viele in der Familie verletzt habe. Er erklärte, dass der Rückblick auf sein Leben das Schwerste sei, was er je getan habe. Doch jetzt, wo er seine Fehler erkannt habe, wolle er jedem Familienmitglied, das er verletzt habe, ein Zeichen schicken, dass es ihm leidtue.

Das Zeichen, das er ihnen schicken wollte, war eine Dollarnote, die sie am Straßenrand finden würden. Für mich war das merkwürdig, da Geister ihren Hinterbliebenen gewöhnlich einen Cent als Zeichen hinlegen, doch wie ich herausfand, hatte die Dollarnote (amerik. Bezeichnung: dollar bill) aufgrund seines Namens Bill eine besondere Bedeutung für ihn. Seine Tochter versprach, allen Familienmitgliedern zu sagen, dass die Dollarnote ein wichtiges Zeichen sei, auf das sie achten sollten.

In den nächsten vier Wochen berichtete jedes Familienmitglied, das Bill zu Lebzeiten verletzt hatte, seiner Tochter, dass es eine Dollarnote am Straßenrand fand und sie im Wissen, dass der Schein Bills Zeichen war, aufhob.

Als Bills Tochter zu einer weiteren Sitzung kam, erschien Bill noch einmal. Er war froh, dass seine Botschaft mit ihrer Hilfe angekommen war und er sich bei den einzelnen Verwandten hatte entschuldigen können. Wie ihm seitdem klar geworden war, hatte er im Leben auch noch vielen anderen Menschen wehgetan – und so schickte er auch ihnen ein Zeichen der Entschuldigung. Diesmal war es ein lebendiger Schmetterling oder ein Schmetterlingssymbol. Beim zweiten Reading sagte Bill, er habe endlich seinen Frieden geschlossen und sei glücklich, zu allen Menschen, die ihm nahegestanden haben, Verbindung aufgenommen zu haben.

Beachten Sie, dass jeder, der hinübergeht, in den Schauraum für den Rückblick auf sein Leben gebracht wird – auch die Seelen, die das Jenseits nicht durch das reine weiße Licht betreten konnten. Solche Seelen können weniger frei wählen, wie sie den Rückblick auf ihr Leben durchführen wollen, und durch das höhere Ausmaß an Schäden, die sie angerichtet haben, ist der Prozess auch intensiver. Sie müssen sich das Leid und die Schmerzen ansehen, die sie anderen zugefügt haben, sowie die Auswirkungen ihrer Handlungen auf ihre Umwelt – und sie müssen die Intensität ungefiltert und ohne Widerstand fühlen. Der Heilungsprozess dieser Seelen beinhaltet die Konfrontation und Auflösung der Probleme, die sie dazu gebracht hat, anderen zu schaden.

Die Seele Adolf Hitlers passt in diese Kategorie. Wir alle wissen, dass Hitler Millionen von Menschen schreckliches Leid zugefügt hat und dass seine Verbrechen das Leben anderer sogar heute noch beeinträchtigen. Hitlers Lebensrückblick würde deshalb darin bestehen, die Ereignisse, die er verursachte, und ihre Auswirkungen auf andere zu fühlen und zu verstehen. Da er keinen physischen Körper hat, würde er auch keinen körperlichen Schmerz empfinden, aber er würde den psychischen Schmerz und das psychische Leid, das er zu verantworten hat, fühlen. Er würde länger als die meisten anderen Seelen im Schauraum bleiben und müsste jede Emotion seiner Opfer fühlen, ganz ohne eine Pause einzulegen – und dann müsste er für seine Schandtaten um Vergebung bitten. Doch damit wäre seine Reise noch nicht zu Ende, denn irgendwann müsste er auf die irdische Ebene zurückkehren und in seiner Seele Harmonie schaffen.

Wie schon erwähnt ist die Hölle eher ein Geisteszustand als ein Ort im Jenseits. Ein längerer Aufenthalt im Schauraum, der für eine Seele erforderlich ist, die so schreckliche Verbrechen wie Hitler begangen hat, mag manchem wie die Hölle vorkommen. Das ist jedoch nicht der Fall. So schwierig der Prozess auch sein mag – der Lebensrückblick ist für solche Seelen immer noch ein Heilungsprozess und keine Strafe oder Verdammung zu ewigem Leiden. Sobald diese Art von Seele den Prozess durchgemacht hat, kann sie im Jenseits oder als Mensch im nächsten Leben an sich arbeiten, weiterhin die Lektionen des Lebens lernen und wachsen, um bei ihrem nächsten Übergang durch das reine weiße Licht ins Jenseits hinüberzugehen.

Man kann es nicht oft genug wiederholen: Die Hölle ist ein geistiger Zustand, den wir selbst verursachen. Wenn Sie glauben, Sie würden nach dem Tod in die Hölle kommen, dann werden Sie ein Leben voller Leid und Qualen führen. Aber noch einmal: Es gibt keine Hölle. Was Sie im Schauraum sehen, kommt wahrscheinlich der Hölle in unserer Fantasie ziemlich nahe, da die Erfahrung des Leids, das Sie anderen zugefügt haben, äußerst intensiv sein wird. Erinnern Sie sich an die Momente im Leben, in denen Sie den Schmerz gefühlt haben, den Sie einem geliebten Menschen zugefügt hatten, und stellen Sie sich dieses Gefühl vervielfacht vor. Doch nur wenn Sie so verwundbar und offen sind, werden Sie Ihre schädlichen Handlungen annehmen und sich von ihnen reinigen können. Wenn Sie akzeptieren, dass Sie anderen dieses Leid zugefügt haben, kann Ihr Heilungsprozess voranschreiten.

Wenn Schmerz Wachstum bedeutet

Während Sie sich im Schauraum auf das Leid konzentrieren, das Sie anderen Leuten zugefügt haben, werden Sie gleichzeitig die Gelegenheit haben zu sehen, wie Ihre Handlungen zum Wachstum dieser Menschen beigetragen haben. Jeder braucht zu seiner Weiterentwicklung ein gewisses Maß an Schmerz und Leid – sei es eine Scheidung, der finanzielle Ruin, Misshandlungen, eine Sucht oder einfach nur die Enttäuschungen im Leben – und manchmal sind Sie die Ursache für solche Erfahrungen anderer. Eine meiner Sitzungen illustriert, wie Ihr eigener Anteil am Leid anderer diese zu mehr Heilung und Weiterentwicklung antreiben kann – genauso wie Sie selbst.

Marina kam zu mir, um herauszufinden, wo sie stand und ob sie auf dem richtigen Weg war. Sie sagte, sie brauche nicht meine Dienste als Medium, sondern hätte lieber eine Zukunftsvorhersage. Auch wenn ich mich bemühe, dem Wunsch eines Klienten zu entsprechen, kann ich nicht immer vorhersagen, ob ein Geist vom Jenseits uns aufsuchen wird. Wenn ja, halte ich ihn natürlich nicht davon ab.

Während der Sitzung empfing ich Informationen, die etwas Licht in Marinas Ehe mit ihrem Exmann brachte. Wie ihr Geistführer mir zeigte, hatten die zehn Jahre Ehe meine Klientin in ihrer Entwicklung gehemmt. Als sie ihn verlassen hatte, konnte sie die negativen Blockaden in ihrem eigenen Leben auflösen, die die Beziehung hatten stagnieren lassen. Sie entwickelte sich weiter, begegnete dem Mann ihrer Träume und begann ein neues Leben. Marina brauchte eine Menge Veränderungen und Stimulierungen, und ihr neuer Partner war ihr in dieser Hinsicht sehr ähnlich. Er hatte ihr in der kurzen Zeit, seit der sie zusammen waren, schon mehrere Schlüssellektionen vermittelt, und sie war in vielerlei Hinsicht erwachsener und reifer geworden.

Als ich Marina sagte, dass ich die Präsenz einer männlichen Gestalt spürte und wir feststellten, dass es sich um ihren Exmann handelte, war sie zu Tränen gerührt. Ihr Exmann war ungefähr zwei Jahre nach ihrer Trennung ganz plötzlich verstorben, und sie hatte Schuldgefühle, so als hätte die Scheidung zu seinem frühen Tod beigetragen.

Während der Sitzung sagte Marinas Exmann ihr, dass er nach der Trennung das Ende der Ehe und ihrer Beziehung nicht verkraftet habe. Er sei verletzt und wütend gewesen und habe alles versucht, um sie zu halten. Doch durch die Weisheit, die er im Jenseits erfahren habe, verstehe er nun, warum er eine so schmerzhafte Trennung habe durchmachen müssen. Er hatte erkannt, wie negativ er sich in der Beziehung verhalten hatte und dass er für sein Verhalten selbst verantwortlich war, statt Marina oder sonst jemandem die Schuld dafür zu geben. Wenn Marina nicht die Scheidung eingereicht hätte, hätte er auch nicht die Chance erhalten, diese Lektion zu lernen. Und dazu gehörte auch, dass er sich entschuldigte und sie um Vergebung bat. Im Leben hatte er das nie geschafft, aber jetzt erfüllte er seinen Lebensvertrag und gewann die Einsichten, die er im Jenseits brauchte.

*

Wenn Sie als Seele auf Ihr Leben zurückblicken, werden Sie feststellen, dass das Leid, das Sie einem anderen möglicherweise zugefügt haben, sich auf sein Leben ausgewirkt hat und ihn dazu brachte, sich weiterzuentwickeln. Stellen Sie sich vor, Sie wären in einer destruktiven Beziehung und würden darin verharren, obwohl Sie eigentlich lieber gehen würden – denn Ihr Partner fleht Sie an, ihn nicht zu verlassen, und es ist einfach leichter zu bleiben, als in die Welt hinauszugehen und sich einen anderen Partner zu suchen. Doch indem Sie nicht handeln, legen Sie Ihr Glück – und das Wachstum Ihres Partners – auf Eis. Sehr oft hilft man anderen, wenn man ihnen zu ihrem eigenen Besten wehtut. Sie lernen aus der Situation und können aufgrund dieses Lernprozesses in Zukunft eine erfüllende Beziehung haben.

Als beispielsweise Charlies Vater Simon und ich uns trennten, war das so schmerzhaft, dass ich nicht glaubte, ich würde es je überwinden. Er hatte mir schrecklich wehgetan und es dauerte lange, bis ich darüber hinweg war. Doch heute haben wir eine tolle Freundschaft und sind unserem Sohn liebevolle Eltern. Dafür bin ich sehr dankbar.

Das ertragene Leid half mir, meine eigene Stärke zu entdecken und dazu noch andere Eigenschaften an mir, die ich sehr schätze. Ich musste diese Erfahrung durchmachen, um der Mensch zu werden, der ich heute bin. Es war eine erstaunliche Lektion, die mich ein gutes Stück weitergebracht hat. Auf der Seelenebene wird Simon den Schmerz selbst durchmachen müssen, aber er wird auch erkennen, dass er mir im Endeffekt geholfen hat. In beiden Fällen wird es Heilung geben.

Sind Sie zu früh gegangen?

Manche Seelen haben das Gefühl, als hätte ihr Leben zu früh geendet und als wären sie vor ihrer Zeit von der irdischen Ebene weggeholt worden. Während des Rückblicks auf ihr Leben beschließen solche Seelen manchmal, ihre Zeit im Jenseits zu beenden und auf die Erde zurückzukehren. Sie wollen wiedergeboren werden, um in ihrem nächsten Leben die Wunden zu heilen, die sie anderen zugefügt haben, wie ihnen erst jetzt bewusst ist. In diesem Fall könnten sie wieder in ihre ursprüngliche Familie hineingeboren werden (oder sich Eltern aussuchen, die der alten Familie nahestehen), um Einfluss auf das Leben derjenigen zu haben, deren Wunden geheilt werden müssen. Je nach den Lektionen, die für die Heilung notwendig sind, kann es auch sein, dass die Seelen bei ihrer Wiedergeburt woandershin gehen und dieselben Lektionen in einem anderen Umfeld durchmachen.

Obwohl manche vorzeitig zurückkehren, ist es nicht ratsam. Der gesamte Lebensrückblick ist ein so wesentlicher Teil der Seelenheilung im Jenseits, dass Verhaltensmuster aus dem letzten Leben der Seele ins nächste getragen werden könnten, wenn er abgebrochen wird. Der Überblick über das Leben ist die Chance, einen Teufelskreis aus wiederholt zugefügtem Schaden und Leid zu unterbrechen. Das geht jedoch nur durch die Vollendung des Prozesses.

Josiah sagt Folgendes über die Entscheidung mancher Seelen im Schauraum, vorzeitig auf die Erde zurückzukehren:

Eure Lektionen sind die Wendepunkte in eurem Leben. Im Schauraum könnt ihr selbst entscheiden, ob ihr diese Wendepunkte erleben oder ob ihr unterbrechen wollt, um zu analysieren, warum ihr bestimmte Dinge getan habt. Ihr könnt euch auch entscheiden, ob ihr wiedergeboren werden solltet, um an den Lektionen weiterzuarbeiten.

Manche Seelen fühlen sich wegen der Trauer, die andere durch ihren Tod durchmachen, so elend, dass sie zurückgehen wollen, um ihren Angehörigen zu helfen, darüber hinwegzukommen. Aber an diesem Punkt kehren nur wenige zurück. Die meisten finden, sie sollten lieber im Schauraum bleiben und das Leid ihres letzten Lebens abheilen.

Wenn eine Seele sich doch entscheidet zurückzugehen, kann sie das rasch tun; für sie werden dann neue Umstände arrangiert, in denen sie die Lektionen lernen kann, die sie noch braucht. Normalerweise geschieht das bei einem früh verstorbenen Kind oder bei jemandem, der Selbstmord verübt hat und nun das Leid seiner Hinterbliebenen lindern möchte.

Wenn Sie den gesamten Rückblick auf Ihr Leben fortsetzen, wird Ihnen höchstwahrscheinlich klar werden, dass Sie die irdische Ebene verlassen haben, weil Ihre Zeit gekommen war. Sie haben die Lektionen gelernt, die Sie sich in Ihrem Lebensvertrag vorgenommen hatten – und falls Sie sie doch nicht vollständig umgesetzt haben, dann, weil Ihr irdischer Körper versagt hat, die richtige Situation sich nicht ergeben hat oder Sie eine Gelegenheit verpasst haben. In jedem Falle war der Zeitpunkt Ihres Übergangs gekommen, auch wenn Sie manches nicht vollendet haben. An diesen Lebenslektionen werden Sie im Jenseits oder nach Ihrer Rückkehr auf die Erde arbeiten.

Für jeden von uns gibt es einen vorherbestimmten Zeitpunkt, an dem wir diese Dimension verlassen werden. Er steht in unserem Lebensvertrag. Wann immer wir auch hinübergehen, ist also der »richtige Zeitpunkt«, egal unter welchen Umständen wir gehen oder wie wir darüber denken. Es bleibt Ihnen überlassen, wie Sie auf die Zeit Ihres Abschieds von der irdischen Ebene reagieren, ob friedlich und bewusst oder dagegen ankämpfend und widerstrebend. Doch nun, da Sie mehr über das Jenseits wissen, erkennen Sie hoffentlich, dass es nichts gibt, gegen das Sie ankämpfen müssen. Dieses Wissen sollte Ihnen die Freiheit schenken, Ihr Leben voller zu leben – ohne Angst, Sie könnten zu früh hinübergehen oder Ihre Lebenszeit könnte »verkürzt« werden.

Die Löffelliste: Wissen, wann es Zeit ist zu gehen

Manche Leute sprechen von einer detaillierten Checkliste, die sie vor ihrem Tod abarbeiten wollen, einer Art »Löffelliste« (bezogen auf den Ausdruck »Den Löffel abgeben«). Die Liste enthält die Namen der Menschen und Orte, die sie noch sehen möchten, und der Dinge, die sie noch erleben wollen, bevor sie aus dem irdischen Leben scheiden. Für diese Menschen ist das Abhaken der Positionen auf ihrer Löffelliste eine Methode zu akzeptieren, wann ihre Zeit gekommen ist, nämlich wenn sie alles, was sie im Leben erreichen wollten, umgesetzt haben.

Hier sind ein paar Geschichten über Leute, die zwar eine Vorstellung von dem hatten, was in ihrem Leben geschehen sollte, die jedoch auf die Realität ganz anders reagierten:

Phyllis kam vor vielen Jahren zu mir, weil sie Angst vor dem Ruhestand hatte. Jahrzehntelang hatte sie nur für ihren Beruf gelebt, oft zum Leidwesen ihrer Familie und Freunde. Phyllis glaubte, ohne ihre Arbeit kein Leben zu haben. Daher verkaufte sie zwar ihr Unternehmen, behielt jedoch eine beratende Funktion in ihrer alten Firma bei. Als sie siebzig wurde, bestanden die neuen Firmeninhaber darauf, dass sie sich zur Ruhe setzte, doch sie weigerte sich zu gehen. Bei unserer Sitzung äußerte sie die Befürchtung, ihr Ruhestand würde bedeuten, dass ihr Leben vorbei sei und sie nicht mehr lange auf der irdischen Ebene bleiben könnte.

Phyllis machte sich zwar eine Liste der Orte, die sie noch sehen wollte – ihre Löffelliste –, aber dann beschloss sie, mit dem Reisen noch zu warten. Stattdessen baute sie eine neue, kleinere

Firma auf und arbeitete weiter. Als sie schließlich im Alter von neunzig starb, nachdem sie die zweite Firma an ein großes Unternehmen verkauft hatte, hatte sie tatsächlich ein paar der Orte auf ihrer Liste besucht und das Leben noch ein bisschen genossen. Doch als ihre Familie mich wegen einer Sitzung aufsuchte, erschien Phyllis und sagte etwas sehr Interessantes: Selbst wenn sie die Arbeit schon mit siebzig aufgegeben hätte, als man sie in den Ruhestand schicken wollte, hätte sie bis neunzig weitergelebt, denn das war das Alter, in dem sie laut ihrem Lebensvertrag sterben würde.

Jetzt ist mir klar, dass ich vieles versäumt habe, offenbarte Phyllis. *Ich habe meine Lektionen auf andere Weise gelernt, aber ich hatte nicht so viel Spaß, wie ich sonst hätte haben können.* Zu spät hatte Phyllis erkannt, dass sie sich schon früher zur Ruhe hätte setzen können, mit der Sicherheit, dass ihr Todeszeitpunkt schon feststand. Dann hätte sie ihre letzten Lebensjahre noch mehr genießen können.

Eine ganz andere Begegnung hatte ich mit einem Ehepaar, das im Gegensatz zu Phyllis das Leben in vollen Zügen genoss und seine Löffelliste der Träume bis zum Schluss auslebte.

Jean und Mike hatten als Seelengefährten auf der irdischen Ebene gelebt und liebten einander über alles. Sie kannten sich seit der Schulzeit, hatten früh geheiratet und zwei prächtig geratene Töchter, die ihnen alles bedeuteten. Sie arbeiteten ihr Leben lang hart und gaben ihren Kindern alles, einschließlich einem wundervollen Zuhause und dem, was manche das perfekte Leben nennen. Tragischerweise erlitten Jean und Mike weit weg von Zuhause einen tödlichen Autounfall, und ihre Tochter Melissa kam zu mir, um Antworten auf ihre Fragen zu finden.

Sobald ich mich mit Melissa hingesetzt hatte, fühlte ich überwältigende Liebe aus dem Jenseits hereinströmen. Ich bitte meine Klienten vor einer Sitzung grundsätzlich nie um Informationen über sich oder ihr Leben oder frage sie nach dem Grund ihres Kommens, und so hatte ich keine Ahnung, was ich da empfing. Ich sagte Melissa nur, dass die Liebe, die ihr vom Geist geschickt wurde, überwältigend war. Dann spürte ich die Präsenz zweier Seelen, die Verbindung zu ihr aufnehmen wollten. Wie ich feststellte, waren es Melissas Eltern. Sie war darüber so erleichtert, dass ihr sofort leichter ums Herz wurde. Jean und Mike begannen, über ihr Leben zu sprechen und besondere Erinnerungen an Familienereignisse zu erwähnen. Die Verbindung zwischen ihnen und ihrer Tochter war zärtlich und rein, und die Liebe strömte ungehindert.

Da es bei dem Unfall von Melissas Eltern keine Zeugen gab, wollte sie ein paar Einzelheiten über die Todesumstände wissen, um die Sache für sich abschließen zu können. Der Unfall hatte sich auf einer ruhigen Landstraße ereignet, am Wagen hatte man keine Mängel feststellen können und ihre Eltern waren beide verantwortungsvolle Autofahrer gewesen. Es gab also keinen Grund für einen Unfall. Es war für Melissa und ihre Schwester ein schrecklicher Schock gewesen, als sie am Unfalltag einen Anruf erhalten hatten, in dem man ihnen mitteilte, dass ihre Eltern tödlich verunglückt seien.

Wie Melissa mir erzählte, hatten Jean und Mike immer alles gemeinsam gemacht. Als beide innerhalb eines Monats in Rente gingen, beschlossen sie, endlich die Reise nach Neuseeland zu machen, die sie sich schon seit Jahren gewünscht hatten. Die Vorbereitungen dauerten sechs Monate, da sie jeden Augenblick unterwegs genießen wollten und es die Reise ihres Lebens werden sollte. Seit Jahren träumten die beiden von einer ganz bestimmten kleinen Insel nahe der Küste. Dort wollten sie am Strand sitzen und zusammen den Sonnenuntergang genießen. Sie planten, diesen ganz besonderen Ort am Ende ihres dreiwöchigen Urlaubs als unvergesslichen Abschluss der Reise aufzusuchen.

Als Mike und Jean bei Melissas Sitzung erschienen, berichteten sie von den Sehenswürdigkeiten, die sie besucht hatten, und den vielen Reiseerlebnissen, an die sie sich erinnerten. Sie sagten mir auch, dass sie ein Foto vom Sonnenuntergang an »ihrem« Strand gemacht hätten, und dass es ein atemberaubendes Erlebnis gewesen sei. Frag sie nach dem Foto – sie hat es dabei, forderte Jean mich auf.

Ich teilte Melissa mit, was ihre Mutter gesagt hatte, und sie holte das Foto heraus. Wie sich herausstellte, hatten Jean und Mike es ihren Töchtern per Handy geschickt – nur wenige Minuten vor ihrer Rückfahrt zum Hotel, um die Koffer für den

Rückflug zu packen. Das wunderschöne Bild war ihre letzte Erinnerung, ein Anblick, auf den sie viele Jahre gewartet hatten.

Jean berichtete Melissa, was während der letzten Momente ihres Lebens geschehen war. Die Sonne war untergegangen, und sie fuhren auf einer dunklen Straße. Mike saß am Steuer. Er hatte eine Bemerkung gemacht, dass er sich nicht wohl fühle, und es auf den Flugstress geschoben, da er das Fliegen nicht mochte. Plötzlich bekam er einen Herzinfarkt und sackte vornüber. Zuerst wusste Jean gar nicht, was passiert war; es sah aus, als wäre ihr Mann am Steuer eingeschlafen und sie versuchte in Panik, ihn wachzurütteln. Der Wagen geriet ins Schleudern und krachte frontal gegen eine Betonwand. Jean und Mike waren auf der Stelle tot.

Jean fuhr fort: Komischerweise wurde ich in dem Augenblick der Panik von einem Gefühl der absoluten Ruhe überwältigt. Ich wusste, uns würde nichts passieren. Alles verlangsamte sich, und bevor ich mich versah, befanden wir uns beide draußen und sahen auf das Auto und unsere Körper hinunter. Das Auto war vom Aufprall völlig verbeult und Dampf stieg aus der Motorhaube auf.

Melissa weinte, während Jean weitererzählte. Wie sie mir zeigte, sah der Lebensvertrag, den sie und Mike vor ihrem irdischen Leben abgeschlossen hatten, vor, dass sie zusammen ins Jenseits hinübergehen würden. Melissas Eltern wollten ihr mitteilen, dass sie glücklich und zufrieden waren. Sie hatten die nötigen Lektionen so gut sie konnten gelernt, und ihre Zeit war gekommen, die irdische Ebene zu verlassen. Auf ihrer Löffelliste hatte es nur noch eines gegeben, was sie noch nicht umgesetzt hatten – und das war der Sonnenuntergang auf ihrer Insel. Sobald sie das erlebt hatten, waren sie bereit zu gehen. Und das taten sie auch – gemeinsam!

Weitergehen

Während Ihres Lebensrückblicks im Schauraum werden Sie herausfinden, was Sie in diesem Leben gelernt haben und was nicht. Sie werden in den nächsten Heilphasen im Jenseits und in

Ihrem nächsten irdischen Leben an allen unvollendeten Lektionen weiterarbeiten.

Wie Sie gesehen haben, besteht der Sinn des Lebensrückblicks darin, alles, was Sie in Ihrem Leben gemacht und erlebt haben, freudig zu akzeptieren. Sobald Sie sich Ihre jetzige Lebenszeit vollständig angesehen haben, können Sie weitergehen. Aber vergessen Sie nicht, dass Sie jederzeit in den Schauraum zurückgehen können, um sich die nötige Unterstützung für Ihren Heilungsprozess zu holen.

Ben gibt uns einen Vorgeschmack auf das, was als Nächstes kommt:

> *Nach dem Schauraum gehst du in den Heilraum. Dabei wirst du von deinen Geistführern und einigen Mitgliedern deiner Seelenfamilie begleitet, die bei deiner Heilung bestimmte Aufgaben übernehmen. Andere werden sich für kurze Zeit von dir verabschieden, da sie ihre Aufgaben erledigt haben.*

Manche Seelen brauchen mehr Heilung als andere. Ihre Geistführer wissen das schon vor Ihrer Ankunft auf der anderen Seite. Sie haben sich mithilfe Ihres Geistältesten zusammengetan, um sicherzugehen, dass Sie alles haben, was Sie brauchen, um die Aufgaben zu meistern, die vor Ihnen liegen. Sich Ihr Leben und das Leid, das Sie anderen zugefügt haben, ansehen zu müssen, kann eine überwältigende Erfahrung sein, doch Sie werden damit fertig werden – denn in diesem Stadium denken Sie immer mehr wie ein spirituelles Wesen und nicht mehr wie ein Mensch. Außerdem erhalten Sie jede Menge Unterstützung und Anleitung und bekommen viel Trost. Es gibt jedoch noch viel mehr Wissen, zu dem ich keinen Zugang habe, da es sich um heiliges Wissen handelt und das auch so bleiben muss.

Doch es macht Sie sicher glücklich zu wissen, dass andere Sie bei jedem Schritt an der Hand halten werden – und das sind hochqualifizierte Tröster, da sie genau den gleichen Prozess schon selbst durchlaufen haben und wissen, was Sie erwartet. Darüberhinaus wurden sie Ihnen aufgrund ihrer Fähigkeiten und ihres Wunsches, Ihnen bei der Heilung zu helfen, zugeteilt. Auch sollte Ihnen klar sein, dass die Hilfe Ihrer Geistführer –

egal wie vertraut ihnen der Weg schon ist – ihr eigenes Wachstum im Jenseits fördert und sie auf die nächste Etappe ihrer eigenen Reise vorbereitet.

Sobald ein Geistführer seine Aufgabe erledigt hat, wird er Sie verlassen und nicht mehr zu Ihrem Heilteam gehören. Es ist jedoch kein endgültiger Abschied, sondern nur einer auf Zeit, da Sie all Ihre Geistführer zu einem anderen Zeitpunkt im Jenseits wiedersehen werden. Doch für jetzt müssen sie Sie verlassen, weil ihre Arbeit getan ist.

Wie schon gesagt, ist immer jemand da, der Ihnen hilft, und natürlich Ihr Meisterführer, der in gewisser Weise Ihr bester Freund ist. Sie können also ganz beruhigt sein: Sie werden nie allein sein. Wie Ben versichert:

> *Möglicherweise haben dir deine Geistführer im Schauraum geholfen, als du dir deinen Lebensvertrag angesehen hast und eine andere Sicht auf dein Leben bekommen hast. Vielleicht standen sie dir zur Seite und haben dich emotional unterstützt. Vielleicht haben sie dir geholfen und dich geführt oder auch nur deine Hand gehalten, aber auf alle Fälle warten nun andere Aufgaben auf sie. Doch keine Sorge – du wirst sie wiedersehen.*

Nun, da Sie mit dem Schauraum und dem Prozess des Lebensrückblicks vertraut sind, ist es an der Zeit, zu einem fortgeschrittenen Stadium der Heilung überzuwechseln – in den Heilraum, der seinen Namen zu Recht trägt.

Kapitel 12

Im Heilraum

Vom Schauraum kommen Sie zur nächsten Etappe auf Ihrer Reise – in den Heilraum. Hier hüllt Sie eine Energie ein, die Sie von den letzten Resten an Schmerz und Trauma befreit, die Teil des menschlichen Lebens sind. Und da Sie gerade einen Rückblick auf Ihr Leben geworfen haben, werden Sie ganz sicher von dem profitieren, was Sie in diesem Raum finden. Wie Josiah erläutert:

> *Manche Seelen gehen nach dem Schauraum direkt in den Heilraum. Andere pendeln vor und zurück, besuchen Angehörige und suchen dann den Heilraum auf. Im Heilraum überwinden die meisten Seelen alle restlichen Nebeneffekte ihres Übergangs ins Jenseits.*
>
> *Wenn du den Heilraum betrittst, ist die Schwingung so hoch und die Energie so stark, dass dir möglicherweise übel oder schwindlig wird. Doch sobald du liebevoll von der Energie umhüllt wirst, wirst du feststellen, dass der Raum noch mehr zu bieten hat, und bleiben wollen.*

Eine positive Einstellung entwickeln

Bevor ich den Heilraum im Detail beschreibe, möchte ich darauf eingehen, wie wichtig Ihre Einstellung bei Ihrer Reise ist. Ob Sie es glauben oder nicht: Die Einstellung, die Sie jetzt zum Leben haben, wirkt sich auf Ihre zukünftigen Leben und sogar auf Ihr Wachstum im Jenseits aus.

Es verblüfft mich immer wieder, wenn jemand sagt: »Na ja, vielleicht hab ich ja echte Probleme, aber sie sind nichts im Vergleich zu seinen oder ihren Problemen.« Das mag ja stimmen und sicher ist es eine bescheidene und ehrenwerte Sichtweise. Aber es sind nicht die Probleme im Leben, die Sie miteinander vergleichen sollten – sondern es ist die Einstellung, mit der Sie an die Probleme herangehen.

Haben Sie schon mal etwas erlebt, das für Sie schwierig war, aber für jemand anderen ein Spaziergang? Vielleicht hatten Sie einmal Probleme im Geschäft, weil Ihr Chef an Ihren Leistungen etwas auszusetzen hatte. Sie gingen damit auf Ihre Weise um: gestresst und überfordert. Ihre Kollegin wäre jedoch vielleicht mit derselben Situation ganz anders umgegangen: Sie wäre cool geblieben und hätte es nicht persönlich genommen.

Dieses Phänomen erlebte ich, als zwei Frauen in meinem Umfeld an Krebs erkrankten. Die eine kämpfte tapfer gegen die Krankheit an und hatte die positive Einstellung »Diesen Mistkerl werde ich aus meinem Körper vertreiben«. Sie war nicht bereit, sich von der Krankheit unterkriegen zu lassen, und so ging sie weiterhin täglich zur Arbeit und ins Fitnessstudio. Die andere bekämpfte ihre Krankheit auf ihre Weise, doch mit einer ganz anderen Einstellung. Sie war ziemlich negativ, sah sich im Kampf gegen die Krankheit als die Schwächere und tat wenig, um sich selbst zu helfen. Schließlich erlag sie dem Krebs, während die Geschwulst der anderen Frau zurückging.

Nicht sonderlich überraschend, denken Sie jetzt vielleicht, aber wir wollen uns das ein wenig näher ansehen. Warum sollte eine Person den Krebs überleben und eine andere nicht? Natürlich wurde der Ausgang schon im Lebensvertrag festgelegt, aber wir haben trotzdem immer den freien Willen, wie wir auf eine Situation reagieren. Wie bei diesen beiden Frauen deutlich wurde, kann eine optimistische Einstellung in einer lebensbedrohlichen Situation einen großen Unterschied machen.

Eine positive Einstellung hilft Ihnen nicht nur im Leben, sondern folgt Ihnen auch ins Jenseits und erleichtert Ihren Wachstumsprozess. Wenn Sie in diesem Leben also ein Trauma erlebten oder misshandelt wurden, dann kehren Sie Ihren Schmerz nicht unter den Teppich. Seien Sie stattdessen bereit, sich ihm offen zu stellen. Suchen Sie sich die Unterstützung, die Sie brauchen, um zu verstehen, dass Sie nicht schuld daran sind, und machen Sie sich nicht zu einem hoffnungslosen Opfer des Schicksals.

Wenn Sie auf der irdischen Ebene diese Art von Heilung erwirken können, wird die Reise Ihrer Seele auf der anderen Seite viel leichter sein. Das eine hängt direkt mit dem anderen zusammen, da das Jenseits von Energie gesteuert wird. Ihre Gefühle und Gedanken während des Heilprozesses wirken sich sofort auf den Weg Ihres Wachstums aus. Beim Weiterlesen werden Sie das noch besser verstehen, doch mittlerweile sollten Sie das tun, was nötig ist, um den Zustand Ihres Selbstes zu verbessern.

Der Heilraum

Wenn Sie den Heilraum im Jenseits erreicht haben, besteht Ihre Aufgabe darin, sich auf Ihre eigene Heilung zu konzentrieren. Hier geht es nicht – wie im Schauraum – darum, das Leid, das Sie anderen zugefügt haben, zu korrigieren oder wiedergutzumachen. Ihr Aufenthalt im Heilraum richtet sich auf Selbsterkenntnis, da Sie hier mehr über Ihre Handlungen und Beziehungen auf der irdischen Ebene erfahren werden.

Manchen Seelen widerstrebt es, den Heilraum aufzusuchen, weil sie glauben, das Ansehen vom Leid und den Schmerzen anderer während ihres Lebensrückblicks wäre schon heilsam genug gewesen. Andere Seelen wiederum möchten verstehen, warum sie etwas getan haben, und hoffen, dass es ihren Heilungsprozess vertiefen wird. Und genau das geschieht hier.

Bevor Sie in den Heilraum gehen – wie auch bei allen anderen Etappen der Heilreise –, können Sie in jeden anderen Raum zurückgehen, um Ihre Reise zyklisch fortzusetzen. Wenn Sie möchten, können Sie auch eine kurze Stippvisite auf die irdische Ebene machen, doch nur, wenn Ihre Seele das für ihre tiefere Selbstentwicklung wirklich braucht. Beachten Sie dabei, dass Sie solche Gelegenheiten nicht noch einmal bekommen, falls Sie aus rein egoistischen oder oberflächlichen Motiven heraus in einen anderen Raum oder auf die Erde zurückkehren.

Ben hat die folgenden Informationen über den Heilraum gechannelt:

> *Der Heilraum leuchtet in einem aquamarinblauen Licht. Stell dir die Farbe von blauem Topas vor und dazu einen*

glitzernden Blau-Metallic-Ton. Die Liebe, die du dort fühlst, ist unglaublich und so, wie du sie auf Erden noch nie erlebt hast. Sie wird jedoch noch intensiviert, wenn du unsere bedingungslose Liebe und die Heilung spürst, die dadurch bewirkt wird.

Hier kannst du jeden notwendigen Aspekt deines Lebens durchgehen – alles, was dir großes Leid beschert hat. Du kannst alle Probleme verarbeiten. Alle Dinge, die dich belasten, müssen losgelassen werden, bevor du in der spirituellen Sphäre weiterkommen und deine Heilreise vollenden kannst.

Manche Seelen bleiben längere Zeit im Heilraum, weil sie von allen möglichen Krankheiten oder Misshandlungen geheilt werden müssen. Möglicherweise müssen die Narben selbst zugefügter Wunden verheilen. Im Heilraum nehmen sich alle Seelen Zeit für ihre Genesung. Dort versöhnen sie sich mit dem Übergang von der irdischen Ebene und von allem Leid, das sie während des Rückblicks auf ihr Leben mitgefühlt haben.

Wie schon erwähnt ist es gut, sich im Leben die notwendige Zeit zu nehmen, um sich von schmerzhaften und traumatischen Situationen zu erholen. Die negativen Gefühle, die solche Konfliktsituationen auslösen, werden häufig verdrängt und verkapselt. Das macht einen Vulkan aus Ihnen, der bei der geringsten Provokation ausbrechen kann. Sobald Sie an einen wunden Punkt geraten, löst das eine Flut von Emotionen aus, als würde ein Damm brechen und der Wasserdruck zu stark werden.

Es wird für Sie im Jenseits leichter werden, wenn Sie Ihre emotionalen Probleme zuerst auf der irdischen Ebene lösen, denn wie gesagt ist alles im Jenseits intensiver. Doch nur weil Sie ein Problem auf Erden verarbeitet haben, heißt das noch nicht, dass Sie im Jenseits nichts mehr damit zu tun haben werden. Aber Sie können dann leichter damit umgehen. Das zu wissen dürfte sehr motivierend wirken, um Narben und Verletzungen, die sich in Ihrem Leben festgesetzt haben, zu verarbeiten, bevor Sie hinübergehen. Sie können der Konfrontation mit diesen Dingen nicht entfliehen; es ist daher besser, es jetzt schon zu tun – und nicht erst dann.

Sie bleiben so lange wie nötig im Heilraum. Ich weiß, in unserer irdischen Denkweise können wir uns nichts Schlimmeres vorstellen, als die Verantwortung für unsere Probleme zu übernehmen. Das ist jedoch nur deshalb, weil wir den Tatsachen nicht ins Auge sehen wollen. Im Jenseits lernen wir, dass es uns guttut, unser Leben zu untersuchen. Es ist sehr befreiend und sogar erleuchtend. Es ist nicht schwer und es zieht uns weder herunter noch macht es uns unglücklich. Meistens ist es die Vorstellung, sich unangenehmen Gefühlen stellen zu müssen, die uns davor zurückscheuen lässt. Doch sobald wir damit angefangen haben, öffnen wir uns dafür und die Kommunikation fängt an zu fließen – zu unserer großen Erleichterung.

Mein Sohn Charlie kennt das und hat es sogar ganz klar ausgedrückt. »Mommy, ich mag es nicht, wenn ich mit dir über Gefühle reden muss«, sagte er neulich. »Aber wenn ich es dann tu, fühl ich mich so viel besser, dass ich nie mehr damit aufhören will.«

Kinder haben eine tolle Methode, sich ehrlich auszudrücken, während es uns Erwachsenen meist nicht leichtfällt. Doch sobald wir mit dem Prozess begonnen haben, lösen sich die Probleme auf und die Liebe stellt sich ein. Das ist der Grund, warum mein Sohn nicht mehr aufhören will, mit mir über seine Gefühle zu reden. Das gilt auch fürs Jenseits, wo die Energie in ihrer reinsten Form ungehindert strömt. Emotionen fließen leichter, obwohl wir sie gleichzeitig intensiver erleben. Es hilft uns jedoch, wenn wir lernen, unsere Gefühle schon auf der irdischen Ebene anderen mitzuteilen.

Josiah erläutert den Prozess im Heilraum noch weiter:

> *Den Heilraum suchen die meisten Seelen gerne auf. Manche, die aus dem Schauraum kommen, bleiben eine Weile; manche schauen immer wieder herein, während andere mehr als einmal hierher zurückkehren. Dafür brauchst du außer den Heilern keine Geistführer, auch wenn dein Meisterführer draußen auf dich wartet.*
>
> *Stell dir einen großen Raum mit einer weiten gewölbten Decke aus Kristallglas und voller Frieden, Liebe und Ruhe vor. Nimm diese Wahrnehmungen mal tausend.*

Dann hast du eine ungefähre Vorstellung davon, wie es sich im Heilraum anfühlt.

In der Mitte des Raums befindet sich ein klarer Kristallstein, sagen wir mal aus Quartz. Er ist für dein menschliches Verständnis da. Durch diese Stelle wird Energie gechannelt, und so bleibt er mitten im Raum immer in Bewegung. Du setzt dich an den Rand dieser kraftvollen Energiequelle, so dass deine Seele von der starken Heilenergie im Heilraum eingehüllt wird.

Die Arbeit der Heiler

Heiler sind außergewöhnliche Seelen. Ihre einzige Aufgabe im Jenseits ist, Ihnen ein optimales Wohlgefühl zu verschaffen, damit Sie auf den nächsten Schritt Ihrer Reise vorbereitet sind. Sie sind ausgebildet und hochmotiviert, Ihnen zu helfen, und das nicht nur im Heilraum. Sie unterstützen Sie auch bei der Überwindung von schwierigen Problemen im Leben.

Die folgende gechannelte Botschaft von Josiah zeigt, wie Heiler auf der irdischen Ebene eng mit uns zusammenarbeiten, um den Heilungsprozess im Jenseits zu beschleunigen:

Die helfenden Seelen im Heilraum sind zwar Heiler, doch sie arbeiten auch mit den Menschen auf der irdischen Ebene zusammen, um für die Erhaltung des physischen Körpers für die Zeit auf der Erde zu sorgen. Außerdem helfen sie Menschen, sich von emotionalen Turbulenzen und Kümmernissen zu erholen.

Die menschliche Welt ist anders als unsere; eure körperlichen und seelischen Schmerzen gibt es hier nicht. Deswegen arbeiten die Heiler sehr eng mit euch in eurer Dimension zusammen, um euch durchs Leben zu bringen. Aber nicht jeder ist für eine Heilung offen; manche Menschen vermeiden sie oder blocken ab. Das macht es für uns schwierig, da es unabdingbar für den Menschen ist, sich seines Heilungsprozesses bewusst zu sein. Eine Seele muss die Heilung akzeptieren, während sie noch auf der Erde ist, damit ihr bei den irdischen noch zu lösenden Problemen geholfen werden kann.

Heiler sind alles hochentwickelte Seelen. Manche von ihnen haben schon als Mensch auf der irdischen Ebene eine heilende Tätigkeit ausgeübt. Durch ihre Erfahrungen haben sie viele Lektionen im Leben gelernt und können ihr riesiges Wissen jetzt einbringen. Sie geleiten Sie durch alles, was Sie brauchen, um das Trauma Ihres Übergangs abzulegen, vor allem wenn es durch eine lange Krankheit oder einen gewaltsamen Tod erfolgt ist. Hier sind Sie in sicheren Händen.

Josiah erzählt noch mehr über die Arbeit der Heiler und wie unterschiedliche Seelen weiterkommen und wie ihnen im Heilraum geholfen wird:

> *Die Heiler helfen dir beim Trauerprozess des Übergangs von der irdischen Ebene. Ja, du wirst um das Leben, das du zurückgelassen hast, trauern. Das ist nur normal.*
>
> *Manche Seelen können ihre Trauer leicht überwinden, doch sie sind sehr selten. Meist handelt es sich um Seelen, die in ihrer Kindheit misshandelt wurden und gelernt haben, vor der Realität auf der Erde zu flüchten, oder um Seelen, die ein spirituelles Leben geführt haben und dadurch schon einen Vorgeschmack auf den Prozess bekamen, den wir im Jenseits durchlaufen.*
>
> *Die Seelen bleiben unterschiedlich lange im Heilraum, abhängig von der Seele selbst und davon, wie sie ihren Körper verlassen hat. Beispielsweise bleibt jemand, der plötzlich oder unter gewaltsamen Umständen gestorben ist, vielleicht länger. Doch diejenigen, die die körperlichen Schmerzen ertragen haben, die mit Krankheiten wie Krebs usw. verbunden sind, bleiben oft nicht sehr lange, da sie schon Zeit hatten, sich mit ihrem Übergang auseinanderzusetzen.*
>
> *Manche Seelen, die Krebs hatten, können mehr Zeit im Heilraum verbringen, wenn ihre Krankheit so schlimm war, dass sie nicht damit fertig wurden und schrecklich gelitten haben. Und da sind die Seelen, die eine lange Krankheit wie zum Beispiel Demenz oder Alzheimer hinter sich haben; sie brauchen eine längere Heilung von dem Leid, das ihre Krankheit verursacht hat. Manche*

Seelen litten unter anderen Geisteskrankheiten und konnten sich beim Versuch, ihre Probleme zu überwinden, nicht klar ausdrücken. Auch sie müssen von den Leiden im Leben gründlich geheilt werden.

Jeder Fall ist einzigartig, doch alle Seelen bekommen die Zeit, die sie benötigen, um zurückzugehen und ihre Angehörigen zu besuchen, und um eine Heilstufe zu erreichen, die es ihnen ermöglicht, sich im Schauraum das Leid und die Schmerzen anzusehen, die sie verursacht haben. Dann sind sie für den Heilraum bereit.

Die Ausnahmen sind verstörte Seelen, die es nicht durch das reine weiße Licht geschafft haben, sondern das Jenseits durch ein anderes Lichttor betreten haben. Sie haben ihren eigenen Heilraum, der zwar ähnlich, aber doch wieder anders ist als dieser Heilraum. Das heißt, sie werden voneinander getrennt. Erst wenn sie ihre Lektionen gelernt haben und bereit sind, wieder integriert zu werden, gehen sie durch das reine weiße Licht der Liebe zu den anderen und treten ihren endgültigen Weg an.

Es ist für solche Seelen ein äußerst schwerer Prozess, und wir versuchen ihnen so gut wie möglich dabei zu helfen. Irgendwann kommen sie durch den Schauraum zurück und gehen weiter zum Heilraum; auf diese Weise erfahren sie auf ihrer Reise ständig Heilung. Doch auch wenn sie durch beide Räume gegangen sind, werden sie im Gegensatz zu anderen Seelen die höheren Ebenen des Jenseits nie erreichen. Doch bei jedem ihrer Schritte werden sie mit Liebe umhüllt und von uns nie so verurteilt wie bei den Menschen.

Nach dem Heilraum überspringen sie die Etappen der Heilreise, die die meisten Seelen durchlaufen. Stattdessen gehen sie direkt zu einem Raum, in dem sie auf das irdische Leben vorbereitet werden. Drei verschiedene Elternpaare werden für sie ausgewählt, und sie suchen sich darunter ihre neuen Eltern aus. Der Prozess dauert nicht lange, und sie kehren sehr schnell auf die irdische Ebene zurück, um an ihren Lektionen weiterzuarbeiten. Die meisten Seelen bleiben jedoch länger, um sich mit den fortgeschritteneren Sphären der Seelenwelt zu befassen.

Die Heilkammern

Josiahs Beschreibung dessen, was eine Seele beim Betreten des Heilraums erlebt, ist wunderschön und inspirierend. Doch bei den Meditationen, die ich während des Schreibens dieses Buches machte, erfuhr ich von mehreren kleineren Kammern innerhalb des riesigen Heilraums. Jede dieser Kammern ist einzigartig.

Mir wurden von Ben einige Informationen über diese kleineren Zimmer übermittelt, aber auch wenn ich schon seit einiger Zeit mit meinen Geistführern auf dieser Reise bin und vom Geist Wissen erhalten habe, weiß ich auch nicht alles. Weite Bereiche des Jenseits bleiben auch mir verschlossen, da dort viel heiliges Wissen aufbewahrt wird. Eines kann ich Ihnen jedoch versichern: Sie werden in jedem Stadium Ihrer Reise im Jenseits sehr viel Liebe erleben.

Hier ist Bens Beschreibung der ersten Kammer im Heilraum:

Es gibt im Heilraum viele verschiedene Kammern oder Nischen. Eine davon ist das Gelbe Zimmer. Hier heilt man sich von körperlichen Krankheiten, die sich auch auf die Seele ausgewirkt haben. Die Kammer ist mit dem strahlendsten Gelb erfüllt, und dort wirst du in ein warmes Sonnenlicht gehüllt, das dich und die Heiler durchflutet, die dich mit liebevoller Energie unterstützen.

Häufig werden körperliche Krankheiten von der dunklen Energie anderer Leute oder durch schädliche Situationen, in denen Sie stecken, ausgelöst. Womöglich haben Sie Ihre eigenen negativen Gefühle so lange heruntergeschluckt, dass Ihr Körper davon angegriffen wurde, und daher müssen Sie davon geheilt werden. Im Gelben Zimmer befassen Sie sich nur mit den Auswirkungen, die eine Krankheit auf Sie hatte, und nicht mit den Ursachen der Krankheit an sich. Manchmal war die Krankheit in Ihrem Lebensvertrag schon vorherbestimmt, aber sie hat sich trotzdem auf Ihre Seele ausgewirkt und das muss behandelt werden.

Manche Menschen werden aus einem bestimmten Zweck krank, so wie es mir passiert ist. Als ich noch ziemlich jung war, musste ich ein Krebsgeschwür bekämpfen und mich einer Eileiteroperation unterziehen, um Einfühlsamkeit und Mitgefühl für Menschen zu entwickeln, die keine Kinder haben können oder die gegen eine lebensbedrohende Krankheit ankämpfen. Außerdem musste ich die positive Einstellung lernen, dass ich meine Krankheiten besiegen konnte, egal wie schwer sie zu ertragen waren. Auch wenn es unglaublich schmerzhaft und hart war, hat es mich umso stärker für andere Herausforderungen des Lebens gemacht.

Ben fährt fort:

> *Der Grüne Raum ist für Seelen, die im Leben unter einer Geisteskrankheit litten, wie beispielsweise die vielen Formen von Demenz sowie Depressionen, Geburtsdefekte, Schizophrenie und Ähnliches. Sie kommen hierher, um die Ursachen und Gründe für ihre Krankheiten zu überwinden. In diesem Raum zu sein ist nicht leicht, weil so viel gelitten werden musste. Wenn die Seelen von diesen Problemen geheilt sind, gehen sie oft weiter ins Rosa Zimmer, um ähnlich gelagerte Probleme anzugehen.*
>
> *Das Rosa Zimmer ist für die Heilung von Missbrauch ausgerichtet. Hier macht man einen Selbsterfahrungsprozess durch, um zu erkennen, dass man nicht der Täter war, sondern derjenige, dem der Missbrauch angetan wurde.*

Die letzte Mitteilung muss näher erläutert werden, da Missbrauch ein äußerst sensibles Thema ist und weil viele Leute es missverstehen. Diejenigen, die in ihrer Kindheit – psychisch, körperlich oder sexuell – missbraucht wurden, glauben oft, am Missbrauch selbst schuld zu sein, da ihnen das von den beteiligten Erwachsenen so oft eingeredet worden ist. Aber es ist nicht wahr. Wenn Sie als Kind missbraucht worden sind – vor allem sexuell –, waren Sie das Opfer, nicht der Täter, und es ist ganz wichtig, sich das bewusst zu machen.

Bei mehreren meiner Sitzungen habe ich mitbekommen, dass Missbrauchsopfer zu Missbrauchstätern wurden, weil sie es nicht anders kannten ... vor allem, wenn ihnen nicht klar war, was eigentlich geschehen war, und sie es falsch verstanden hatten. Wenn jemand zum Beispiel als Kind psychisch missbraucht worden ist, wächst er in dem Glauben auf, ein solches Verhalten sei akzeptabel. Aufgrund ihrer Programmierung wurde der Missbrauch zu einem Verhaltensmuster, das sie später bei ihrem eigenen Kind anwandten. Ich habe in Sitzungen Angehörige kennengelernt, denen bewusst wurde, wie der Missbrauch zustande gekommen war, und die durch dieses Bewusstsein ihren Frieden schließen konnten.

Doch hier noch mehr Einzelheiten von Ben:

> *Es gibt außerdem noch das Rote Zimmer. Seelen, die anderen viel Leid zugefügt haben, werden in dieses Zimmer hineingeschickt. Hier müssen sie sich mit den Gründen für ihr schädliches Verhalten befassen, und anschließend müssen sie sich ihr Leben ansehen. Erst dann können sie den Prozess durchlaufen und bekommen Zutritt zu den anderen Kammern.*
>
> *Und zuletzt gibt es noch das Amethystzimmer. Es ist ein wunderschöner, friedlicher Ort, der in lila Licht getaucht ist. Hier verbringst du den Großteil deiner Zeit im Heilraum. Wenn du hier angekommen bist, hast du vermutlich schon eine Weile in den anderen Kammern verbracht. Im Amethystzimmer legst du die letzten Reste an Schmerz und Leid ab, die du von der irdischen Ebene mitgebracht hast. In diesem Zimmer wirst du alle Lasten endgültig los und wirst frei, um weiterzukommen.*

Der Heilraum ist ein Ort der Selbsterkenntnisse und des Abheilens. Danach haben Sie die Wahl, entweder im Jenseits zu bleiben oder auf die irdische Ebene zurückzukehren und wieder an Ihren Lektionen zu arbeiten.

Aus den Informationen, die der Geist mir über die Heilreise im Jenseits übermittelt hat, geht offensichtlich hervor, dass Sie jede erdenkliche Chance bekommen werden, die Wunden zu heilen, die Sie von der irdischen Ebene mitgebracht haben. Wenn Sie nicht genug Zeit auf der anderen Seite verbringen, um Ihre Probleme zu verarbeiten, werden die alten Verhaltensmuster, zu leiden und/oder andere leiden zu lassen, bei Ihrer Wiedergeburt natürlich wieder aufleben. Es ist daher wichtig, auf Ihrer Reise im Jenseits jedes Stadium zu durchlaufen, damit Ihre Seele heilen und stärker werden kann und damit Sie irgendwann frei sein werden für das, was Sie dahinter erwartet.

Was dahinter auf Sie wartet, werde ich Ihnen verraten ...

Doch vorher wollen wir noch den letzten Raum der Reise aufsuchen.

Kapitel 13

Die höhere Macht der Seele: Im Anleitungsraum

Ihre Heilreise im Jenseits hat Sie durch den Empfangsraum, den Warteraum, den Schauraum und den Heilraum geführt. Nun ist sie fast vollendet. Der letzte Raum, den Sie betreten, wird Sie wieder mit Ihren Geistführern zusammenbringen und Sie dabei unterstützen, den besten Weg Ihrer kontinuierlichen Weiterentwicklung als Seele zu finden. (Wie auf allen Etappen Ihrer Reise können Sie für Ihre weitere Heilung jeden der vorherigen Räume erneut aufsuchen, bevor Sie weitergehen.)

Stellen Sie sich Ihren Besuch im Anleitungsraum wie eine Berufsberatung vor, das heißt, die Gelegenheit, Ihre Stärken und Schwächen auszuwerten und die Tätigkeit auszusuchen, die Sie zukünftig ausüben werden. Anschließend können Sie das weitere Umfeld des Jenseits näher erforschen, Unterricht nehmen und Aufgaben übernehmen, die Sie in der göttlichen Hierarchie aufsteigen lassen, und sich schließlich auf Ihre Wiedergeburt auf der Erde vorbereiten. In Josiahs Worten:

> *Sobald du den Heilraum hinter dir gelassen hast, gehst du weiter und kommst in den Anleitungsraum. Dort prüfst du mit deinem Meisterführer deine bisherigen Fortschritte. Ihr sprecht über die Hilfe, die dir angeboten wurde, und ob du sie angenommen hast oder nicht, sowie inwieweit du dich geändert hast. Als Ergebnis dieses Prozesses wirst du eine noch stärkere Verbundenheit mit deinem Meisterführer spüren; ihr werdet es genießen, im Anleitungsraum zusammen zu sein, ihr werdet lachen und Spaß miteinander haben.*

Außerdem wird dir dort deine Akasha-Aufzeichnung gezeigt, in der deine gesamte Existenz im Detail aufgeführt ist – einschließlich deiner Zeit im Jenseits und aller Leben, die du auf der irdischen Ebene je gelebt hast – und du wirst in viele Geheimnisse des Lebens eingeweiht. Dann ist die Zeit gekommen, deinen nächsten Schritt zu überlegen und deine restliche Zeit in der Sphäre des Geists zu planen.

Die Prozesse, die Sie im Schauraum oder in den Heilkammern durchlaufen haben, mögen zwar gewisse negative Gefühle ausgelöst haben, doch nun können Sie mit den Situationen umgehen, die diese Emotionen – und Ihr inneres Wachstum verursacht haben. So erfolgt die zyklische Entwicklung im Jenseits: Sie bietet ständig Gelegenheiten zur tieferen Heilung.

Ihre Ankunft im Anleitungsraum markiert eine Art Reifeprüfung, einen Zeitpunkt, an dem Sie die erste Phase Ihres Lern- und Heilungsprozesses im Jenseits abgeschlossen haben. Auch wenn Sie während Ihrer gesamten Existenz immer mehr Weisheit und Wachstum erlangen werden, bereitet die Zeit im Anleitungsraum Sie auf den Weg vor, den Sie als aktiver Bürger des Jenseits gehen werden.

Die Veränderung der Beziehungen

Bevor ich den Anleitungsraum im Detail beschreibe, möchte ich kurz abschweifen und Ihre immer noch vorhandenen Verbindungen zur irdischen Ebene ansprechen – und wie diese sich während Ihres Aufenthalts im Jenseits ändern.

An diesem Punkt Ihrer Heilreise haben Sie sich mit der Tatsache Ihres Übergangs angefreundet und akzeptiert, dass Sie sich auf einer großen Reise befinden. Doch je mehr Sie sich an das Jenseits gewöhnen, umso schwächer werden die Bande zu Ihren Angehörigen auf der Erde. Allmählich hören sie auf, Ihre Gegenwart in ihrem Leben zu spüren. Dennoch können Sie sie besuchen.

Als Seele sind Sie in der Lage zu hören, wenn ein geliebter Mensch an Sie denkt oder Sie um Hilfe bittet. Möglicherweise braucht ein Familienmitglied Ihre Unterstützung bei seiner

Trauer um Sie oder in einer besonders schwierigen beruflichen oder privaten Situation. Wenn Sie von jemandem auf Erden, der Sie braucht, einen »Anruf« erhalten, wollen Sie mit einer Nachricht darauf reagieren und den Betreffenden wissen lassen, dass er nicht allein ist und dass Sie in seiner Nähe sind. Vielleicht haben Sie ein spezielles Zeichen für Ihre Gegenwart – ein Lied, das zu einer bestimmten Zeit gespielt wird, ein Schmetterling, der vorbeiflattert, oder etwas anderes, das zu der Person passt.

Womöglich beschließen Sie sogar, auf die irdische Ebene zurückzukehren und einen Menschen, der Ihnen nahesteht, im Alltag zu begleiten. Vielleicht möchten Sie Ihrem Vater, Sohn oder Bruder Ihre Gegenwart kundtun. In diesem Fall wird er wissen, dass Sie da sind; er wird sich häufig umdrehen und Ihre Präsenz spüren. Wenn Sie das sehen, möchten Sie ihn in die Liebe einhüllen, die Sie auf der anderen Seite erfahren haben, und so dehnen Sie Ihre Energie bis zu seiner Aura und seinem Körper aus. Das mag sich für Sie wie eine warme Umarmung anfühlen, doch für den Menschen fühlt es sich eiskalt an, und ihm wird ein Schauer über den Rücken laufen.

Möglicherweise braucht die Person, zu der Sie Verbindung aufnehmen wollen – zum Beispiel Ihre Mutter, Tochter oder Schwester –, mehr als die Zeichen, mit der Sie schon Ihre Präsenz gezeigt haben. In diesem Fall können Sie sie in ihren Träumen aufsuchen und sich tief mit ihrer Seele verbinden. Dafür müssen Sie Ihre Schwingungsenergie senken, um die Person nahe am Schleier zu treffen, und sie muss ihre Schwingungsenergie anheben, um Ihnen zu begegnen.

Und zurück zur irdischen Ebene

Hier auf Erden heben wir unsere Schwingungen auf ganz natürliche Weise beim Einschlafen an. Während wir immer wieder aus dem Bewusstsein heraustreten und zulassen, dass unser Unbewusstes das Steuer übernimmt, werden unsere Schwingungen höher, weil sie nicht länger von unseren Alltagssorgen niedrig gehalten werden. Dann können wir unseren Körper verlassen und astral reisen. Dies gibt dem Körper die Gelegenheit, sich zu entspannen und sich von Sorgen und Alltagsstress zu erholen.

Am Anfang des Buchs habe ich erwähnt, wie ich als Kind im Bett hochschreckte, wenn mein Bewusstsein sich einschaltete, um mich davon abzuhalten, aus meinem Körper zu schlüpfen. Vielleicht haben Sie dasselbe Phänomen auch schon erlebt, wenn Ihnen die Vorstellung, astral zu reisen, aus irgendeinem Grund unangenehm ist.

Die meisten Leute erinnern sich nicht an ihre Astralreisen, doch wenn Sie aufwachen, erinnern Sie sich vielleicht noch an einen bestimmten Menschen, den Sie kennen und der in Ihrem Traum war. Wenn das passiert, sollten Sie den Betreffenden ansprechen und herausfinden, ob er einen ähnlichen Traum gehabt hat. Wenn ja, bedeutet das, dass Sie beide in Ihren Träumen Verbindung zueinander aufgenommen haben und gemeinsam im Schlaf astral gereist sind.

Wenn Sie im Schlaf reisen, während Sie durch die Silberschnur mit dem Körper verbunden sind, nähern Sie sich dem Schleier, der diese Welt von der nächsten trennt. Möglicherweise wachen Sie nach einem solchen Erlebnis auf und erinnern sich an einen verzauberten Moment, den Sie in Ihrem Traum mit einem geliebten Menschen, der verstorben ist, erlebt haben. Vielleicht haben Sie Visionen und Botschaften von ihm oder ihr erhalten. Hierbei handelt es sich um ganz reale Zeichen, dass diese Seele Kontakt zu Ihnen aufnehmen wollte. Oder die Seele nutzt dieselbe Fähigkeit, eine Vision zu kreieren, und projiziert plastische und bedeutungsvolle Erinnerungen in Ihre Träume hinein, um Ihnen ihre Präsenz zu zeigen. Sie hat bestimmte Details von gemeinsamen Erlebnissen behalten, da sie ihre irdischen Bande noch nicht ganz gelöst hat.

Doch vergessen Sie dabei nicht, dass eine Seele, die Ihnen in einer Vision oder im Traum erscheint, nicht so aussieht wie in Ihrer Erinnerung. Wenn beispielsweise mein Großvater erscheint, ist er nie kahl. Im Leben war er unglücklich darüber, seine Haare zu verlieren, und so erscheint er jetzt immer als ein viel Jüngerer mit vollem Haar! Es dauerte eine Weile, bis ich das kapiert hatte, doch die Erklärung dafür ist ganz einfach: Da Seelen keinen physischen Körper haben, können sie ihre Erscheinung so gestalten, wie sie wollen – hoffentlich eine, die Sie wiedererkennen!

Ariel erklärt, wie sich die Persönlichkeitsmerkmale im Jenseits ändern:

> *Wenn Seelen länger hier sind, fällt ihr irdisches Namensschild ab. Wenn wir ins Jenseits zurückkehren, bekommen wir alle den Namen zurück, den wir bei unseren vielen Aufenthalten hier hatten. Ich heiße hier zum Beispiel Ariel, doch mein irdischer Name lautete Margaret. Ich war eine Frau, die mit einem guten Mann verheiratet war und fünf Kinder hatte. Doch mit der Zeit, die ich hier verbrachte, habe ich meinen irdischen Namen verloren. Ich habe auch kein bestimmtes Geschlecht mehr, wie ihr Menschen es ausdrücken würdet. Meine Energien sind weiblich, und deswegen siehst du mich als Frau. Wenn ich mich dazu entschließe, wiedergeboren zu werden, kann ich als Frau oder als Mann zurückkehren, aber diese Entscheidung treffe ich erst dann, wenn es so weit ist.*

Die Suche nach Antworten aus dem Jenseits

Eine Seele braucht eine große Menge an Energie, um sich dem Schleier zu nähern und durch ihn hindurchzugehen. Erwarten Sie daher nicht dauernd einen Besuch. Tatsache ist, Sie müssen sich damit abfinden, mit der Zeit immer weniger von verstorbenen Angehörigen besucht zu werden, je schwächer ihre irdischen Bande werden.

Es wird eine Zeit auf der Heilreise der Seele Ihres Verstorbenen kommen, in der Sie seine oder ihre Gegenwart kaum mehr spüren. Das ist ganz normal, aber es bedeutet nicht, sie hätten Sie vergessen. Stattdessen wissen verstorbene Seelen, wann sie gebraucht werden und wann der richtige Zeitpunkt für einen Besuch gekommen ist. Sie erhalten diese Informationen direkt von uns, weil sie uns auf der irdischen Ebene hören können.

Es ist wichtig zu verstehen, dass Seelen im Jenseits Sie in einem anderen Licht sehen als Sie selbst. Sie verlassen sich auf Informationen aus Ihrer Aura, d.h. Ihrem energetischen Körper. Da Ihre Aura eine direkte Energiequelle ist, lügt sie nie. Ihre verstorbenen Angehörigen können also jederzeit wissen, was Sie wirklich brauchen. Seelen können Ihrer Aura entnehmen, wo Sie sich gerade im Trauerprozess befinden und ob es gut für Sie wäre, jetzt von ihnen aufgesucht zu werden oder nicht. (Sie mögen es vielleicht nicht verstehen, warum es sich nachteilig auswirken kann, von einer verstorbenen Seele besucht zu werden, aber glauben Sie mir: Als Medium weiß ich, wie schädlich ein solcher Besuch für Sie sein kann.)

Die ehrlichen Informationen in Ihrer Aura sind es auch, die anderen mit Einfühlungsvermögen Dinge über Sie verraten, von denen Sie glauben, keiner würde sie mitbekommen. Zum Glück gibt es Methoden, um diese einfühlsame Fähigkeit auszuschalten, denn das kann im Alltag erforderlich sein. Ich zum Beispiel verbringe nicht den ganzen Tag damit, mit den Toten zu reden – alles zu seiner Zeit. Da ich gelernt habe, mich auf etwas zu konzentrieren und meine Energie zu schonen, respektieren die meisten Seelen, denen ich begegne, meine Grenzen und nerven mich nicht, um ihre Botschaften herüberzubringen – es sei denn, es ist etwas Dringendes. In diesem Fall stehe ich ihnen natürlich zur Verfügung.

Dank der Informationen aus Ihrer Aura, die die Seelen im Jenseits anzapfen können, kennen sie Sie besser, als Sie sich selbst kennen. Deswegen frage ich vor jeder Sitzung: »Wollen Sie wirklich alles wissen?« Ich brauche die Erlaubnis, bevor ich alle Informationen eines Geists weitergebe.

Sie sind immer mit der Quelle verbunden. Ihre verstorbenen Angehörigen wissen das und sagen nur das, was Sie für Ihre Weiterentwicklung brauchen. Auch wenn manche Dinge, die sie Ihnen mitteilen, unangenehm sind, werden Sie nie etwas erfahren, womit Sie nicht umgehen können. Auch wird ein Geist Ihnen niemals alles verraten, was Sie im Leben erwartet – es gibt Erfahrungen, die Sie ohne Vorwissen machen müssen, um eine notwendige Lektion zu lernen.

Wenn ein Verstorbener eine Botschaft für Sie hat, wird er Sie wahrscheinlich zu der Person führen, die Ihnen diese Information übermitteln kann. Vielleicht begegnen Sie jemandem, der Sitzungen hält, oder jemand empfiehlt Ihnen ein Medium. Sie können sicher sein, nichts im Leben ist zufällig, und etwas, das nach Zufall aussieht, ist in Wahrheit kein Zufall. Das wird jedem von uns auf unserer Reise durchs Leben klar.

Wenn man mit einem Verstorbenen, der einem nahestand, Verbindung aufnimmt, kann die Verlockung groß sein, die Kommunikation auf mehrere Sitzungen auszudehnen. Doch das ist sowohl für denjenigen, der die Botschaften hören will, als auch für die angerufene Seele nicht unbedingt gesund. Häufige Besuche können Klienten (in ihrem Wachstum) behindern, weil sie so abhängig von der Führung der Seelen werden, dass sie keine eigenen Entscheidungen mehr treffen können. Wie schon erwähnt, können Seelen im Jenseits die Fortschritte ihrer Angehörigen überprüfen und nehmen daher nur so viel Verbindung zu ihnen auf wie nötig.

Das erinnert mich an meine frühere Klientin Chloe in England. Sie kam zu mir, weil sie ihren Mann verloren hatte und noch eine Rechnung mit ihm offen hatte. Er hatte sich das Leben genommen und es ihr allein überlassen, seine Firma zu leiten und seine vielen anderen Angelegenheiten zu regeln. Sie war zwar sehr wütend auf ihren Mann, aber sie konnte keine wichtigen Entscheidungen treffen, ohne sich vorher seinen Rat einzuholen.

Bei unserer ersten Sitzung bekam Chloe die Antworten, die sie brauchte, und dazu die notwendigen Ratschläge, was die Firma betraf. Als sie mich noch im selben Jahr erneut aufsuchte, hielt ich das für kein Problem. Zum Glück erschien ihr Mann wieder – doch da er nun von den Problemen, die er auf der irdischen Ebene gehabt hatte, geheilt war, war er dieses Mal wieder die Seele, in die sich Chloe verliebt hatte. Ihre Verbindung war sehr stark.

Bei unseren nächsten Sitzungen gewöhnte sich Chloe an, am Ende der Sitzung schon einen Termin für das nächste Reading zu machen. Damals hatte ich eine Warteliste von sechs Monaten, und so machte es mir nichts aus, ihr einen Termin zu geben, der nicht allzu bald nach der letzten Sitzung war. Doch als die Sitzungen immer kürzer aufeinander folgten, hegte ich langsam den Verdacht, dass der häufige Kontakt meiner Klientin zu ihrem Mann nicht unbedingt gesund war.

Wie Chloes Mann mir schließlich mitteilte, konnte er nicht mehr zu unseren Sitzungen erscheinen, da sie seinen Wachstumsprozess behinderten, indem sie ihn in unserer Dimension festhielten. Es fiel mir schwer, Chloe zu sagen, was ihr Mann mir übermittelt hatte, vor allem, da sie es absolut nicht hören wollte. Ohne dass ich es wusste, ließ sie sich nebenbei außerdem noch von anderen Medien Sitzungen geben.

Als Chloe das nächste Mal zu mir kam, zeigte sich ihr Mann nicht. Stattdessen erschien ihr Geistführer und ermahnte sie, mit den Sitzungen aufzuhören und den Dingen einfach ihren Lauf zu lassen. Wie Chloes Geistführer offenbarte, stand in ihrem Lebensvertrag, dass ihr Mann sich umbringen würde, doch dass sie darüber hinwegkommen und schließlich ihr Leben weiterleben würde.

Nach dieser Sitzung ging ich in die USA und sah Chloe nicht mehr, doch ich blieb per E-Mail in Kontakt mit ihr. Vor kurzem hörte ich von ihr, dass sie einen anderen Mann kennengelernt und ein neues Leben begonnen hat. Diese Klientin hat mir deutlich gezeigt, wie abhängig Menschen von Readings werden können, dass sie in ihrer Entwicklung gehemmt werden. Deshalb mache ich es mir nun zur Regel, meinen Klienten erst nach einem Ablauf von sechs Monaten einen Termin für die nächste Sitzung zu geben.

Auch wenn Ihre verstorbenen Angehörigen irgendwann aufhören, Ihnen regelmäßige Botschaften und Zeichen zu senden, müssen Sie wissen, dass sie immer noch mit Ihnen verbunden sind. Solange sie können, hören sie Sie und bleiben in Reichweite. Aber sie müssen im Jenseits auch weiterkommen, und wenn sie dauernd gerufen werden, schadet das ihrer Entwicklung. Haben Sie Geduld und seien Sie sicher, dass Sie auf der anderen Seite wieder mit ihnen zusammenkommen werden.

Wenn die Besuche aufhören

Wenn Ihre verstorbenen Angehörigen Sie gar nicht mehr besuchen, könnte es dafür eine einfache Erklärung geben. Seelen können anhand Ihrer irdischen Emotionen einschätzen, ob es gut ist, Verbindung zu Ihnen aufzunehmen und ihre Besuche demgemäß planen. Vielleicht stellen sie fest, dass ihre ständigen Besuche für Sie zu schwer zu verkraften sind, und da sie ihren Übergang selbst erst noch verarbeiten müssen und sich gut ins

Jenseits eingewöhnt haben, beschließen sie, lieber weiterzugehen und sich auf ihren eigenen Heilungsprozess zu konzentrieren.

Es kann auch sein, dass der Verstorbene auf die irdische Ebene für seine Wiedergeburt zurückgekehrt ist. Wenn das geschieht, wird die Seele für weniger Sprachkommunikation zur Verfügung stehen. Wie ich als Medium herausgefunden habe, wird im Jenseits ein Abdruck der Energie der Seele hinterlassen. Er gleicht DNS-Spuren auf einem Kleidungsstück oder Fingerabdrücken auf einem Glas. Ein Medium kann diesen Abdruck zwar lesen, aber nicht mit der Seele Verbindung aufnehmen und Botschaften von ihr empfangen.

Wenn die Zeichen oder Besuche Ihres verstorbenen Angehörigen wegen seiner Wiedergeburt aufgehört haben und Sie ihn in seinem neuen Körper finden wollen, dann achten Sie auf Personen mit den gleichen Augen wie die der verstorbenen Seele. Die Augen sind das Fenster zur Seele und können Ihnen Hinweise geben, wer Ihr verstorbener Angehöriger jetzt ist. Sie müssen auch Ihrem Bauchgefühl vertrauen – wenn Sie das Gefühl haben, jemand, dem Sie begegnen, ist eine zurückgekehrte Seele, dann sollten Sie auf Ihr Gefühl hören und die Möglichkeit näher untersuchen.

Außerdem gibt es auch noch Seelen, die so glücklich und zufrieden mit ihrer Reise im Jenseits sind, dass sie nicht das Bedürfnis haben, weiterhin Verbindung zu Ihnen aufzunehmen. Diese Seelen können weiterhin nach Ihnen schauen, aber sie hinterlassen keine Zeichen oder Botschaften mehr, da sie ihre irdischen Bande schon so weit gelöst haben, dass Sie nichts mehr von ihnen hören. Sie sind zwar immer noch mit Ihnen verbunden, wenn auch nicht aktiv – doch Sie werden feststellen, dass auch Ihr Leben weitergegangen ist und Sie mit den Jahren weniger an sie denken.

Der Anleitungsraum

Doch zurück zu Ihrer Reise als Seele: Wenn Sie den Anleitungsraum aufsuchen, nehmen Sie wieder Kontakt mit Ihren Geistführern auf, um herauszufinden, wie Sie die übrige Zeit im

Jenseits am besten verbringen. Dieses Stadium der Reise ist weitaus entspannender als die intensiven Heilungsphasen, die Sie gerade abgeschlossen haben. Jetzt sind Sie im Jenseits heimisch geworden und fühlen sich wohl.

Im Anleitungsraum bekommen Sie die Gelegenheit, mehr Zeit mit Seelenbeziehungen zu verbringen, von denen Sie bisher nicht viel gesehen haben, da Sie zu sehr mit Ihrer Heilung oder Ausflügen auf die irdische Ebene beschäftigt waren. In dieser Zeit vertiefen Sie Ihre Beziehung zu diesen Seelen, vor allem zu Ihrem Meisterführer. Außerdem werden Sie den Ihnen zugewiesenen Geistältesten besser kennenlernen. Wie Sie vielleicht noch wissen, sind Geistälteste weiterentwickelte Seelen, deren Rolle es ist, die ankommenden Seelen im Warteraum in Empfang zu nehmen und ihnen ihren Lebensvertrag auszuhändigen. Um Geistältester zu werden, muss eine Seele auf ihrer Reise sehr weit kommen. Doch obwohl sie hochentwickelt sind, kehren Geistälteste in unsere Dimension zurück, um anderen zu helfen, häufig als spirituelle Lehrer oder Gurus.

Jetzt ist der Zeitpunkt gekommen, über Ihr letztes Leben in seiner ganzen Bedeutung nachzudenken und sich auch die vielen früheren Leben anzusehen. Im Anleitungsraum werden Ihnen Erinnerungen an Ihre gesamte Existenz gezeigt, um die Bedeutung Ihrer bisherigen Lebenserfahrungen herauszufinden. Sie werden erfahren, inwiefern Ihre Geistführer in jedem Ihrer Leben eine Rolle gespielt haben, und auch, wie Sie Ihren Geistführern in *deren* Leben weitergeholfen haben. Viele Geheimnisse des Lebens werden hier enthüllt, aber Ihnen wird nur gesagt, was Sie wissen müssen, um Ihre weitere Reise planen zu können.

Außerdem werden Sie hier Ihre Akasha-Aufzeichnung zu sehen bekommen. Sie ist der energetische Abdruck Ihrer Seele und all dessen, was Sie in Ihren vielen Leben durchgemacht haben: das Leid, den Schmerz, die Liebe und die Trauer. Gemeinsam mit Ihrem Meisterführer werden Sie sich alles ansehen, und es wird so sein, als würden Sie einem alten Freund wieder begegnen, den Sie schon jahrelang nicht mehr gesehen haben. Sie werden die alten Erinnerungen teilen, so als würden Sie gemeinsam in einem Tagebuch oder Fotoalbum blättern.

Es muss erwähnt werden, dass die dunklen Seelen, die nicht durch das reine weiße Licht ins Jenseits eingegangen sind, ihre Rückkehr auf die Erde vorbereiten, ohne Zeit im Anleitungsraum zu verbringen. Da sie nicht im Jenseits bleiben werden, brauchen sie ihren Aufenthalt dort auch nicht weiter zu planen. Ihr Schicksal ist ein kurzer Abstecher in den Elternraum, in dem sie sich ihre nächste irdische Familie aussuchen und noch mehr Lektionen für ihre heilende Weiterentwicklung erhalten. (Alle Seelen durchlaufen vor ihrer Wiedergeburt den Elternraum, den ich später näher beschreiben werde.)

*

Als eine Seele, die den Anleitungsraum hinter sich hat, bei einer Sitzung erschien, erfuhr ich, was dort passiert.

Ich hatte über die Jahre schon mehrere Sitzungen für Joan gehalten. Nachdem ihre Mutter Patty an Krebs gestorben war, wollte meine Klientin Verbindung zu ihr aufnehmen. Patty war eine Klientin meiner Großmutter und im irdischen Leben sehr offen für die spirituelle Welt gewesen. Ich war mir sicher, dass Patty zu Joans Sitzung erscheinen würde.

Und das tat sie auch. Neben der gewöhnlichen Unterhaltung über Erinnerungen, die sie mit ins Jenseits genommen hatte, teilte Patty uns Dinge mit, die weder ihre Tochter noch ich erwartet hatten. Sie sagte, sie sei auf der anderen Seite einem wundervollen und sehr gut aussehenden Mann begegnet. Beim Kennenlernen sei ihr bewusst geworden, dass sie in einem früheren Leben eine Liebesbeziehung gehabt haben und dass er während ihrer irdischen Lebensreise im Jenseits geblieben sei.

Wie Patty ihrer Tochter erzählte, hatte sich der gut aussehende Mann als ihr Geistführer und Seelengefährte entpuppt, auch wenn sie ihren irdischen Mann – Joans Vater – sehr liebte. Interessanterweise war auch Joans Vater im Jenseits – er und ihre Mutter hatten eine tiefe Seelenbeziehung und waren glücklich, nach Pattys Tod wieder zusammen zu sein.

Die himmlische Berufsberatung

Im Anleitungsraum erfahren Sie, was Sie als Seele als Nächstes brauchen, so wie wenn Sie auf der irdischen Ebene mit einem

Berufsberater Ihre Zukunft planen würden. Vielleicht entscheiden Sie sich, auf der anderen Seite bei Ihrem Seelengefährten zu bleiben und weitere Gelegenheiten des Wachstums und der Entwicklung zu nutzen. Sie könnten selbst eine helfende Tätigkeit übernehmen und sich zum Geistführer ausbilden lassen. Dadurch würden Sie den Rang eines himmlischen Helfers bekommen und vielleicht sogar ein Geistältester werden. Oder Sie entscheiden vielleicht, wieder auf die irdische Ebene zurückzukehren. Sie haben die freie Wahl zwischen vielen verschiedenen Richtungen, die Sie einschlagen können. In dieser Phase geht es darum herauszufinden, was für Ihre Seele das Richtige ist.

Wie Josiah anmerkt:

> *Wenn du nicht schon für deine Wiedergeburt auf die irdische Ebene zurückgekehrt bist, wirst du in diesem Stadium dein Leben auf der anderen Seite erforschen. Du wirst die Gelegenheit bekommen, dir ein Ziel auszusuchen, aber du brauchst dich jetzt noch nicht zu entscheiden. Es ist ganz ähnlich wie bei der irdischen Berufswahl.*
>
> *Zu diesem Zeitpunkt werden dich einige deiner Geistführer verlassen, weil ihre Wiedergeburt naht oder weil sie weitergehen, um jemand anderem zu helfen. Deine Geistführer bitten dich womöglich, ihnen bei ihrer nächsten Aufgabe zu helfen oder ihr Geistführer zu sein. In diesem Fall bekommst du die Chance, aus der Sicht eines Geistführers zu sehen und zu erleben, wie es ist.*

Möglicherweise stellen Sie fest, dass es für Ihre eigene höhere Entwicklung besser ist, länger im Jenseits zu bleiben, Lektionen zu lernen und Aufgaben zu übernehmen, bei denen Sie anderen Seelen dienen. Sie könnten zum Beispiel ein Heiler werden, die natürlichen Energien des Universums unterstützen, die die irdische Ebene am Leben erhalten, oder ein Geistführer für einen anderen werden. Es gibt hier keine richtige oder falsche Wahl; Sie können nach der Phase im Anleitungsraum frei entscheiden, was Sie tun wollen. Ihre Geistführer werden Sie zwar beraten und führen, doch sie können keine Entscheidungen für Sie treffen. Ihre Seele wird wissen, was für Sie richtig ist, und genau das werden Sie wählen.

Eine weitere Entdeckung, die Sie im Anleitungsraum machen werden, betrifft die Lektionen, die Sie in Ihrem nächsten Leben noch lernen müssen. Wenn Sie mit Ihrer nächsten irdischen Inkarnation noch eine Weile warten, haben Sie viel Zeit zu entscheiden, was Sie als Nächstes lernen müssen. Aber die Entscheidung ist nicht leicht. Wenn die Zeit gekommen ist, sollten Sie sorgfältig darüber nachdenken.

Manche Seelen kehren schneller als andere auf die irdische Ebene zurück, weil sie sich kurzfristig dazu entschlossen haben, doch man sollte diesen Schritt nicht überstürzen. Überlegen Sie sorgfältig, wie viele und welche Lektionen Sie bisher gemeistert haben. Das wird Ihnen die Entscheidung über den nächsten Schritt der Reise erleichtern.

*

Wenn Sie beschließen, im Jenseits zu bleiben, wird Ihnen im Anleitungsraum eine »Arbeit« zugeteilt – das heißt, eine Tätigkeit, bei der Sie anderen helfen, während Sie Ihren nächsten Schritt abwägen. Vielleicht wollen Sie nicht hören, dass Sie im Jenseits arbeiten müssen, da Sie Ihr ganzes Leben lang hart gearbeitet haben und nach dem Tod so etwas wie Urlaub erwarten.

Sie können jedoch beruhigt sein: Die zugeteilte Tätigkeit wird keine Ähnlichkeit mit Ihrer Arbeit auf Erden haben. Stattdessen handelt es sich eher um eine spirituelle Arbeit, bei der Sie anderen auf ihrer Reise helfen. Sie könnten zum Beispiel angewiesen werden, ein Mitglied Ihrer eigenen Familie so freundlich willkommen zu heißen, wie Sie empfangen wurden. Oder Sie könnten die Aufgabe erhalten, verlorene Seelen, die ins Licht hinübergehen müssen, zu retten. Vielleicht werden Sie auch angewiesen, Kinder oder Tiere zu unterstützen, die vor dem Übergang stehen und Extrahilfe brauchen. Die Liste der Möglichkeiten ist endlos.

Sie werden viele Chancen erhalten, die sich auch ändern können, je nachdem, wie Sie Ihre Zeit im Jenseits verbringen. Doch Ihre Aufgabe werden Sie sich nicht selbst aussuchen können. Ein Geistältester wird für den größeren Gesamtplan für Ihre Seele verantwortlich sein und diese Entscheidung für Sie treffen. Auch wenn Sie aufgrund Ihres freien Willens vieles selbst entscheiden dürfen, müssen Sie im Jenseits trotzdem gewisse Lektionen lernen, die der Geistälteste kennen wird.

Hierzu erläutert Ariel:

> *Du musst dich aufs Lernen konzentrieren, und du wirst auch nie aufhören zu lernen. Ich habe schon so viele Seelen erlebt, die dachten, das hier würde ein Kinderspiel werden, doch dann merkten sie, dass das Lernen das Schwerste ist. Und außerdem müssen wir ihnen noch eröffnen, dass sie eine Aufgabe ausführen werden! Manche schockt das, während andere es akzeptieren, aber es ist für alle schwer. Du hast schon dein ganzes Leben lang gearbeitet, und wenn du jetzt nach Hause an einen Ort der Ruhe und des Friedens kommst – musst du schon wieder arbeiten.*
>
> *Die Arbeit, die dir hier zugeteilt wird, ist jedoch ganz anders als dein Job auf der irdischen Ebene. Hier hängt deine Aufgabe von den Lektionen ab, die du im Leben gelernt hast. Je weiter du in deiner seelischen Entwicklung gekommen bist, umso wichtiger wird die Aufgabe sein, die dir zugeteilt wird. Natürlich sind alle Aufgaben wichtig, aber die Rolle, die dir zugewiesen wird, hängt davon ab, wie weit sich deine Seele schon entwickelt hat.*
>
> *Nimm sie an und lass sie geschehen. Deine Arbeit wird dich auf dein nächstes Lebensziel vorbereiten. Das könnte bedeuten, anderen beim Übergang zu helfen, als Geistführer zu arbeiten oder zurück auf die irdische Ebene zu gehen. Welche Aufgabe dir auch immer zugeteilt werden mag – mache sie gut. Dann wirst du durch die himmlischen Ebenen aufsteigen und eines Tages das ewige Sein erreichen.*
>
> *Natürlich besteht dein Leben im Jenseits nicht nur aus Arbeit. Du wirst auch Spaß haben und dich amüsieren. Hier gibt es keine Feindseligkeit, nicht so wie bei euch. Stattdessen ist das Jenseits ein Ort des Lernens und der Führung, an dem du Hilfe und Bildung erfährst. Wenn du auf die irdische Ebene zurückgehen möchtest, um nach deinen*

Angehörigen zu sehen, kannst du das tun. Du hast die freie Wahl – aber pass auf, damit du dabei nicht zu viel Energie verbrauchst, denn vielleicht solltest du dir deine Energie für die Aufgaben aufheben, die vor dir liegen.

Auf Entdeckungsreise im Jenseits

Wenn Sie sich entscheiden, im Jenseits zu bleiben, werden Sie die Zeit haben, zu lernen, zu wachsen und den Reichtum an Wissen, der Ihnen zur Verfügung steht, zu verstehen. Dazu gehört auch der Austausch mit Ihrem Geistältesten und Ihrem Meisterführer, falls sie zu diesem Zeitpunkt noch bei Ihnen sind. Sie werden zwar weiterhin einchecken und sich vergewissern müssen, dass Sie Ihre Ziele erreichen, doch Sie werden auch viele Gelegenheiten bekommen, sich frei zu bewegen und die Wunder des Jenseits zu entdecken.

Josiah erklärt hierzu:

Nach deiner Zeit im Anleitungsraum kannst du dich im Jenseits frei bewegen. Du bist immer noch mit deinen Seelenbeziehungen zusammen. Ihre Aufgabe ist es, dafür zu sorgen, dass du dich nicht verlierst. Denn dieser Ort kann sehr unterhaltsam sein, und manche Seelen wandern ab und kommen nicht zurück, um ihre Aufgaben zu erledigen. Wenn das geschieht, hören sie auf zu wachsen und zeigen dadurch, dass sie auf die irdische Ebene zurückgehen müssen und ihre notwendigen Lektionen lernen müssen. Auf der Erde werden sie dann dieselben Muster ihres letzten Lebens erneut durchmachen, um ihre Lektionen noch einmal zu lernen.

Als Seele, die im Jenseits auf Entdeckungsreise geht, müssen Sie sich regelmäßig bei Ihrem Geistältesten und Ihrem Meisterführer melden. In Ihrer Welt würde das wöchentlich der Fall sein, doch in unserer Zeit geschieht das alle halbe Stunde. Aber sei unbesorgt: Du wirst genügend Zeit haben, um die vielen sagenhaften Orte und Dinge zu entdecken, die hier zu finden sind.

Für die Entdeckungsreise durchs Jenseits gibt es keinen festen Zeitrahmen, da jede Seele anders ist. Sie können so lange bleiben, wie Ihr Vertrag es vorsieht. Auf dieser nächsten Etappe der Reise gibt es sehr viel zu entdecken und zu erschaffen, und Sie können das meiste frei wählen. Denn die anderen Seelen wollen, dass Sie glücklich sind, und Sie werden von Frieden, Liebe und Ruhe umgeben sein.

Dies ist auch der richtige Zeitpunkt, um sich auf Ihre vielen Beziehungen innerhalb Ihrer spirituellen Familie zu konzentrieren. Sie können nun eine noch tiefere Verbindung zu Ihrem Seelengefährten aufbauen, mit ihm vereint sein und die Liebe, die Sie füreinander empfinden, auskosten. Auch ist jetzt die richtige Zeit, um mit Ihren Seelenbeziehungen zusammen zu sein und zu verstehen, warum Sie alle in derselben Gruppe sind. Gemeinsam können Sie auf ein höheres Ziel hinarbeiten, zum Beispiel bei der Erschaffung einer friedlichen Welt mitwirken. Außerdem können Sie Ihre Angehörigen auf der irdischen Ebene aufsuchen, aber wie Sie feststellen, werden solche Besuche nur selten sein. Sie leben jetzt auf der anderen Seite und lernen ihre vielen Dimensionen kennen. Und das werden Sie so lange tun, bis es wieder Zeit für Ihre Wiedergeburt auf der Erde wird.

*

Bevor Sie den Anleitungsraum verlassen, legen Sie die Aufgaben und Lektionen im Jenseits fest, an denen Sie arbeiten müssen. Außerdem müssen Sie die Ihnen zugewiesene Arbeit tun, die aus dem Empfang einer hinübergegangenen Seele, ihrer Unterstützung und Führung auf ihrer Reise im Jenseits bestehen könnte. Die zugeteilten Aufgaben sind befriedigend und werden Sie Ihre Zeit im Jenseits optimal nutzen lassen, denn je mehr Sie Ihre eigene Seele weiterentwickeln, hegen und lieben, desto erleuchteter werden Sie.
Vielleicht bittet Sie Ihr Geistführer oder Geistältester, ihm bei einer Situation zu helfen, mit der Sie aus Ihren Lebenserfahrungen auf der irdischen Ebene schon vertraut sind. Möglicherweise befasst er sich mit einem Problem, bei dem es darum geht, wie jemand sein Leben führt, und braucht Ihr Wissen über diese Dimension, um Einfluss auf das Leben seines Schützlings nehmen zu können. Vielleicht werden Sie auch angewiesen, dem Betroffenen zu helfen, da Sie dasselbe Problem in Ihrem irdischen Leben durchgemacht haben. Es könnte sich auf kom-

plexe Dinge wie beispielsweise Geldgier und materielle Werte beziehen, und falls der Geistführer und der Geistälteste schon länger nicht mehr auf der irdischen Ebene waren, verstehen sie es womöglich nicht und werden Ihre Hilfe brauchen.

Manchmal sind solche Aufgaben nur kurz, aber zur eigenen Weiterentwicklung sollten Sie sie trotzdem übernehmen – und schätzen und verstehen. Josiah erklärt, wie wichtig die Vollendung einer Aufgabe für eine Seele ist:

Möglicherweise wird dir aufgetragen, jemanden zu führen oder zu betreuen, dessen Verhalten deinem eigenen Verhalten in deinem letzten Leben gleicht, damit du an ihm erkennst, welche Auswirkungen du auf andere hattest. Gleichzeitig hilfst du dem Menschen und seinen Geistführern. In diesem Prozess wirst du sehen, wie frustrierend es sein kann, wenn Menschen nicht auf ihre innere Stimme hören – die Stimme, die wir ihm als seine Geistführer senden.

Du kannst neues Licht in die Situation bringen, indem du uns zeigst, warum der Mensch nicht auf uns hört. Deine Erfahrungen auf der irdischen Ebene sind noch frischer als unsere, und deswegen kannst du uns helfen, die Situation besser zu verstehen.

Welche Aufgabe dir auch übertragen wird – sie dient dem höheren Wohl des Universums und dir, und die Aufgaben ändern sich regelmäßig. Auf diese Weise wirst du bei deiner Wiedergeburt einen reichen Wissensschatz mitnehmen, der es dir ermöglichen wird, ein spirituell erfüllenderes Leben zu führen. Außerdem wirst du anderen auf Erden besser helfen können, wenn du schon viele Aufgaben durchgeführt hast.

Josiahs persönlicher Nachtrag an mich:

Das hast du nach deinem letzten Leben, in dem du Selbstmord verübt hast, auch getan. Du hast dir geschworen, so viele Aufgaben und Arbeiten wie nur möglich zu übernehmen, um anderen zu helfen, die ebenso litten wie du, um dich als Seele weiterzuentwickeln.

Trotz der vielen Aufgaben, die Ihnen im Jenseits aufgetragen werden, werden Sie viel Zeit haben, sich zu entspannen und zu genießen, was die andere Seite zu bieten hat. Einen schöneren Ort kann man sich nicht vorstellen. Es gibt atemberaubende Naturspektakel zu entdecken – Seen, Flüsse und Gebirge, die sich nicht mit Worten beschreiben lassen. Doch auch wenn alles unglaublich lebendig wirkt, ist es doch ein Ort des Friedens, der Liebe und Harmonie.

Josiah versucht, uns eine Vision davon zu vermitteln:

> *Ach, es ist so wunderschön hier. Natürlich wird alles durch Gedanken erschaffen, die unseren Wünschen entsprechen, wie es aussehen soll. Aber es ist hier überall idyllisch und friedlich und voller Liebe.*

Materialismus und Jenseits

Trotz der Schönheiten des Jenseits haben manche Seelen immer noch Probleme mit anderen. Zum Glück sind diese Streitereien nie so schlimm wie die im irdischen Leben. Hier ist es eher so, dass zwei Individuen anderer Meinung sind und freundschaftlich übereinstimmen, dass sie nicht übereinstimmen. Sie lachen sogar darüber. Ernster wird es nicht! Und natürlich erhalten die Seelen Aufgaben, die ihnen helfen, ihre Probleme zu lösen.

In manchen Fällen haben die Probleme mit materiellen Werten und Gier zu tun; sie reflektieren die Welt, in der wir leben und die noch so viel Heilung benötigt.

Josiah erläutert es:

> *Im Jenseits kannst du alles erschaffen, was du willst. Doch selbst wenn deine Motivation im irdischen Leben Geld war und du den gewünschten Wohlstand erreicht hast, wirst du hier erkennen, dass er nur ein Fantasiegebilde war, das dir nach gewisser Zeit weggenommen wurde. Das zeigt uns, dass es im Leben um mehr als nur materiellen Besitz geht und dass wir nichts als selbstverständlich ansehen sollten.*
>
> *Wie wir feststellen, sind die Seelen, die selbst im Jenseits noch nach Wohlstand streben, diejenigen, die ihre Lektionen nicht gelernt haben und nicht wachsen wollen. Sie ha-*

ben ihre Aufgaben nicht erledigt, denn ihr Komfort und die Illusion materiellen Wohlstands sind ihnen wichtiger. Da sie ihre Lektionen hier nicht gelernt haben, werden sie mit derselben Einstellung wiedergeboren werden und müssen diese Lektionen noch einmal lernen.

Es ist zwar sehr verlockend, eine Existenz des Wohlstands im Jenseits zu erschaffen, doch wenn du im Schauraum auf dein Leben zurückgeblickt und es dich schockiert hat, wie es sich auf andere ausgewirkt hat, wirst du der Verlockung eher widerstehen.

Als ich Josiahs Mitteilungen las, schockte es mich, dass wir in einer so materialistischen Welt leben und dass Menschen so viel mehr Liebe und Verständnis brauchen. Das erklärt vielleicht, warum überall auf der Erde Menschen offener für das Geistige und die Spiritualität werden. Auch glaube ich, dass wir eine neue Generation von Kindern mit übersinnlichen Gaben heranziehen, die unsere Zukunft sind. Diese Jungen und Mädchen sind hochentwickelte Seelen, die länger als andere im Jenseits geblieben sind, und deswegen sind sie bereit, die Welt mit der Heilenergie zu umarmen, die wir alle brauchen.

Es macht Mut zu wissen, dass es im Jenseits keine materiellen Werte gibt. Als ich in England lebte und 25 Sitzungen in der Woche hielt, waren meine Klienten überrascht, weil ihre verstorbenen Angehörigen nicht viel über Finanzen zu sagen hatten. Ich gebe immer genau das, was ich empfange, an meine Klienten weiter, und ich bin nur selten einem Geist begegnet, der über Geldprobleme reden wollte – es sei denn, die Situation war äußerst prekär. Seelen befassen sich nicht mit materiellen Dingen, und deswegen fällt es ihnen schwer, über dieses Thema zu sprechen.

Wenn ich meine Klienten am Ende einer Sitzung frage, ob sie noch Fragen haben, wollen sie trotzdem meistens wissen, ob sie in Zukunft finanziell abgesichert sein werden und/oder wie lange es noch dauert, bis sie »dem oder der Richtigen« begegnen. Geister neigen nicht dazu, mir diese Art von Informationen zu channeln, da sie kein Zeitgefühl haben und sich keine Gedanken über die Zukunft machen.

Auch urteilen Seelen nicht. Wie Josiah sagt:

Seelen urteilen nie. Ein Mitglied deiner Seelenfamilie wird das, was du gerade in deinem Leben tust, niemals verurteilen. Wenn du dich zum Beispiel für eine gleichgeschlechtliche Beziehung entscheidest und deine irdischen Verwandten das ablehnen, werden sie dich nach ihrem Übergang für deine irdische Entscheidung nicht mehr verurteilen. Im Leben und im Tod, wie ihr es nennt, geht es um Entscheidungen – und das müsst ihr respektieren.

Während du das Jenseits erkundest, wirst du immer wieder den Anleitungsraum aufsuchen, um dich mit deinem Meisterführer und Geistältesten auszutauschen. Sie werden entscheiden, welche neuen Aufgaben du brauchst, oder dir andere nützliche Aktivitäten vorschlagen. Aber letztendlich entscheidest du selbst, was du zu diesem Zeitpunkt machen willst. Du kannst dir deine Fortschritte ansehen und entscheiden, ob du dein Leben ändern willst oder nicht, aber keiner kann dich dazu zwingen. Du kannst deinen Weg im Jenseits weitergehen oder entscheiden, ob und wann du in ein neues Leben auf der Erde zurückkehren willst. Du kannst jederzeit zurückgehen und selbst entscheiden, was du tun willst.

An diesem Punkt Ihrer Heilreise haben Sie als Seele entschieden, wie Ihr nächster Schritt aussehen wird: entweder im Jenseits zu bleiben oder auf die Erde zurückzukehren und ein neues Leben anzufangen. Vielleicht glauben Sie, dass Sie nicht auf die irdische Ebene zurückkehren wollen werden, aber es wird Ihnen nichts anderes übrig bleiben – es sei denn, Sie haben Ihren Lebensvertrag erfüllt und die höheren Sphären informieren Sie, dass Sie bleiben können.

Im nächsten Kapitel beschreibe ich im Detail, wie der Weg für diejenigen aussieht, die im Jenseits bleiben.

Kapitel 14

Der höhere Dienst und die Begegnung mit Gott

An diesem Punkt auf Ihrer Reise haben Sie als Seele womöglich das Jenseits erkundet und entschieden, dass Ihre Lektionen hier vollendet sind. Daher haben Sie beschlossen, auf die irdische Ebene zurückzukehren. Ihnen sollte jedoch klar sein, dass Sie im nächsten Leben dieselben Lektionen wahrscheinlich auf einer tiefer schürfenden Ebene wiederholen werden. Außerdem werden Ihnen neue Lektionen auferlegt, da Ihre Weiterentwicklung als Seele in irdischer Gestalt erfolgt und immer ein höheres Level anstrebt.

Doch dieses Kapitel dreht sich darum, was geschieht, wenn Sie beschlossen haben, im Jenseits zu bleiben, und für Ihre Weiterentwicklung den Weg des höheren Dienstes einschlagen.

Ein Geistführer werden

Einer der ersten Schritte auf dem Weg des höheren Dienstes ist, ein Geistführer zu werden, der Seelen auf der irdischen Ebene hilft. Die Ebene, auf der Sie diesen Dienst antreten, hängt natürlich von Ihrer Erfahrung ab und davon, ob Sie schon einmal Geistführer waren. Sie werden viele Gespräche über das, was vor Ihnen liegt, mit Ihrem Meisterführer führen. Vielleicht werden Sie sein Geistführer, falls seine Seele wiedergeboren wird. Oder Sie entscheiden sich, eine Ihrer eigenen Seelenbeziehungen zu lenken, wie zum Beispiel Ihren Seelengefährten oder ein Mitglied Ihrer Seelenfamilie.

Wen Sie führen werden, entscheiden Sie jedoch nicht. Die Seele, die auf die Erde zurückkehrt, trifft diese Entscheidung selbst, nachdem sie sich gut überlegt hat, wer am besten geeignet ist, sie beim Lernen der notwendigen Lektionen zu unterstützen. Es ist eine große Ehre, von einer Seele als Geistführer auserkoren zu werden, da es eine Bestätigung Ihrer Weiterentwicklung ist und dass Ihnen die Führung eines anderen durch die Lektionen des Lebens anvertraut werden kann.

In manchen Fällen sieht der Lebensvertrag vor, wer im jeweiligen Leben führt und wer geführt wird. Ich habe zum Beispiel einen Vertrag mit meinem Meisterführer Ben für die jetzige Lebenszeit abgeschlossen. Wir haben aber schon früher die Rollen getauscht – in seinem letzten Leben habe ich ihn geführt, und jetzt führt er mich.

Wenn ein Lebensvertrag nichts Bestimmtes vorsieht, fragen Seelen, die auf die irdische Ebene zurückkehren, ihren Geistältesten um Rat, wer sie im Leben führen sollte. Die Geistältesten bereiten die ausgewählten Geistführer darauf vor und sorgen dafür, dass die wiedergeborenen Seelen richtig durchs Leben gelenkt werden und nicht von ihrem Weg abweichen.

Wie wir wissen, ist ein Geistältester eine hochentwickelte Seele, deren Aufgabe es ist, Sie zu erleuchten und auf Ihrer Reise zu unterstützen. Ihr Geistältester bleibt für alle Ewigkeit Ihr Geistältester, selbst wenn er beschließt, wiedergeboren zu werden. Sie werden immer miteinander verbunden bleiben und dieses Band nie lösen. Doch sobald eine Seele genügend gewachsen ist, um Geistältester zu werden, ist sie gewöhnlich damit zufrieden, zu bleiben und anderen zu helfen. Nur selten sieht ein Geistältester einen Grund, auf die Erde zurückzukehren, es sei denn, eine höhere Quelle bittet ihn darum.

Es ist wichtig zu wissen, dass alle Geistältesten schon auf der irdischen Ebene gelebt haben. Daher sind ihnen die Lektionen, die Menschen lernen müssen, und auch die Prüfungen und Herausforderungen unserer Dimension wohlbekannt. Sie haben schon viele Leben hinter sich, von denen manche hart waren. Sie haben schon alles erlebt, was man sich nur vorstellen kann – Armut, Reichtum, Missbrauch, Geldgier, Liebe, Krankheit und viele andere negative Lebenssituationen. Sie haben all diese Herausforderungen durchlebt, um ehrlich zu wissen, wie sie Seelen bei der Vorbereitung auf das menschliche Leben helfen können.

Die Leute fragen oft, warum sie ein so schweres Leben haben. Doch sie denken nur selten darüber nach, dass ihre Probleme einen tieferen Sinn haben könnten. Ich bekenne mich schuldig, mich das auch schon oft gefragt zu haben, bis ich schließlich zu der Überzeugung gelangte, dass das menschliche Leben nur deswegen so schwer ist, um uns alle auf einen höheren Zweck vorzubereiten. (Die Tatsache, dass sogar Geistälteste harte Zeiten erlebt haben, bestätigt meine Vermutung.) In jeder Herausforderung stecken immer Lektionen, die wir meistern müssen. Es bleibt uns überlassen, ob wir diese Lektionen willig annehmen – selbst wenn wir sie in diesem Augenblick vielleicht nicht verstehen. Sie können sicher sein: Was immer das Leben Ihnen auch servieren mag – es soll Sie etwas lehren.

Im Jenseits blicken die Seelen zurück. Sie betrachten ihr letztes Leben und prüfen, was sie manchhmal durch große Herausforderungen und schlimme Schicksalsschläge gelernt haben. Außerdem freuen sie sich auf ihre nächste Reinkarnation und planen sie im Detail. Sie wählen die Ereignisse und Lektionen in ihrem nächsten Leben, die sie zur Erfüllung ihres Lebensvertrags brauchen. Wenn wir auf der irdischen Ebene wiedergeboren werden, vergessen wir, dass wir ständig lernen und wachsen wollten, statt ein bequemes oder seichtes Leben zu führen.

Übungszeit

Wenn Sie beschließen, Geistführer zu werden, werden Ihre regelmäßigen Treffen mit Ihrem Geistältesten ganz wichtig. Sie werden (in irdischer Hinsicht) viele Stunden mit dieser weiterentwickelten Seele verbringen, die Ihnen bei der Entwicklung und Vorbereitung auf Ihre Rolle helfen wird. Ihre Rolle kann die eines Assistenten in einem Team aus Geistführern oder auch die eines Meisterführers sein, der das ganze Team leitet. Sie werden an viele Orte mitgenommen und Ihnen werden die Wunder der Existenz und des Universums gezeigt. Dazu gehören auch mehrere Ausflüge auf die irdische Ebene, um unterschiedliche Lektionen der Seele, die Sie führen werden, zu evaluieren. Im Jenseits werden Sie in die Akasha-Halle geführt, wo die Akasha-Chroniken aufbewahrt werden. Dort erhalten Sie

Zugang zu vielen Geheimnissen des Lebens, um einer anderen Seele bei ihrer Inkarnation zu helfen.

Irgendwann werden Sie einer Seele zugeteilt, die auf die Erde zurückkehrt. Von da an besteht Ihr Training darin, in der Nähe der Seele zu bleiben, um gegenseitiges Vertrauen, Liebe und Unterstützung aufbauen zu können. Zwischen Ihnen besteht zwar schon eine Beziehung, da Sie beide zur selben Seelenfamilie gehören, doch jetzt müssen Sie ständig zusammen sein, um sich auf die Lektionen in ihrem irdischen Leben vorzubereiten.

In dieser Zeit werden Sie auch die Vorteile erkennen, die Ihnen die Vorbereitung auf diese Rolle bringt. So hatten Sie beispielsweise in Ihrem letzten Leben vielleicht die Gabe, andere von ihren Krankheiten zu heilen (und ihnen zu helfen), während Sie an Ihren Fähigkeiten arbeiteten. Als Geistführer einer anderen Seele helfen Sie nun der Seele, ihre Heilgabe zu entwickeln, und verfeinern dabei Ihre eigenen Fähigkeiten noch mehr.

Die Ausbildung zu einem Meisterführer ist ziemlich anspruchsvoll und es ist daher unbedingt notwendig, dass Sie sich dieser Aufgabe voll und ganz verpflichten. Wie Ben mir gesagt hat, müssen Sie erst ein paar Mal als assistierender Geistführer arbeiten, bevor Sie Meisterführer werden können. Außerdem brauchen Sie ein bisschen Erfahrung darin, wie man Seelen auf ihrer Reise im Jenseits unterstützt. Und Sie müssen schon einiges in Ihrem eigenen irdischen Leben erreicht haben.

Bei der Vorbereitung zum Meisterführer werden Sie gelegentlich gebeten, einem Team aus Geistführern zur Hand zu gehen, das jemanden bei einem besonders schwierigen Lebensproblem unterstützt. Doch wenn Sie selbst Geistführer geworden sind, müssen Sie Ihr eigenes Team zusammenstellen, wie in einem irdischen Beruf, in dem Sie eine Führungsposition erreicht haben.

Wenn Sie schon gewisse Lektionen gemeistert haben und bei der Führung einer Seele durchs Leben geholfen haben, können Sie unter den Anleitungen und der Hilfe Ihres Geistältesten Meisterführer werden. Darauf könnte Sie schon dieses Leben vorbereiten.

Ein Meisterführer zu sein bedeutet, sich der Seele, die kurz vor ihrer Wiedergeburt steht, stark zu verpflichten. Diese Aufgabe sollten Sie nur übernehmen, wenn Sie nicht selbst vorhaben, während der Lebenszeit des Betreffenden auf die Erde zurückzugehen. Sie werden der irdischen Ebene nahe bleiben müssen, um Ihren Schützling zu unterstützen, und müssen bereit sein, die Freuden und Abenteuer des Jenseits sowie auch Ihre Seelenbeziehungen eine Weile zurückzustellen. Die meiste Zeit über werden Sie damit verbringen, mit der Ihnen zugewiesenen Seele zusammenzuarbeiten. Doch Sie werden auch an mehreren Unterrichtsfächern teilnehmen, um noch mehr zu lernen, und mit Ihrem Geistältesten in Verbindung bleiben. Mittlerweile haben Sie eine enge Beziehung zu Ihrem Geistältesten aufgebaut; Sie sind oft ohne direkte Kommunikation miteinander verbunden und spüren, was der andere fühlt und denkt.

Außerdem werden Sie ein Team aus Geistführern leiten, das sich aus Seelen zusammensetzt, die Sie kennen und denen Sie zutrauen, Ihnen und Ihrem Schützling bei den vielen harten Lektionen zu helfen, die bevorstehen. Ihr Team muss mit einer Vielfalt von menschlichen Erfahrungen umgehen können – wie zum Beispiel Leid, Trauer, Spaß, Lachen, Mutter oder Vater werden und vielen anderen wichtigen Lebenssituationen. Doch Sie werden entscheiden, was nicht nur für Ihren Schützling, sondern auch für Sie und die anderen Geistführer in Ihrem Team jeweils das Richtige ist. Die Teammitglieder können zwar kurzfristig Ihre Rolle übernehmen, doch Sie müssen immer erreichbar sein. Sie haben die Verantwortung für die Leitung Ihres Teams übernommen und nehmen sie sehr ernst.

Die Seele, die Sie führen, steht für Sie immer an erster Stelle. Aus diesem Grund neigen Seelen dazu, die Rolle des Meisterführers ihrer Seelengefährten zu übernehmen, da sie nur das Beste für den Seelengefährten wollen. Aber Sie brauchen sich keine Sorgen zu machen, wenn Sie nicht der Seelengefährte Ihres Schützlings sind. Seine Interessen werden Ihnen immer am Herzen liegen, da es Ihre Aufgabe ist, so gut wie nur irgend möglich für ihn zu sorgen.

Mein Meisterführer

Jetzt möchte ich Ihnen mehr über meinen eigenen Meisterführer Ben erzählen.

Wie schon erwähnt, stellte meine Großmutter ihn mir vor, als ich sie besuchte. Nach einer gewissen Zeit merkte ich, wenn er in meiner Nähe war und wenn nicht – heute erkenne ich seine Präsenz am Ton der Worte, die er mir übermittelt. Sie klingen immer ein bisschen tiefer als meine eigene Stimme.

Ben begleitet mich schon mein ganzes Leben lang, aber das weiß ich erst seit neun Jahren. Vor ungefähr sieben Jahren verschwand er plötzlich aus meinem Leben. Das dachte ich jedenfalls. Stattdessen hatte er sich nur zurückgehalten, damit ein anderer Geistführer mit mir zusammenarbeiten konnte. Als der neue Geistführer während einer Sitzung erschien, war ich noch nicht auf seine Schwingungsebene eingestellt und konnte nicht erkennen, wer da war – wenn überhaupt jemand da war! Ich dachte ernsthaft, Ben hätte mich verlassen.

Ungefähr ein halbes Jahr lang fühlte ich Ben gar nicht mehr. Doch eines Tages tauchte er plötzlich wieder auf, als ich gerade auf der Damentoilette eines lauten Londoner Nachtclubs war. Natürlich freute ich mich riesig, aber musste er unbedingt vor mir stehen, während ich auf dem Klo saß? Er hätte sich doch wirklich einen passenderen Ort aussuchen können, um sich mir zu zeigen! Aber das ist typisch für Ben. Offensichtlich sind wir einander so vertraut, dass er in meinen intimsten Momenten auftauchen kann.

Ich überwand meine Verlegenheit rasch und war sehr erleichtert, meinen Meisterführer wiederzuhaben. Ein paar Tage später beim Meditieren fragte ich ihn, warum er mich überhaupt verlassen habe. Wie er mir sagte, habe er das gar nicht – er habe sich nur zurückgezogen und die Führung seinem Team überlassen, um etwas über die nächste Phase zu lernen, in die ich eintreten werde. Auch erklärte er mir, er habe einem anderen Geistführer erlaubt, mit mir zusammenzuarbeiten, damit ich mich an die Energie einer anderen Seele gewöhnen könne. Das war Lucinda, die mir in Bens Abwesenheit geholfen hatte. Heute habe ich zwar eine gute Beziehung zu ihr, aber ich bin immer noch besser auf Bens Energie eingestellt als auf ihre.

Auch wenn ich Ben und Lucinda als »er« und »sie« bezeichne, haben Seelen kein Geschlecht (wie ich schon erwähnt habe). Doch für uns Menschen wirkt es natürlicher, ein Geschlecht zu verwenden, wenn wir von unseren Geistführern reden, weil wir daran gewöhnt sind. Geistführer respektieren das und verwenden bei ihrem Erscheinen geschlechtsspezifische Namen, weil diese uns vertrauter sind. In ihrem Wesen sind sie jedoch weder Mann noch Frau. Und dennoch erscheint Ben mir als Mann. Lucinda hingegen wirkt wie eine Frau, weil ihre Energie – das Gefühl, das ich bekomme, wenn ich mich auf sie einstelle – weiblicher ist.

Immer wenn ich mit Seelen arbeite, die Verbindung zu ihren Hinterbliebenen auf der irdischen Ebene aufnehmen, kann ich mich leichter auf männliche Energie einstellen. Das heißt nicht, dass ich nicht auch feminine Energie empfangen könnte, aber interessant finde ich es doch.

Das allmächtige Königreich

Bei Ihrer Ausbildung zum Geistführer werden Sie von Ihrem Geistältesten an Orte im Jenseits geführt, von denen Sie nicht einmal hätten träumen können, vor allem da sie so »weitab vom Schuss« sind, dass sie den meisten verschlossen bleiben. Einer dieser Orte ist das allmächtige Königreich, ein ferner Ort, an dem der höchste Orden himmlischer Wesen lebt und den nur wenige Seelen besuchen dürfen.

Im allmächtigen Königreich stellt Ihr Geistältester Sie der Quelle – oder dem Höchsten Meister – vor. Viele irdische Religionen nennen den Höchsten Meister »Gott«, daher werde ich der Einfachheit halber auch diesen Begriff verwenden, wenn ich mich auf diese Ebene des himmlischen Wesens beziehe.

Über die Jahre haben mir schon mehrere Seelen während der Sitzungen von einem solchen Ort erzählt. Sie alle berichteten, eine Stätte in der Ferne gesehen zu haben, die vor Liebe und Wärme leuchtete und strahlte. Tatsächlich hat jede dieser Seelen den Ort genauso beschrieben wie der Geistälteste Josiah:

Es gibt im Jenseits einen Ort, zu dem nur Geistälteste Zutritt haben, und auch nur durch besondere Einladung. Er nennt sich das allmächtige Königreich. Dort lebt der Höchste Meister, den manche auch Gott nennen.

Das Königreich ist immer aus der Ferne zu sehen. Es ist von Regenbögen umgeben und durch eine goldene Brücke mit großer Spannbreite verbunden. Dort leben die himmlischen Wesen – die Engel und all jene, die den Allmächtigen begleiten, den ihr Gott nennt. Aber die Seelen können nicht einfach an diesen Ort gehen und an die Tür klopfen. Viele versuchen es zwar, aber sie erreichen ihn nie. Stell dir vor, du würdest immer weiter und weiter gehen, ohne je ans Ziel zu kommen. Egal wie weit du gehst, dein Ziel bleibt immer in derselben Entfernung ... es ist wie in einer Tretmühle!

Das Königreich ist ein Ort des himmlischen Friedens und der Harmonie, und eine Begegnung mit Gott ist eine erleuchtende und wundervolle Erfahrung. Es gibt im Königreich zwar eine Hierarchie, aber sie wird nicht vom Ego gelenkt. Gott selbst ist eine höhere Macht, die über alle höheren Sinne regiert – wie die Natur, Schönheit, die Planeten, Heilung, Trost, die Menschen und ihre Entwicklung. Zwar lenkt Gott alles, aber er kann nicht alles überwachen, und deswegen schickt er seine Helfer hinaus, um die vielen Domänen der Existenz im Auge zu behalten. Er gibt viele Aufgaben an die Geistältesten ab, die sie an die Geistführer delegieren, welche sie wiederum auf die Menschen übertragen.

Wie du siehst, versuchen wir alle, dem göttlichen Sinn zu entsprechen! Es geht um Teamarbeit und um Zusammenarbeit. Es geht nicht um Religionen, Kämpfe, Konflikte, um Seelen auseinanderzubringen ... und Er will, dass alle in Harmonie miteinander leben.

Wie du dir wohl vorstellen kannst, hat Gott zurzeit eine schwierige Aufgabe. Doch die Dinge werden sich zum Besseren wenden und dann wird so etwas wie Frieden auf der Welt einkehren. Das kann zwar noch einige Jahrhunderte dauern, aber irgendwann wird es so sein.

Ben hat mir auch über die Begegnung mit Gott berichtet: *Stell dir eine Begegnung vor, die so mächtig ist, dass sie deine Seele auf einer noch tieferen Ebene als alles, was du im Jenseits schon erlebt hast, beeindruckt.*

Ich habe von Geistern schon gehört, dass viele Seelen auf der anderen Seite versuchen, Gott zu begegnen, aber nur wenige es schaffen. Einmal erschien eine Seele, die in ihrem letzten Leben Priester gewesen war. Es überraschte seine Schwester, als der Verstorbene ihr sagte, er sei Gott im Jenseits nicht begegnet. Er sagte, er habe das allmächtige Königreich zwar in der Ferne sehen können und versucht hinzukommen, ohne es jedoch zu erreichen. Ihm sei gesagt worden, er sei als Seele noch nicht hochentwickelt genug, um eine Einladung zu erhalten, doch er solle später zurückkommen, wenn er sich weiterentwickelt habe. Er sagte seiner Schwester, er wisse trotz dieser Abfuhr, dass es Gott gebe und dass Gott ihn liebe, doch er müsse auf die Einladung warten, um Gott zu begegnen. An dieser Stelle fing die Seele an zu lachen und sagte, sie warte immer noch auf die Einladung!

*

Viele von uns auf Erden spüren die Anwesenheit von Engeln, den himmlischen Wesen, die eng mit Geistführern zusammenarbeiten, um uns auf unserem Lebensweg zu unterstützen. Engel sind keine Seelen, die auf der irdischen Ebene gelebt haben. Daher wissen sie auch nicht, wie es ist, mit menschlichen Problemen und Sorgen umzugehen. Doch wenn wir sie brauchen, werden Engel auf unseren Hilferuf reagieren und oftmals die Gestalt von sogenannten »Schutzengeln« annehmen. Schutzengel beschützen und führen uns, so wie unsere Meisterführer es tun. Sie arbeiten mit unserem Team aus Geistführern zusammen und geben uns Zeichen ihrer Präsenz.

Uns allen werden Engel zugeteilt, doch wir müssen sie darum bitten, mit uns zusammenzuarbeiten. Das können wir an jedem Punkt in unserem irdischen Leben tun. Jeder Engel hat eine andere Aufgabe und Rolle, und je nach unseren Bedürfnissen – zum Beispiel Kraft oder Liebe – besucht und hilft uns ein bestimmter Engel. Doch wir dürfen dabei nicht vergessen, dass Engel nur in unserem höchsten Interesse handeln. Wir können von ihnen daher nicht erwarten, uns die Gewinnzahlen im Lotto zu verraten!

Ich erinnere mich an eine Zeit am Anfang meiner Tätigkeit als Medium, in der ich noch nicht an Engel glaubte. Damals hielt ich Leute, die an Engel glaubten, für ein bisschen durchgeknallt. Doch eines Nachmittags erlebte ich während einer Sitzung etwas, das meine Einstellung geändert hat.

Während meine Klientin und ich uns unterhielten, erschien ihr verstorbener Mann Jim. Jim sagte seiner Frau, dass er mit den Engeln zusammen sei und dass alle Engel sie beschützen würden. Er versprach, ihr als Beweis ein Zeichen zu senden, und bat sie, bald darauf zu achten. Gegen Ende der Sitzung schwebte eine einzelne weiße Feder vor unseren Augen von oben herab. Wir riefen beide wie aus der Pistole geschossen: »Jim!« Es war das Zeichen, das er als Beweis dafür, dass er jetzt mit den Engeln zusammen war und dass sie meine Klientin beschützten, versprochen hatte!

Trotzdem arbeitete mein skeptischer Verstand auf Hochtouren, während ich mich suchend nach der möglichen Ursache für eine einzige zarte Daunenfeder umsah, die aus dem Nichts erschienen und auf uns herabgeschwebt war. Kein Fenster stand offen. Im Zimmer war kein einziges Federkissen. Es gab nichts im Raum, das als Erklärung für dieses Phänomen dienen konnte. Echt bizarr!

Da fing ich an, an Engel zu glauben, und seitdem zweifle ich nicht mehr daran, dass es sie wirklich gibt. Ich sehe sie jetzt sogar öfter, vor allem wenn ich Readings vor großen Zuschauermengen halte. Wenn ich auf der Bühne stehe, schaue ich nach oben und sehe oft einen riesengroßen Engel mit ausgebreiteten Flügeln, der über dem Raum schwebt und ihn mit Licht und Wärme ausfüllt. Dann weiß ich, dass ich beschützt werde, während ich Verbindung zu Geistern aufnehme, und dass alle, mit denen ich arbeite, von Liebe umhüllt sind.

Ja, die himmlischen Sphären sind real, so wie auch die höhere Macht, die wir Quelle oder Gott nennen. Wir werden alle von Gott beschützt, geführt und geliebt, egal welcher Religion wir angehören (oder nicht angehören). Seine Umarmung umfasst uns alle, und wir sind von Wissen und Ressourcen umgeben, die immer im Überfluss vorhanden sind.

*

Wie Sie sehen können, wartet ein überwältigendes Abenteuer im Jenseits auf Sie – ein Abenteuer der Heilung und der Aufgaben im Dienst einer höheren Macht, die das ganze Universum regiert. Und während Sie da draußen sind, sorgen Ihre Geistältesten und Geistführer dafür, dass Sie immer auf Ihr höchstes Potenzial hinarbeiten und Meisterebenen erreichen, die Sie als Seele noch weiterbringen.

Jetzt sind Sie bereit für die nächste Runde des irdischen Lebens und der Lektionen. Sie sind nun an der Reihe, sich einen Meisterführer und ein Team aus Geistführern auszusuchen, die gut darauf vorbereitet worden sind, Sie zu unterstützen, was Sie mit der Hilfe Ihres Geistältesten getan haben. Die letzten Details (Ihrer Wiedergeburt) werden im Elternraum arrangiert – Ihrer letzten Haltestelle im Jenseits, bevor Sie als Säugling in einem neuen Körper auf der Erde aufwachen. Und all das wartet in Teil IV auf Sie!

Teil IV

Die Rückkehr

Kapitel 15

Herzlich willkommen auf der Welt – wieder einmal!

Auch wenn es Informationen gibt, die ich nicht kenne, habe ich versucht, Ihnen ein so vollständiges Bild wie möglich von der Heilreise durchs Jenseits zu vermitteln.

Nun möchte ich erläutern, was passiert, wenn Seelen beschließen, auf die irdische Ebene zurückzukehren, und wie der Prozess ihrer Wiedergeburt abläuft. Dieses Kapitel gibt auch Antworten auf die Frage, warum reinkarnierende Seelen sich so häufig ein Leben voller Probleme und Schicksalsschläge aussuchen.

Das Planen Ihres nächsten Lebens

Bei der Planung Ihrer Wiedergeburt auf der Erde suchen Sie sich das Team aus Geistführern aus, das Sie auf Ihrem zukünftigen Lebensweg am besten führen kann. Sie besprechen Ihre Entscheidung mit Ihren Seelenbeziehungen, die alle damit einverstanden sind. Sie wissen, dass Sie in eine weitere Runde an Abenteuern und Lektionen gehen werden, um als Seele zu wachsen. Manche Ihrer Seelenbeziehungen werden traurig sein, Sie gehen zu lassen, auch wenn sie Ihre Entscheidung unterstützen, während andere (und dazu könnte auch Ihr Seelengefährte gehören) wissen, dass sie Ihnen schon bald auf die irdische Ebene nachfolgen werden.

Sobald Sie Ihre Geistführer ausgesucht haben, werden Sie eine Zeitlang in ihre Vorbereitungen mit einbezogen, da sie noch viel über das, was vor Ihnen liegt, zu lernen haben. Sie haben auf Ihr letztes Leben zurückgeblickt und viele bereichernde Facetten des Jenseits erforscht, um Informationen zu sammeln, die Sie für den Entwurf Ihres nächsten Lebens nutzen werden. Ihr Geistältester wird Ihnen bei Ihren Plänen helfen. Vielleicht werden Sie auch die Heilkammern noch einige Male aufsuchen, um Probleme zu verarbeiten, die Sie nicht mit in Ihr nächstes Leben nehmen wollen. Das ist ganz wichtig, denn Sie wollen doch nicht, dass sich alte Muster in Ihrem neuen Leben wiederholen (solange Sie es verhindern können).

Während Ihr neues Team an Geistführern Ihnen bei den Vorbereitungen auf die Rückkehr zur Erde hilft, werden Sie mit jedem von ihnen sehr vertraut. Natürlich kennen Sie die meisten schon, doch jetzt, da sie eine Aufgabe oder Rolle übernommen haben, sehen Sie sie in einem anderen Licht. Die neue Beziehung gleicht der eines Freundes, der Ihr Chef wird. Sie haben es nun auf zwei verschiedenen Ebenen miteinander zu tun – die der Arbeit und die der persönlicheren Ebene. Nach Ihrer Wiedergeburt werden Ihre Geistführer so etwas wie Ihre Vorgesetzten, die Ihre Handlungen aus einer Perspektive überblicken, die Sie als Mensch nicht haben.

Sie müssen sich nun von Ihrem Seelengefährten im Jenseits verabschieden. Wenn Sie ihm auf der irdischen Ebene wieder begegnen, wird er Ihnen irgendwie vertraut sein, ohne dass Sie ihn gleich erkennen. Es wird Ereignisse geben, bei denen Sie jemanden ansehen und das Gefühl haben, als würden Sie ihn von irgendwoher kennen. Es kann eine Weile dauern, doch irgendwann wird Ihnen bewusst werden, dass Sie und diese Person Seelenverwandte sind und schon früher zusammen waren.

Die andere Seite zu verlassen mag traurig sein, doch nicht so, wie Sie als Mensch über einen Verlust trauern. Sie wissen, dass Ihre Zeit auf Erden im Vergleich zur Zeit im Jenseits rasch vorbei sein wird. Und Sie wissen, dass die Seelen, die dableiben, jederzeit vorbeikommen und sich vergewissern können, dass es Ihnen gut geht.

Der Elternraum

Als Einleitung Ihres förmlichen Wiedergeburtsprozesses begleiten Ihr Geistältester und Ihr frisch ernannter Meisterführer Sie in den Elternraum, um mit Ihnen die wichtigen Einzelheiten Ihrer Reise durchzugehen.

Josiah erklärt, was hier geschieht:

Im Elternraum wirst du Menschen sehen, die bereit sind, Eltern zu werden, auch wenn es nicht allen bewusst ist. Hier wirst du entscheiden, in welcher Familie du untergebracht werden sollst, um deine Lektionen optimal zu lernen.

Du beobachtest die Leute eine Weile im Elternraum und erkennst, welches Paar perfekt ist – für dich, um deine Ziele zu erreichen, und für die beiden, um ihre eigenen Lektionen zu lernen. Dann entscheidest du, welche Eltern sich für deine Ankunft auf der irdischen Ebene am besten eignen.

Dies ist eine aufregende Zeit für Sie, da Sie sich nun mit neuen Erkenntnissen über das Leben auf eine Reise voller Lektionen und Herausforderungen begeben. Denken Sie daran, wie spannend es ist, eine neue Stelle anzutreten. Sie können es gar nicht erwarten, anzufangen und zu sehen, wie es im neuen Job läuft. In Ihrem zukünftigen Leben werden die Lektionen jedoch die sein, die Sie schon mit Ihrem Team besprochen und ausgewählt haben. Der Weg ist also schon optimal vorbereitet, damit Sie all Ihre Ziele umsetzen können.

Im Elternraum entwerfen Sie mit der Hilfe Ihres Meisterführers und Teams einen Lebensvertrag. Josiah erläutert ihn:

Du wirst eine Liste an Lektionen und Zielen erhalten, die du in deinem nächsten Leben umsetzen sollst. Die einzelnen Punkte werden von deinen Geistführern und deinem Geistältesten mit deiner Zustimmung ausgewählt und beruhen auf deiner Entwicklungsstufe als Seele. Außerdem wirst du eine »Wunschliste« zusätzlicher Ziele, die du erreichen willst, erstellen. Dazu gehören auch Erfahrungen und Ereignisse, die du machen und erleben willst. Beide Listen sind Teil deines Lebensvertrags, doch sie unterscheiden sich stark voneinander – die erste besteht eher aus Verpflichtungen, während die zweite eher deine persönlichen Wünsche und Ziele darstellt.

Während du dein Leben entwirfst, entscheidest du, welche Punkte auf den Listen dir am wichtigsten sind. Alle Seelen müssen vor ihrer Wiedergeburt einen Lebensvertrag entwerfen; selbst die verstörten Seelen sind davon nicht ausgenommen.

Josiah sagt damit, dass alle Seelen auf der anderen Seite – sogar die, die wegen dem Schaden, den sie in ihrem irdischen Leben angerichtet haben, in eine andere Heildimension gingen – ihren Lebensvertrag vor ihrer Rückkehr auf die Erde fertigstellen müssen. Im Vertrag stehen die Lektionen, die sie lernen wollen, und die Menschen, mit denen sie zu tun haben werden – in anderen Worten: alles, was in ihrer neuen Inkarnation stattfinden soll.

Wir nennen solche Ereignisse gerne »Schicksal«, aber in Wahrheit haben wir sie alle selbst geplant. Wenn bestimmte Dinge passieren oder wir bestimmten Menschen begegnen, wissen wir daher auf einer gewissen Ebene, dass sie schon vorherbestimmt waren.

Im Elternraum bekommen Sie eine Vorschau auf zukünftige Momente in Ihrem Leben, die es stark verändern werden – eine Scheidung, eine Heirat, ein Schulabschluss. Für uns Menschen sind diese Ereignisse dann wie vage, aber interessante Erinnerungen, auch »Déjà vu« genannt. Ereignisse, die Sie im Elternraum vorgeführt bekommen, werden von Ihnen unbewusst gespeichert und wenn sich ein solches Ereignis dann im Leben umsetzt, sagt Ihr Unbewusstes Ihnen: *Ach, ich weiß schon, was passiert!* Ihre Erinnerung steigt in Ihr Bewusstsein auf und gibt Ihnen das Gefühl, »das schon mal erlebt zu haben«.

Sich die Eltern aussuchen

Sie suchen sich Ihre Mutter und Ihren Vater selbst aus, bevor Ihr neuer Körper empfangen wird. Sie können sich daher potenzielle Eltern und deren Leben im Elternraum ansehen. So können Sie erkennen, ob sie zu Ihnen passen und Ihnen alles geben können, was Sie brauchen werden, um die wichtigen Punkte in Ihrem Lebensvertrag umzusetzen. Außerdem prüfen Sie dort ihre Lebensverträge und schauen, ob ihre Ziele mit Ihren eigenen zusammenpassen und sie sich als Eltern für Sie eignen.

Ihre zukünftigen Eltern werden Ihnen alle möglichen Voraussetzungen bieten, unter denen Sie anfangen können, Ihre Lebenslektionen zu lernen. Das kann sogar bedeuten, dass Sie adoptiert oder von Pflegeeltern aufgezogen werden. Vergessen Sie nicht, dass Ihre Mutter und Ihr Vater dabei ihre eigenen Lektionen lernen müssen.

Josiah erklärt, warum manche Seelen adoptiert werden:

> *Kurz vor ihrer Wiedergeburt haben sich Seelen die Reise, auf denen sich ihr Vater und ihre Mutter befinden, schon angesehen. Die Seelen können das Leben ihrer Eltern zwar nicht beeinflussen, aber sie können ihre eigene Reise durch die Wahl ihrer Eltern zu einem gewissen Maß steuern. Seelen wissen schon, ob ein Elternteil sie irgendwann verlassen, sterben oder sein Kind weggeben wird, und deshalb suchen sie sich die Eltern aus, durch die sie ihre Lektionen am besten lernen können.*
>
> *Die Informationen, die Sie als Seele im Elternraum erhalten, vergleichen Sie mit Ihren Wunscheltern. Hier planen und entwerfen Sie Ihr nächstes Leben – auch wenn Sie sich nach Ihrer Wiedergeburt nicht bewusst daran erinnern werden, dass Sie den Lauf Ihres irdischen Lebens vorausgeplant haben.*

Alle Seelen, die wiedergeboren werden wollen, müssen sich vorher ihre Eltern aussuchen und sich vergewissern, dass sie sich genau die Richtigen ausgesucht haben, damit alle etwas lernen können.

In manchen Fällen kehrt eine Seele auf die Erde zurück, um ihren Eltern bei deren eigenen Lektionen zu helfen. Es kann also auch weniger um Sie selbst gehen als darum, einen Vertrag zu erfüllen, den Sie mit jemand anderem abgeschlossen haben. Vielleicht kehren Sie zurück, um Ihren Eltern in einer schweren Zeit zur Seite zu stehen. Oder aber Sie scheiden früh aus dem Leben, was sich stark auf das Leben Ihrer Eltern auswirken wird. Das trifft vor allem dann zu, wenn Sie noch ein Säugling oder ein kleines Kind sind und die Lektionen Ihrer Eltern darin bestehen, Ihren frühen Übergang zu verarbeiten.

An dieser Stelle ist zu erwähnen, dass Sie bei Ihrer Rückkehr auf die irdische Ebene erst dann in Ihren Körper schlüpfen, wenn Sie für Ihre Geburt bereit sind. Josiah erläutert dies:

Du wirst schon vor der Empfängnis deines neuen Körpers bis zur Geburt ständig an der Seite der von dir ausgewählten Eltern sein und anschließend als ihr Baby bei ihnen sein. Doch vor der Geburt kannst du jederzeit entscheiden, dass du doch noch nicht für eine Wiedergeburt bereit bist, und darum bitten, dass die Schwangerschaft abgebrochen wird. Die Geistältesten können dich in dieser Frage auch beraten und deine eigene Entwicklung sowie die deiner vorhergesehenen Eltern berücksichtigen – die als Paar womöglich nicht zusammenpassen. Deshalb gibt es Totgeburten und Fehlgeburten.

Bei einer natürlichen Fehlgeburt oder einer Totgeburt glauben viele, die Seele hätte die Eltern abgelehnt, worunter diese sehr leiden. Es stimmt jedoch nicht. Stattdessen geschieht es, weil sie als Eltern noch nicht für die Seele bereit waren oder noch Probleme haben, die zuerst gelöst werden müssen. Die Seele wird dann entweder anderen Eltern geboren, zu denen sie eine Seelenbeziehung hat, oder sie wartet den richtigen Zeitpunkt ab und kommt dann zu den ursprünglich ausgesuchten Eltern zurück.

Wenn Sie als Seele feststellen, dass Sie zu früh gegangen sind, da Sie noch mehr Lektionen im Jenseits lernen müssen, können Sie den Kurs ändern und als Wiedergeburt zu denselben Eltern oder zumindest zu Ihrer Mutter zurückkehren, die Ihren Körper das letzte Mal empfangen hat.

Manchmal möchte ein ausgewählter Elternteil kein Kind haben, weil sie oder er nicht den richtigen Partner dafür hat. Dann wird er die Seele davon abhalten, als sein Kind zurückzukehren. Josiah erläutert, was in einem solchen Fall geschieht:

Auch wenn du entschieden hast, dass du zur Wiedergeburt bereit bist, haben die von dir ausgesuchten Eltern das Recht, deinen Eintritt in die Welt als ihr Kind zu ver-

hindern. Eine Mutter oder ein Vater – oder beide – können es sich anders überlegen. Deswegen gibt es die Möglichkeit einer Abtreibung.

Doch diese Wahl ist kein Problem, da du als Seele jederzeit auf die irdische Ebene zurückkehren kannst – auch als nahe(r) Verwandte(r) deiner Wunscheltern oder in einer anderen Familie. Du kannst dir auch einen Elternteil aussuchen und warten, bis er oder sie den richtigen Partner findet, und erst dann wiedergeboren werden. Vielleicht lernt deine Mutter oder dein Vater einen Partner kennen, der eine Familie gründen will, oder beide Wunscheltern entschließen sich erst später zu einem Kind.

Diese Umstände sind alle völlig normal. Jeder kann frei entscheiden, und Seelen verurteilen niemanden.

Sobald Sie sich Ihre Wunscheltern ausgesucht haben, verbringen Sie die restliche Zeit im Elternraum, wo Sie sie beobachten und sich vergewissern, dass Sie die richtige Wahl getroffen haben. Sie können alles von den Wochen vor der Empfängnis bis zur Geburt mitverfolgen. Sie sehen die Reaktionen des Umfelds Ihrer zukünftigen Eltern und wie sie sich fühlen. Sie sehen die Schwangerschaft durch die Augen beider Eltern und bekommen ihre Einstellung zur Schwangerschaft und zu Ihrer Geburt mit.

Aus der Sicht der Seele

Als Mutter kenne ich die Zweifel, die einem Paar ganz schön zusetzen können, wenn sie Eltern werden – vor allem, wenn ihre Beziehung nicht stabil ist. Ich selbst hatte ein extrem schlechtes Gewissen, unter so unsicheren Umständen ein Kind zur Welt zu bringen. Doch wie der Geist mir versicherte, würde die Seele meines Sohns Charlie mich nie verurteilen. Reinkarnierende Seelen sind nämlich ganz rein und es passt nicht zu ihnen, über andere zu urteilen.

Als Seele schaute Charlie sich seinen Vater Simon und mich eine Weile vor seiner Geburt genauer an – was ich von Charlie selbst erfuhr.

Nur wenige Wochen, bevor ich mit Charlie schwanger wurde, fuhren Simon und ich für ein paar Tage nach Schottland. Wir waren beide noch nie in dieser Gegend gewesen und hatten einen wunderschönen Urlaub. Wir hatten unser Hotelzimmer schon vorher gebucht, doch bei unserer Ankunft stellte sich heraus, dass es überbucht war, und deswegen zogen wir in ein anderes Hotel. Im Urlaub ging ich shoppen und kaufte ein paar Kleidungsstücke, ohne sie anzuprobieren. Als ich zum Hotelzimmer zurückkam, merkte ich, dass mir nichts passte und ich alles umtauschen musste. Simon und ich gingen auch ins Kino und abends aß ich zum ersten Mal in meinem Leben Lachs.

Im Alter von ungefähr drei Jahren behauptete Charlie eines Tages beharrlich, schon mal in Schottland gewesen zu sein. Dann berichtete er, er wäre mit Simon und mir ins Kino und einkaufen gegangen, dass ich später ein paar Kleidungsstücke im Laden umgetauscht hätte und sogar, dass ich beim Abendessen nur widerstrebend den Lachs probiert hätte. Ich war geschockt! Dann sagte er mir, dass sein Daddy bei der Ankunft unglücklich gewesen wäre, weil wir nicht in dem gebuchten Hotel wohnen konnten.

Charlies Bericht haute mich regelrecht um ... vor allem da ich zu der Zeit, an der die von ihm beschriebenen Ereignisse stattgefunden hatten, noch nicht einmal schwanger mit ihm war. Es gab keine andere Erklärung dafür, woher er so viele Details über unsere Reise nach Schottland wissen konnte – schließlich war es sogar noch vor der Empfängnis! – als die, dass seine Seele Simon und mich als seine Eltern ausgesucht und uns die ganze Zeit über beobachtet hatte.

Die Herausforderungen des Lebens

Wie Sie sehen können, wissen Sie als Seele eine ganze Menge über ihre zukünftigen Eltern. Außerdem wissen Sie, was in Ihrem kommenden Leben geschehen wird, da Sie alles schon vorher entworfen und geplant haben. So helfen Ihre Lebensumstände Ihnen zu wachsen und machen – wenn Sie richtig mit ihnen umgehen – eine stärkere Seele aus Ihnen.

Das Leben ist zwar kein Zuckerschlecken, aber das soll es auch gar nicht sein. Jeder von uns muss sich den Herausforderungen stellen. Denn so ist es für unsere Existenz von Anfang an vorgesehen. Und dennoch kommen Ihnen Ihre eigenen Probleme möglicherweise ziemlich ernst vor und Sie halten Ihr Leben für schwerer als das anderer. Wenn Sie sich gewisse Leute ansehen und glauben, die hätten ein leichtes Leben, dann irren Sie sich gewaltig. Wie Sie selbst müssen auch sie ihre Lektionen lernen und ihre Welt ist nicht so toll, wie Sie sich das vorstellen. Was Sie sehen ist die Art, wie sie ihr Leben nach außen hin präsentieren – nicht ihr wahres Leben.

Sehen Sie sich zum Beispiel Promipaare an. In den Zeitschriften sehen die Reichen und die Stars alle superglücklich aus und ihre Ehen und Kinder wirken absolut vollkommen. Doch in Wahrheit schlagen sie sich mit denselben Problemen herum wie Sie und ich. Es sind auch nur Menschen – sie müssen Karriereentscheidungen treffen, sie leben in Beziehungskisten und vielleicht haben sie sogar ernste Gesundheitsprobleme. Selbst die scheinbar perfekteste Ehe ist nicht perfekt (was ich aus eigener Erfahrung weiß).

Man kommt einfach nicht darum herum: Es gibt kein vollkommenes Leben. Jeder muss schwierige Hürden überwinden, deren Einzelheiten und Mitspieler und Umstände alle schon festgelegt werden, während die Seele noch im Jenseits ist, lange bevor sie auf die irdische Ebene zurückkehrt.

Vielleicht sind Sie wiedergeboren worden, um zu lernen, was Sie für Ihre nächste Aufgabe im Jenseits brauchen, zum Beispiel Geistführer einer anderen Seele in ihrem nächsten Leben zu sein. Sie könnten auch ein Leben in einer bestimmten Familie oder Situation als Trainingszeit verbringen. Als Mensch begreifen Sie die größeren Zusammenhänge vermutlich nicht, doch als Seele kennen Sie die Gründe, warum Sie im Leben gewisse Probleme und sogar Traumata durchmachen.

Beispielsweise erinnere ich mich an eine Sitzung für eine Frau, deren Geistführer mir sagte, dass sie in große Gefahr geraten werde. Ich übermittelte seine Botschaft und sagte der Frau, dass irgendeine Art der körperlichen Misshandlung im Spiel sein werde, sie die Sache jedoch am Ende überleben werde. Ihr

Geistführer verriet mir keine weiteren Einzelheiten, und darüber war ich froh, da ich keine unangenehmen Fakten zurückhalten wollte.

Tragischerweise wurde die Frau später vergewaltigt. Beim Wiedersehen sagte sie mir, auch wenn sie Furchtbares durchgemacht habe, sei sie froh, dass ihr Geistführer sie nicht spezifisch vorgewarnt habe. Die Vergewaltigung hatte sie zwar stark traumatisiert, doch nicht so, wie man erwarten würde – als Folge davon wurde ihr klar, was sie aus ihrem Leben machen wollte. Sie hatte viele Jahre ohne Ziel und Fokus gearbeitet, doch jetzt arbeitete sie in einem Krisenzentrum für Vergewaltigungsopfer, das die Polizei in ihrer Stadt aufgebaut hatte. Heute bereitet es ihr Freude, Frauen zu helfen, die ähnliche einschneidende Erlebnisse durchgemacht haben. Diese Klientin musste erst etwas Schreckliches erleben, bevor sie ihr Leben radikal änderte und endlich das tat, wofür sie auf der irdischen Ebene war.

In den Körper schlüpfen

Sobald Sie im Elternraum Ihre zukünftigen Eltern ausgesucht haben, entwickeln Sie eine Menge Liebe und Respekt für sie. Sie verfolgen die glücklichen und traurigen Zeiten der Schwangerschaft. Sie hören die Musik, die sie spielen, die Geschichten, die sie ihrem ungeborenen Kind vorlesen, und die Namen, die sie in Erwägung ziehen.

Eltern stellen häufig fest, dass ein Embryo im Mutterleib auf einen bestimmten Namen, den sie für ihr Kind in Betracht ziehen, oder ein gesungenes oder vorgespieltes Lied mit einem kleinen Tritt reagiert. Der Grund dafür ist, dass die Seele – auch wenn sie noch nicht im Körper ist – die Reaktionen ihres zukünftigen Körpers schon im Mutterleib beeinflussen kann.

Schließlich ist der Zeitpunkt gekommen, an dem Sie in Ihren neuen Körper hineinschlüpfen und den Geburtsprozess durchlaufen. Josiah schildert, was nun geschieht:

> *Sobald du auf deine Rückkehr vollständig vorbereitet bist und dein Körper in der Gebärmutter deiner Wahlmutter heranreift, gibt es eine kurze Zeitspanne, in der du ihn*

beseelen wirst. Normalerweise geschieht das ein paar Tage vor der Geburt. Dabei hast du zuerst das Gefühl, als würdest du durch eine Türöffnung abgleiten und fallen – doch gleich darauf wird ein Rettungsseil festgezurrt. Das ist deine Silberschnur.

In der Zeit, in der dein Körper im Mutterleib heranwuchs, hast du eine starke Liebe zu deinen Eltern entwickelt. Du hast jedes Wort mitgehört, das sie ausgesprochen haben, und du hast ihre Freude und andere Gefühle mitgefühlt. Du hast alles erlebt, was deine Mutter durchgemacht hat, da man sich als Seele normalerweise am meisten auf die Mutter konzentriert. Während ihrer Schwangerschaft hast du womöglich ein Ereignis miterlebt oder ein Gefühl mitbekommen, das dich im Leben mit einigen Menschen mehr verbinden wird als mit anderen.

Wenn dann der Tag kommt und die ersten Wehen einsetzen, wird es dir in deinem neuen Körper so vorkommen, als würdest du angegriffen. Während der Geburt musst du fest entschlossen bleiben, auf die irdische Ebene zurückzukommen und deinen neuen Körper gut schützen, damit du sicher in deinem neuen Leben ankommst.

Die Reise zurück auf die irdische Ebene ist für die Seele oft ein traumatisches Erlebnis. Als ich eine Regressionstherapiesitzung machte, um mehr über meine früheren Leben zu erfahren, hatte ich Angst davor, meine Geburt noch einmal zu erleben, da sie sehr schwer gewesen sein soll. Zum Glück wurde es mir erspart! Aber ich hatte beim Meditieren Visionen meiner Geburt und erlebte auch, wie meine Seele nach meinem Nahtoderlebnis in meinen Körper zurückkehrte. Der Wiedereintritt passierte sehr schnell und fühlte sich so an, als würde ich durch den Schlauch eines Staubsaugers abgesaugt. Dann raste ich durch einen dunklen Tunnel in meinen Körper zurück. Es war ein komisches und beängstigendes Gefühl!

Josiah bestätigt meine Erfahrung. Vielleicht erinnern Sie sich nach einem Nahtoderlebnis oder durch Visionen an Ihre eigene Geburt an etwas Ähnliches:

Deine Rückkehr erfolgt ganz schnell. Du bist durch die Silberschnur, die dich mit deiner irdischen Existenz verankert, energetisch mit deinen Eltern verbunden. Jetzt fängst du an, dich immer mehr wie ein Mensch zu fühlen.

Wenn dann die Zeit gekommen ist, in den physischen Körper hineinzuschlüpfen – was häufig geschieht, während er schläft –, wirst du durch das strahlend weiße Licht gezogen. Dann gleitest du durch einen langen Tunnel und wirst in deinen irdischen Körper hineingezwängt – und du bist wieder ein Mensch.

Ich kann mich noch daran erinnern, dass ich mich während meines Nahtoderlebnisses im Jenseits völlig frei fühlte. Mir war zwar klar, dass es nicht lange anhalten würde, doch ich konnte es trotzdem spüren und verstehen. In den Körper zurückzukehren fühlte sich ganz anders an. Mir war, als würde ich zusammengepresst, als wäre meine Seele gefangen und als würde sie in einen Körper gezwängt, in dem ich wegen der Schmerzen meiner Krankheit nicht mehr sein wollte. Als ich in meinem Körper gelandet war, spürte ich eine Art Stromschlag, der jedoch nicht befreiend wirkte. Er war dumpf und schwer, so als sollte ich ihn fühlen, ohne es wirklich zu können. Wie mir erst später klar wurde, war das, weil mein Körper mich vor einer sehr schmerzhaften Erfahrung schützte.

Josiah beschreibt den Prozess, der meinem Erlebnis aufs Haar gleicht und den auch Sie vielleicht schon kennen:

Der Wiedergeburtsprozess ist hart, weil er für Körper und Seele schmerzhaft ist. Viele Seelen wollen ihn nicht durchmachen, während andere es nicht erwarten können, ihn hinter sich zu haben. Er fängt damit an, dass du einen Tunnel siehst und, sobald du drinnen bist, dein Gefühl von Freiheit verlierst und du dich sehr eingeschränkt fühlst. Du zwängst dich durch den langen, dunklen Korridor – der dich ungewohnt beengt und beschränkt –, bis du schließlich ein Licht siehst. Es ist das Licht der irdischen Welt.

Die Hände, die dich in diese Welt ziehen und zerren, sind dir fremd. Doch wenn du in die Arme eines Menschen ge-

legt wirst, der sich vertraut anfühlt, spürst du in jeder Körperzelle Liebe. Du fühlst dich bei diesem Menschen sofort wohl und heimisch, weil du ihn schon so lange kennst und liebst – nicht nur in der Welt, aus der du kommst, sondern wahrscheinlich auch aus vielen anderen Leben auf der Erde.

Wieder einmal werden Sie in Ihrer irdischen Heimat empfangen und beginnen das große Abenteuer des Lernens und Wachsens. Als Seele haben Sie überlebt und sind im Zyklus Ihrer Weiterentwicklung vom Leben ins Jenseits und wieder zurück ins Leben. Was Sie nun in Ihrem Leben auf Erden erleben, werden Sie nach Ihrem Übergang noch einmal sehen, also machen Sie das Beste daraus. Denn Ihrer Evolution entkommen Sie nicht!

Kapitel 16

Im Hier und Jetzt leben

Während ich dieses Buch schrieb und versuchte, das Überleben der Seele zu beleuchten, habe ich natürlich so manche empfangene Information hinterfragt. Das war mein eigener skeptischer Verstand, und vielleicht ging es Ihnen beim Lesen dieser Seiten ähnlich.

Ich persönlich halte ein gewisses Maß an Skepsis für gut, vor allem da wir Menschen so konditioniert sind. Doch ich musste über den skeptischen Tellerrand hinaussehen und Vertrauen haben. Deshalb habe ich während des Schreibens regelmäßig meditiert und mich vergewissert, dass ich die Informationen so korrekt wie nur möglich empfing.

Ich rate den Leuten, die ihre übersinnlichen Fähigkeiten und die Tätigkeit als Medium bei mir entwickeln, immer, ihrem Instinkt und Bauchgefühl zu vertrauen, so wie meine Großmutter Nan Frances es mir vor vielen Jahren beigebracht hat.

Also selbst wenn ich anfangs meine Zweifel hatte, gefällt mir das, was mir gechannelt wurde! Mir scheint, als hätten die Geistführer und die anderen Seelen, die mir auf dieser Reise zur Seite standen, die Informationen so dargestellt, dass der menschliche Verstand sie annehmen und akzeptieren kann. Dafür bin ich sehr dankbar.

Wenn ich den Überlebensprozess der Seele betrachte, sehe ich, dass er komplex und unglaublich ist – und vor allem sehr schön. Das Jenseits ist von einer Liebe und Wärme erfüllt, die über jede Vorstellungskraft auf der irdischen Ebene hinausgeht. Doch meines Erachtens hilft uns das Wissen, das wir jetzt über die andere Seite haben, immens, um so gut wie nur irgend möglich in der Gegenwart, im *Hier und Jetzt,* zu leben.

In der Gegenwart zu sein und im Jetzt zu leben ist wirklich das Allerwichtigste. Wir können uns nicht ständig unser Leben ansehen und denken *Was wäre wenn?* Wir müssen *das* annehmen, was jetzt ist und was geschehen ist, und dann müssen wir Schritt für Schritt weiterkommen.

Wenn jemand, der Ihnen nahestand, hinübergegangen ist, können Sie sicher sein, dass er oder sie bei Ihnen ist, Sie beschützt und dafür sorgt, dass es Ihnen gut geht. Es hilft sicher zu wissen, dass das Leben dieses Menschen so entworfen war, dass es zu genau diesem Zeitpunkt seines Übergangs zu Ende gehen sollte. Es gibt keinen irrtümlichen Todeszeitpunkt. Wir alle stehen in diesem Moment genau an dem Punkt, an dem wir gerade sein sollen. Dasselbe gilt auch für Seelen, die sich jetzt im Jenseits befinden.

An dieser Stelle möchte ich Ihnen versichern, dass Ihre geliebten Tiere beim Übergang denselben Prozess durchlaufen wie Menschen. Als Seelen werden sie im Jenseits auf Sie warten, wenn Sie hinübergehen. Aber das würde ein zweites Buch füllen!

Es bleibt Ihnen überlassen, ob Sie mit einem erweiterten Bewusstsein und dem spirituellen Wissen, dass Sie eine ewig lebende Seele sind, Ihr Leben gestalten wollen. Wie Sie auf Ihrem Lebensweg weiterkommen, liegt vollkommen an Ihnen, da Sie einen freien Willen haben. Vergessen Sie dabei nicht, dass alles, was Sie erleben, Sie auf die nächste Etappe Ihrer Reise vorbereitet, egal wie sie auch aussehen mag.

Wenn Sie nun also gute und schlechte Zeiten durchmachen, sollten Sie sich bewusst machen, dass alles einen Sinn ergibt. Sie können alles mit Liebe und einem Lächeln annehmen, denn letztendlich wird es so ausgehen, wie es ausgehen soll. Vergessen Sie nicht: Sie haben Ihr Leben absichtlich so geplant. Sie haben arrangiert, dass bestimmte Leute aus einem bestimmten Grund in Ihr Leben treten – damit Sie an ihnen lernen und wachsen. Es gibt für alles einen höheren Sinn. Und ja, Sie müssen zurückkommen und alles noch einmal tun, aber es ist eine Reise der Selbsterkenntnis und ein aufregendes Abenteuer! Es ist das Überleben der Seele ...

Nachwort

Nachdem ich dieses Buch fertiggestellt hatte, erlebte ich etwas Erstaunliches, was noch mehr Licht in die Reise ins Jenseits bringt.

Es gibt gute Gründe, weshalb ich für meine gute Freundin Elaine channelte, der ich auch bei ihrem Übergang geholfen habe. Obwohl ich immer noch um sie trauere, möchte ich das Erlebnis mit Ihnen teilen. Ich hoffe, die Geschichte inspiriert Sie und bringt Sie weiter, und Sie werden versuchen, zu Ihren eigenen Verstorbenen Verbindung aufzunehmen. Auch wenn die Kommunikation mit dem Geist eine Gabe ist, kann jeder, der für Botschaften einer verstorbenen Seele offen ist und der in Liebe mit ihr verbunden ist, die gesendeten Zeichen empfangen.

Ich fragte Elaines Tochter Jennie, ob ich unsere Geschichte den Lesern von *Was geschieht mit uns, wenn wir sterben?* erzählen darf. Es ehrte sie sogar. Wie ich glaubt auch sie, dass der Übergang ihrer Mutter anderen helfen wird, sämtliche Zweifel abzulegen, dass die Seele den Tod überlebt.

*

Elaine Saller war eine Mutterfigur, eine Vertraute und eine Schulter zum Anlehnen – auch wenn sie mich immer zum Lachen brachte. Vor allem war sie die liebste und beste Freundin, die ich je hatte. Nach außen hin mutete unsere Freundschaft wohl etwas seltsam an, da sie fast 30 Jahre älter war als ich. Doch der Altersunterschied war für uns unwichtig, da uns keine irdische, sondern eine echte Seelenbeziehung verband.

Ich hätte nie erwartet, dass ein Mensch in mein Leben kommen und es so stark prägen würde wie sie. Allein durch ihr Wesen gab Elaine mir die Inspiration und den Mut zu wissen, dass ich alles erreichen konnte, was ich mir vornahm. Das tut sie heute noch, obwohl sie hinübergegangen ist.

Elaine kam aus Philadelphia und hatte eine gewisse Stärke. Niemand durfte sich ihr in den Weg stellen – und wehe dem, der einen Menschen ärgerte, der ihr wichtig war! Sie ließ sich von nichts im Leben herunterziehen, noch nicht einmal in harten Zeiten.

Außerdem war sie sehr kommunikativ und trieb mich in den Wahnsinn mit ihren Geschichten, die ich schon mindestens fünfzig Mal gehört hatte. Sie musste immer laut sein, wenn es irgendwo still war, und redete sogar im Schlaf. Ich muss darüber lächeln, wenn ich daran denke, denn so war sie nun einmal – sie hatte immer eine Geschichte zu erzählen und immer ein ansteckendes Lachen. In einem Satz: Sie war eine verdammt tolle Frau.

Die Gute blühte in den letzten beiden Jahren ihres irdischen Lebens auf und genoss es in vollen Zügen. Ihr Privatleben hätte Paris Hilton vor Neid erblassen lassen. Doch auch wenn sie einen riesigen Freundeskreis hatte, ging ihr nichts über die Familie, vor allem ihre beiden wohlgeratenen Töchter und deren Kinder. Außerdem hatte sie eine wundervolle Beziehung zu ihrem Exmann, den sie immer noch zur Familie zählte. Ich hatte das große Glück, Teil des Saller-Clans zu werden und praktisch zur Familie zu gehören.

In der Thanksgiving-Woche im Jahr 2008 machten Elaine und ich mit ihrer Freundin Marilyn im berühmten Canyon Ranch Spa in Arizona Urlaub. Wir entspannten uns, nahmen Fitness-Unterricht und ließen uns verwöhnen. Elaine war nicht zu bremsen: Sie nahm jede Gelegenheit für Fitnessübungen wahr, verwöhnte sich bis zum Gehtnichtmehr und flirtete sogar mit den jungen Männern, die im Spa aushalfen. Sie witzelte, sie sei zwar kein Puma, aber ein Säbelzahntiger!

Sie klagte nur ein einziges Mal über leichte Hüftschmerzen. Da ich im Urlaub war (also nicht so wach und »hexig« wie ich als Medium bin), dachte ich mir nichts dabei. Ich riet ihr nur, ihre Hüfte untersuchen zu lassen. Wir wollten nur Spaß haben und die Woche miteinander und mit Marilyn genießen.

Ein knappes Jahr später erhielt ich kurz vor meinem Flug von Australien zurück in die USA eine E-Mail von Elaine. Da sie grundsätzlich keine E-Mails schickte und lieber zum Hörer griff, um sich ausführlich zu unterhalten, überraschte mich das sehr. Sie schrieb, sie müsse eine Gewebeprobe wegen eines Knotens im Hals machen lassen, doch sie halte es für nichts Ernstes. Ich wollte es auch nicht für etwas Ernstes halten, und so schaltete ich meine hexige Seite nicht ein, um mir die Sache genauer anzusehen. Doch wie mir heute klar ist, schützte ich mich damals selbst und wollte die Wahrheit über den Zustand meiner Freundin nicht wissen.

Nach meiner Ankunft in den USA schaltete ich gleich mein Handy ein. Elaine hatte mir eine SMS geschickt. Wie sie schrieb, hatte sich herausgestellt, dass sie Krebs hatte. Doch dann fügte sie auf ihre eigene unverkennbare Art hinzu: »Na warte, dem verfluchten Drecksack werde ich es aber zeigen!« *Typisch Elaine,* dachte ich. Noch bevor ich aus dem Flieger gestiegen war, rief ich sie an und sagte: »Das heißt also, dass du mich jetzt für zwei Heilsitzungen pro Woche ertragen musst, okay?« Wir lachten beide.

In den nächsten fünf Wochen besuchte ich sie, wenn ich nicht gerade verreist war. Dienstags und freitags brachte ich Charlie zur Schule und fuhr anschließend direkt zu Elaines Haus. In vielerlei Hinsicht war es meine Zuflucht vor der Welt, da uns dort niemand störte. Wir gingen nicht ans Telefon und ignorierten auch alles andere ... und es war himmlisch. Sie blieb sogar still, während ich Reiki mit ihr machte und Heilenergie mit ihr teilte. Ich glaube, ich war der einzige Mensch, der sie zum Schweigen bringen konnte. Und das tat ich auch – zumindest bis ich die Heilenergie in ihren Körper hineinströmen fühlte. Sobald sie die Infusion spürte, fing sie wieder an, über Gott und die Welt zu reden!

Wer Elaine sah, hätte nie gedacht, dass sie Krebs hatte. Und sie behielt ihre optimistische Einstellung gegenüber der Krankheit. An den meisten Tagen ging sie zur Arbeit und blieb trotz ihrer Chemotherapie weiterhin gesellig. Natürlich war sie sogar im Krankenhaus so lebendig und witzig, dass alle mit ihr zusammen Chemotherapie haben wollten – die Termine wurden für sie und die anderen Patienten zu einem geselligen Treff.

Dann kam die Weihnachtszeit. Auf der Suche nach Geschenken stieß ich auf zwei sehr edle langstielige Sektgläser, die mit glitzernden Swarovski-Steinen besetzt waren. Sie waren wunderschön, und da sie genau das Richtige für Elaine waren, kaufte ich sie.

Bei meinem nächsten Besuch sagte meine Freundin: »Ach, Gott, Lisa, ich hab *das* perfekte Weihnachtsgeschenk für dich gefunden. Es wird dich umhauen! Aber ich kann nicht hinfahren und es holen, weil ich nicht riskieren darf, mich von den vielen Kunden in den Geschäften mit einer Erkältung oder Grippe anzustecken.« Das konnte ich natürlich verstehen. Außerdem hatte ich schon das beste Geschenk von allen: Elaine.

Sie konnte jedoch kein Geheimnis für sich behalten. Als ich aufstand, um ihr Geschenk aus dem Auto zu holen, platzte sie heraus: »Warte, bis du siehst, was ich dir zu Weihnachten schenken will. Es sind Sektgläser mit Swarovski-Steinen!«

Ich bat sie, einen Augenblick zu warten, während ich zum Auto ging und mit einer Schachtel zurückkam. Als sie ihr Geschenk ausgepackt hatte, fragte ich: »Sind es solche Gläser?« Wir konnten es beide nicht fassen, wie eng verbunden wir waren – so sehr, dass wir beide dasselbe Geschenk für einander ausgesucht hatten! Sie bestand darauf, dass ich ihre Gläser behalten sollte, bis sie meine Gläser besorgt hatte. Dann würden wir tauschen.

*

Eines Februarmorgens kam ich gerade von einer Heilsitzung mit Elaine in mein Büro zurück, als sich meine Freundin Jonesy nach Elaine erkundigte. Ich brach in Tränen aus. Es gab keine logische Erklärung für diese Reaktion, denn Elaines Arzt hatte ihr gesagt, dass ihr Krebsgeschwür kleiner geworden war. Wie ich Jonesy trotzdem sagte, glaubte ich nicht, dass Elaine die Krankheit überleben würde.

Als ich an diesem Abend nach Hause ging, holte ich die beiden Sektkelche aus der Schachtel und stellte sie feierlich auf das oberste Regal meiner Glasvitrine. Ich hatte Elaine nie gesagt, dass sie nicht überleben würde. Im Gegenteil: Jedes Mal, wenn sie mich fragte, ob sie die Krankheit überleben würde, hatte ich ja gesagt. Ich hatte gemeint, dass ihre Seele überleben wird. Bewusst wollte ich glauben, dass sie den Krebs besiegt – doch in meiner Seele wusste ich etwas anderes. Ich entschied mich dafür, meinem Bewusstsein zu glauben.

Ab Februar bemerkte ich die Veränderungen an ihr. Auch wenn sie ihre positive Einstellung beibehielt, war es, als wüsste sie etwas. Es gab nun Schweigemomente in unseren Heilsitzungen, was so gar nicht zu ihr passte. Einmal erzählte sie mir von einer Situation in ihrem Leben, die sie beschäftigte. Ich fragte sie: »Du hast aufgegeben, stimmt's?« Sie sagte ja. Vielleicht haben wir beide geglaubt, über diese bestimmte Situation zu reden, aber auf der seelischen Ebene meinten wir ihren Krebs.

Ich glaube, ich war die Einzige, die wusste, wie ihr wirklich zumute war. Auch wenn sich ihre Seele die Realität wohl eingestand, weigerte sich ihr Verstand und kämpfte weiter. Sie sprach sogar von einer Genesungsparty, die sie schon geplant hatte, und schlug vor, meinen Geburtstag im Juni auf der Canyon Ranch zu feiern. Sie beharrte darauf, dass sie bis dahin wieder vollkommen gesund sein würde.

Doch ich sah, wie ihr Kampfgeist allmählich immer schwächer wurde, als würde sie das Unausweichliche akzeptieren. Sie sprach sogar davon, sich eine Pflegerin zu nehmen, die bei ihr wohnen könnte, da sie wusste, dass ihr Zustand schlimm werden würde. Ich hätte nie gedacht, so etwas je von ihr zu hören. Meine Freundin hatte um so vieles andere im Leben gekämpft, und alle glaubten, sie würde ihre Krankheit genauso bekämpfen. Doch sie vertraute mir an, dass sie ihr Testament machen wolle, damit ihre Töchter versorgt seien. Sie hatte eindeutig damit angefangen, ihre Angelegenheiten zu regeln.

An einem Montag im April war ich gerade von einer Reise nach Hawaii zurückgekehrt, als ich hörte, dass Elaine seit einer Woche wegen eines Blutgerinnsels im Krankenhaus lag. Ich sagte ihr, ich sei schon unterwegs, um eine Heilsitzung mit ihr zu halten. Sie überraschte mich, indem sie sagte, sie wolle nicht, dass ich sie ohne Make-up und im Schlafanzug sah – schließlich hatte ich sie in all den Jahren schon oft ungeschminkt im Schlafanzug gesehen.

Natürlich ließ ich mir nichts anmerken, doch in diesem Moment begann mein Trauerprozess um sie. Ich musste so bitter weinen, dass ich nicht wusste, was ich tun sollte. Als Einziges fiel mir ein, einen Freund von ihr zu bitten, mich am nächsten Morgen vor ihrem Haus zu treffen, damit ich nicht die Einzige war, die sie anschreien würde. Ja, ich hatte richtig Angst davor – denn auch wenn Elaine geschwächt war, hatte sie immer noch ihre starke Seite und würde empört darauf reagieren, wenn wir unangemeldet auftauchen und sie in ihrem jetzigen Zustand sehen würden.

Als ich am Dienstagmorgen zu Elaines Haus ging, öffnete ihre Pflegerin mir und sagte mir, dass Elaines Freund schon bei ihr im Schlafzimmer sei. Ich ging hinein und fand Elaine sehr schläfrig vor; sie hatte auch starke Schmerzen. Ich näherte mich ihr und sagte ihr, dass ich ihr die Hände auflegen würde, damit sie sich ausruhen und Heilenergie empfangen könne.

»Ich weiß nicht, wo meine Kristalle sind«, gab sie zurück. Wir arbeiteten in den Heilsitzungen immer mit Kristallen, und es war typisch Elaine, daran zu denken! Ich sagte ihr, sie solle sich deswegen keine Sorgen machen, und legte ihr die Hände auf. In diesem Augenblick bestätigten sich meine schlimmsten Befürchtungen und ich musste der Tatsache ins Auge sehen: Ihre Zeit war gekommen. Ich ließ die Heilenergie sanft in ihren Körper fließen, und ihr Körper nahm sich, was er brauchte. Ich ging sehr vorsichtig mit ihr um, und als sie bei Bewusstsein war, nahm ich ihr das Versprechen ab, den Arzt zu konsultieren.

Plötzlich sagte sie: »Es gibt einen Grund dafür, warum wir uns begegnet sind.« Wir glaubten beide, dass wir uns getroffen hatten, weil wir gleichzeitig eine Scheidung durchgemacht hatten. Aber in Wahrheit war ich in ihr Leben getreten, um ihrer Seele zu helfen, und sie in meines, um mich zu ermutigen, all meine Pläne umzusetzen.

Am selben Abend wurde Elaine ins Krankenhaus verlegt, und ich besuchte sie dort am nächsten Tag und versprach ihr, am Tag darauf wiederzukommen. Am Donnerstag war ich gegen 15:00 Uhr bei ihr. Als sie mich ansah, konnte ich ihre Seele sehen. Es war dasselbe, was mir bei meinem Großvater passiert war, und es gefiel mir gar nicht. Wie Elaines Tochter mir sagte, habe der Arzt ihr und ihrer Schwester erklärt, dass er ihrer Mutter keine notwendige Chemotherapie geben könne und dass sie sterben würde, wenn sie nicht mehr die Kraft aufbrächte, gegen die Krankheit anzukämpfen.

Ich legte Elaine die Hände auf, bis ein befreundeter Anwalt kam. Sie besprachen eine Weile ihre Angelegenheiten, und sie dankte ihm für alles, was er für sie tat. Es war, als wüsste sie, dass dies der letzte Tag sei, an dem sie bei Bewusstsein war und sich um solche Dinge kümmern konnte.

Dann waren wir allein im Zimmer. Sie nahm meine Hand, setzte sich auf und sah mir direkt in die Augen. »Irgendwas ist los – warum sind so viele Leute gekommen?«, fragte sie und meinte ihre Freunde, die sie besucht hatten. »Ich weiß, dass du es weißt.«

Ich fand nicht, dass sie unbedingt erfahren musste, was ihr Arzt gesagt hatte, weil sie sowieso kämpfen musste, egal was kommen würde. Also sagte ich ihr bloß, ich wisse auch nicht, was los sei.

Doch dann blickte ihre Seele in meine, und Elaine fragte mich ernst: »Werde ich die Nacht überstehen, Lisa?« Sie wollte die Antwort wirklich hören, und so konnte ich sie nicht anlügen. »Ganz ehrlich, Elaine, ich weiß es nicht«, erwiderte ich. Ich wünschte mir so sehr, ihr eine andere Antwort geben zu können, aber ich wusste es wirklich nicht.

Da bat sie mich, sie nicht zu verlassen und ihr bei dem, was vor ihr lag, beizustehen. Es war mir eine Ehre, in einem der persönlichsten und intimsten Momente ihres Lebens für sie da sein zu dürfen.

Dann rief Elaine eine ihrer Töchter ins Krankenzimmer und fing an, über Rechtsangelegenheiten zu sprechen, doch die Tochter wollte nichts davon hören. Ich bestand jedoch darauf, dass sie zuhörte. Denn durch meine vielen Sitzungen weiß ich, wie sehr die Leute es später bereuen, nicht auf die letzten Worte ihrer Lieben geachtet zu haben.

Ich blieb bis Mitternacht im Krankenhaus. Beim Gehen ließ ich mir von ihren Töchtern das Versprechen geben, mich bei der geringsten Veränderung anzurufen, damit ich sofort wiederkommen könnte.

Am nächsten Morgen wachte ich um 6:55 Uhr auf, weil ich Elaine meinen Namen rufen hörte. Fünf Minuten später putzte ich mir die Zähne, zog mich and versuchte, ihrer Tochter eine SMS zu schicken – alles gleichzeitig – als ich eine SMS von ihr bekam: Komm bitte.

Ich eilte nach unten, wo Charlie und meine Assistentin Inma gerade mit LEGO spielten. Ich gab meinem Sohn einen hastigen Kuss und sagte ihm, wir würden uns nach der Schule sehen. Ich war froh und dankbar, dass Inma sich um ihn kümmern konnte.

Eine Viertelstunde später kam ich am Krankenhaus an. Elaines Mädels fielen aus allen Wolken, weil ich so schnell dort war. Ich scherzte, dass ich deswegen einen Sportwagen fahre – manchmal ist er richtig praktisch. Doch in Wahrheit wusste ich, dass ich sofort ins Krankenhaus fahren musste, weil Elaines Seele mich geweckt hatte.

Der Zustand meiner Freundin hatte sich über Nacht verschlechtert, aber sie hatte noch einen Rest an kämpferischer Energie in sich. Sie atmete zwar schwer, doch ich beruhigte sie mit Heilenergie. Ihr Körper nahm die Heilung, die er brauchte, an, und auf der Seelenebene wusste sie, dass es ihr helfen würde. Immer wenn sie aufwachte, sah sie die Menschen um sich herum an, lächelte und sagte, sie würde dieses Ding »verflucht noch mal bekämpfen«. Und so hegten alle noch einen Funken Hoffnung. Aber mir konnte sie nicht in die Augen sehen – hätten wir uns angesehen, dann hätte sie die Wahrheit erkannt, und ich auch. Es fiel mir sehr schwer, das zu akzeptieren und damit richtig umzugehen. Doch ich musste stark und positiv bleiben, um ihre Angehörigen zu stützen und ihr zu geben, was sie brauchte, wenn sie es brauchte.

An diesem Tag verließ ihre Familie das Krankenzimmer und kümmerte sich um die Beerdigung, die nach dem jüdischen Glauben nur wenige Tage nach ihrem Tod stattzufinden hatte. Wieder blieb ich bis Mitternacht und kam früh am nächsten Morgen zurück. Gegen 8:00 Uhr am Samstagmorgen beschlossen wir, die Möbel im Krankenzimmer ein bisschen umzustellen, damit alle Besucher hineinpassten. Wir rückten Elaines Bett in die Mitte des Raums.

Sie war auch jetzt noch ganz die alte Elaine, die ihre Töchter anraunzte, still zu sein, weil sie Ruhe und Frieden brauchte, um gegen dieses »verfluchte Dings« anzukämpfen. Wir mussten lachen – ihr Körper wurde von Tag zu Tag schwächer, doch ihr Geist war immer noch stark und stur, und sie kämpfte mit aller Kraft.

Trotzdem wurde dieser Tag der schwerste von allen. Ich begann ihn damit, indem ich meine Hände auf ihre Beine legte und ihr Heilenergie gab. Ich spürte, wie ihre Seele versuchte, den Körper zu verlassen, doch dann kam irgendein störender Gedanke, und sie kam mit einem Ruck zurück. Keiner außer mir schien das mitzubekommen.

Irgendwann fingen die Menschen im Zimmer an, leise zu weinen. Sie glaubten, Elaine würde schlafen. Ich fühlte, wie ihre Seele kurz den Körper verließ, um mit den Geistern zu sprechen, die sich hinter ihrem Bett versammelt hatten, um sie zu holen. Plötzlich hörte ich: Sag ihnen allen, sie sollen verflucht noch mal aufhören zu heulen! (Mittlerweile haben Sie sicher mitbekommen, dass sie gerne fluchte!)

Wie ich merkte, musste Elaines Seele den Körper verlassen, um sich auf ihren Übergang vorzubereiten und die Schmerzen loszuwerden. Doch auch wenn Elaine mich oft bat, ihr beim Atmen zu helfen, konnte ich im Augenblick kaum etwas anderes für sie tun.

Ein Rabbiner, mit dem sie eng befreundet war, kam sie besuchen. Sie fing an zu murmeln und sagte plötzlich klar und deutlich: »Er ist ein verdammter schmuck!« (jüdisch-amerikanischer Ausdruck für »Idiot« – d. Übers.)

»Du meinst damit doch hoffentlich nicht mich, Elaine«, sagte er und wir lachten alle. (Wir wissen bis heute nicht, wen sie damit gemeint hat.)

Der Rabbi blieb und wir beteten gemeinsam. Es war eine sehr intime und besondere Erfahrung. Ungefähr eine Stunde, nachdem er gegangen war, ließ ich ihr noch mehr Heilenergie zukommen. Sie wandte sich an ihre Töchter, ermahnte sie, sich treu zu bleiben, glücklich zu sein und sich umeinander und ihre Kinder zu kümmern. Dann sagte sie uns, wie wichtig jeder von uns ihr auf seine Art war. Sie forderte die Familie auf, einen Liebeskreis um sie herum zu bilden. Beide Töchter nahmen sie an der Hand, und ich legte eine Hand auf Elaines Hand und die andere auf ihren Kopf. Eine nach der anderen sagten wir ihr, wofür wir dankbar waren und welchen Einfluss sie auf unser Leben gehabt hatte.

Später war ich allein mit ihr. Sie sagte mir, sie müsse pinkeln. Dann versuchte sie aufzustehen und auf die Toilette zu gehen. Als ich sie davon abhielt, meinte sie: »Du hast recht, Lisa. Ich sollte lieber hierbleiben. Aber ich hab solche Angst.« Ich sagte ihr, sie brauche keine Angst zu haben, ich sei da, um ihre Seele hinüberzubegleiten, und sie müsse mir einfach vertrauen. Ich versprach ihr noch einmal, sie nicht alleinzulassen. Und das tat ich auch nicht.

Ich blieb über Nacht, bettete den Kopf auf ein Kissen an ihrem Fußende und versuchte zu schlafen. Ich behielt jedoch ein Auge offen und lauschte auf ihren Atem, um sicherzugehen, dass sie nicht nach Luft rang. Jedes Mal, wenn sie aufwachte, war ich an ihrer Seite, gab ihr Energie und half ihr ruhig zu bleiben. An diesem Punkt konnte ich nichts mehr für sie tun, als sie zu beruhigen, während sie den unausweichlichen Prozess durchmachte.

Dann kam der Sonntag. Alle hatten Angst vor diesem Tag, da Elaines Töchter eine sehr schwere Entscheidung treffen mussten. Sie beschlossen, dass das Morphium auf die Höchstdosis gesteigert werden sollte, um sie von ihren Schmerzen zu befreien. Jeder von uns war einen Augenblick lang allein mit ihr, um ihr zu sagen, dass wir sie lieb hatten. Sie war immer noch bei Bewusstsein und versuchte, mit ihren Töchtern zu sprechen, doch ihre Kehle war durch die Flüssigkeiten eingeschränkt, und so konnte nur ich sie verstehen.

Heute weiß ich, dass ich sie auf einer Seelenebene hörte, doch auch mein Bewusstsein war plötzlich hellwach. Es war sehr merkwürdig. Sie wiederholte öfter, dass sie Angst habe, was ich den anderen lieber nicht sagte. Stattdessen kommunizierte ich auf einer Seelenebene mit ihr. Ich sagte ihr, dass es an der Zeit sei loszulassen und dass alles gut werde.

Wie wir später erfuhren, fingen an jenem Abend die Lampen in Elaines Haus, in dem sich alle ihre Enkel aufhielten, an zu flackern. Und Charlie, der zu Hause war, wurde rastlos – Inma erzählte mir, er habe sie um 21:35 Uhr gefragt, ob er in meinem Bett schlafen dürfe. Zur selben Zeit fühlte ich, dass Elaines Übergang begonnen hatte.

In diesem Moment spürte Elaines Tochter Jennie, wie ihre Mutter zu ihr kam, während es im Zimmer kalt wurde. Ich sah, wie die verstorbenen Seelen sich Elaine näherten, und breitete die Arme aus, um ihr zu helfen, sie zu empfangen. Ich fühlte ihre Seele in meine ausgebreiteten Arme kommen; sie war vom Kampf ganz schwer. Ihre Seele ruhte für eine Weile, die sich wie fünf Minuten anfühlte, in der Realität jedoch nur ein paar Sekunden dauerte, in meinen Armen. Ich hörte: Sag allen, dass ich sie lieb habe. Dann schlüpfte ihre Seele aus meinen Armen. Sie brauchte Ruhe und Frieden.

Die Besucher nahmen Abschied von ihr und fingen an zu gehen, obwohl Elaine noch atmete. Ich war schon so weit gekommen, dass ich sie nicht alleinlassen wollte, doch ich wollte auch nicht die letzten Momente stören, die ihre Töchter mit ihr verbringen konnten.

Am Montag, dem 26. April 2010 gegen halb ein Uhr morgens wollte ich gerade gehen. Da hielt Jennie mich zurück und dankte mir für alles, was ich für Elaine getan hatte. In diesem Augenblick spürte ich einen Energiestoß und hörte die Worte: Oh nein, das tust du nicht!

Elaines andere Tochter Devrha schlief neben ihrer Mutter und hielt ihre Hand, als ich ins Zimmer zurückkam und anfing, Elaines Atem zu kontrollieren.

»Wach auf, Dev«, sagten Jennie und ich gleichzeitig, da wir merkten, dass das Ende nahte. Alle drei sahen wir Elaines letzten Atemzug.

Ihr Übergang fand zwar friedlich, ruhig und leicht statt, doch ich glaube, Elaine lenkte ihn selbst. Sie hatte mir die Botschaft geschickt: *Oh nein, du kannst mich nicht vor der letzten Minute allein lassen – und wenn du nicht hier bleibst, dann gehe ich eben jetzt schon!* Später mussten wir alle über ihre hartnäckige Seele lachen.

Elaines Übergang war der intimste und wehmütigste Augenblick in meinem Leben. Auch wenn ich dieses Buch schon geschrieben hatte und mit dem Prozess vertraut war, war mir klar, dass ich das Erlebnis ihres Übergangs mit anderen teilen musste, weil es so vielen Menschen helfen würde. Ich hatte zwar eine sehr liebe Freundin verloren, aber ich war auch in ihren letzten Augenblicken bei ihr gewesen, die wunderschön und beruhigend gewesen waren. Und ihre Seele in den Armen zu halten ... dieses Gefühl lässt sich nicht mit Worten beschreiben.

*

Charlie hatte meine Unterhaltung mit Inma gehört, und so wusste er, dass ich bei Elaine im Krankenhaus sein würde. Er wiederholte mehrmals: »Mommy kommt erst dann zurück, wenn es Elaine wieder besser geht.« Und genau das tat ich auch.

In der Nacht, in der sie starb, saß ich zu Hause und erzählte meinem Sohn, was geschehen war. Elaine ging es jetzt wirklich besser, versicherte ich ihm. Ihre Seele hatte ihren Frieden gefunden und war nun von einem ermüdeten Körper befreit, der für sie nutzlos geworden war.

Ich beschloss, die Gläser abzustauben, die ich für Elaine gekauft hatte. Charlie nahm ein Glas, in das ich einen winzigen Schluck Sekt gefüllt hatte, und ich nahm das andere. Dann erhoben wir die Kristallkelche und stießen auf diese wunderbare Frau an, während wir lachend unsere Lieblingserinnerungen an sie aufzählten.

Am nächsten Wochenende schaute Elaines Tochter Devrha vorbei. Ich holte die Gläser heraus, und wieder tranken wir Sekt zu Ehren ihrer Mutter. Ich trank mein Glas aus und spülte es. Dann stellte ich es vorsichtig mitten auf die Abtropfmatte, damit es nicht kaputtging.

Mitten in unserer Unterhaltung rief Dev plötzlich: »Nein!« Ich drehte mich um und sah gerade noch, wie das Sektglas langsam umkippte. Der Stiel zerbrach, als der Sektkelch auf die Küchentheke fiel, und das Glas zersprang in tausend Scherben. Es war, als hätte Elaine gesagt: Oh nein ... *wir* trinken aus diesen Gläsern!, und mir nur eines übrig gelassen. Seitdem habe ich beschlossen, mir aus den Swarovski-Kristallen ein Schmuckstück anfertigen zu lassen, das ich als Erinnerung an Elaine tragen kann.

Ein weiteres Zeichen erlebte ich am 26. Mai, auf den Tag einen Monat nach Elaines Übergang. Charlie und ich fanden 26 tote Wespen neben Elaines Foto in unserem Haus. Wir suchten im Garten nach einem Wespennest, doch wir fanden keines – und wir bekamen danach keine einzige tote oder lebendige Wespe mehr zu sehen. Später fanden wir Elaines Bild auf dem Boden; daneben lag ein Kristall aus dem Sektglas. Das war seltsam, da das Foto im Wohnzimmer und das Glas in der Küche zerbrochen war.

Es hat zwar viele Zeichen gegeben, dass Elaines Seele noch immer mit uns verbunden ist, doch das beste Zeichen von allen erhielt ich am Abend vor ihrer Beerdigung. Da kam sie zu mir, um mir persönliche Mitteilungen an die Menschen zu übermitteln, die ihr im Leben nahegestanden hatten. Ich sollte sie am nächsten Tag weitergeben. Vor der Trauerfeier schrieb ich jede Botschaft auf Karten, die sie am Vormittag durch mich in einem Schreibwarengeschäft ausgesucht hatte. Dann teilte ich die Karten aus. Es war eine sehr schöne Geste, die uns allen zeigte, dass Elaines Seele über uns wachte – voller Liebe und so stark wie eh und je!

Auch wenn ich seit vielen Jahren mit den Geistern kommunizie-re, hat mir Elaines Übergang einen noch tieferen Einblick in die Kraft gegeben, die in unserer Seele steckt. Es war ein besonderes Geschenk, bei ihr sein zu dürfen, während sie hinüberging, so traurig es auch war. Ich weiß, dass diese Erfahrung vielen Menschen auf ihrem eigenen Weg durch das Leben und den Tod helfen wird. Auch wenn Elaine nicht mehr in irdischer Gestalt da ist, hilft, führt und inspiriert sie mich immer noch, über das Weiterleben der Seele zu sprechen.

Danksagungen

Es gibt viele Menschen, die während des Schreibens dieses Buches mein Leben bereichert haben, und ich bin jedem Einzelnen von ihnen sehr dankbar. Insbesondere möchte ich mich bei euch bedanken:

Charlie, weil du eine so besondere Seele bist und weil du dafür sorgst, dass ich jeden Tag lächle, sogar in schweren Zeiten.

Holly, dafür, dass du mir die Augen geöffnet hast und mir geholfen hast, an mich selbst zu glauben. Du bist eine unglaubliche Inspiration und ich bin so froh und dankbar, dich in meinem Leben zu haben. Ich habe dich lieb.

Jonesy und Caroline, danke, dass ihr aufgepasst habt, dass ich dranblieb und die Termine eingehalten habe. Ich weiß, es war nicht leicht!

Mike, weil du mich inspiriert hast und mir Anleitungen gegeben hast, wie man ein Buch schreibt ... du bist ein Star / Stern am Himmel!

Janey, ich danke dir dafür, dass du da warst und ich mich an deiner Schulter ausweinen durfte. Du hast in vielerlei Hinsicht auf dieser holprigen Reise dafür gesorgt, dass ich nicht vom Weg abkomme. Du bist meine Seelenschwester und wirst es auch immer bleiben. Hab dich lieb, meine Süße!

Michelle und Sarah, ich danke euch dafür, dass ihr das Manuskript gelesen und daran geglaubt habt. Ihr habt meine Arbeit hinterfragt und mir geholfen, sie so aufzuschreiben, dass jeder sie verstehen kann. Herzlichen Dank!

Ryan, Steve und Double D, danke dafür, dass ihr mich unterwegs versorgt habt und mich immer zum Lachen gebracht habt. Jetzt kann ich relaxen und wir können Spaß haben, ohne dass ich dauernd sage: »Ich muss erst das Buch schreiben!«

Mark, mein Manager und Freund, du warst immer da, um mich zu unterstützen und zu lenken. Ich danke dir!

Reid Tracy, Louise Hay und der Rest des Hay-House-Teams, danke, dass ihr an meine Gabe glaubt und mir die Plattform gebt, auf der ich stehen kann, um anderen zu helfen und über das Überleben der Seele zu informieren.

Nancy Marriott, meine Lektorin, ohne Ihre harte Arbeit, Zuneigung und Passion für dieses Buch hätte ich es nicht schreiben können. Sie sind ein Segen in meinem Leben, und ich hoffe, dass dies erst der Anfang einer harmonischen Beziehung / Freundschaft ist.

Danke auch meinen LW-Mitgliedern und all denen, die meine Gabe unterstützen. Ich kann gar nicht sagen, wie viel es mir bedeutet zu wissen, dass ihr hinter mir steht, und ich danke für eure ermutigenden Worte und eure Liebe. Ihr seid wirklich in meinem Herzen!

Es gibt noch so viele andere, denen ich danken muss, aber ihr wisst schon, wen ich meine. Ihr sollt wissen, dass ihr immer in meinem Herzen seid, und ich danke dem Universum dafür, euch geschickt zu haben.

Über die Autorin

Lisa Williams ist auf der ganzen Welt als Medium und Hellseherin bekannt für ihre erstaunliche Fähigkeit, mit Seelen im Jenseits zu kommunizieren. Lisa, geboren in England, wurde von Merv Griffin entdeckt und ist durch zwei Serien ihrer eigenen TV Show *Lisa Williams: Life Among the Dead* sowie durch die Sendungen *Lisa Williams: Voices from the Other Side* und *Lisa Williams Live* berühmt geworden. Alle Sendungen werden mittlerweile auf der ganzen Welt ausgestrahlt.

Außerdem ist sie die Autorin von *Life Among the Dead* und ist in Oprah, Good Morning America, Larry King Live und Jimmy Kimmel Live aufgetreten. Derzeit befindet sie sich auf Tournee, wo sie auf der ganzen Welt vor einem großen Publikum auftritt. Auch schreibt sie regelmäßig ein Blog über ihr Leben und ihre spirituellen Lehren unter www.lisawilliams.com, wo sie sich mit der Öffentlichkeit und mit ihren Website-Mitgliedern austauscht.

Lisa ist außerdem eine ausgebildete Reiki- und Kristallheilerin. Sie lebt mit ihrem Sohn Charlie und ihren beiden Hunden Lucy und Max in Südkalifornien.

www.lisawilliams.com

Vicki Monroe

Ich höre was die Seelen sprechen

167 S., gebunden, €16,95

ISBN 978-3-926388-78-0

Sylvia Browne

Alle Tiere kommen in den Himmel

Wenn Tiere sterben - und wie sie mit uns in Kontakt bleiben

192 S. gebunden, € 18,50

ISBN 978-3-941435-12-4

Peter Beck

Gespräche mit Franz von Assisi

Über die Liebe und das Leben im 21. Jahrhundert

240 S. broschur, € 14,00

ISBN 978-3-941435-11-7

Friedrich Scholz

Die Spielregeln des Lebens

12 Gesetze, die unser Schicksal lenken

168 S., broschur € 14,90

ISBN 978-3-941435-16-2